수도권
알짜
부동산 답사기

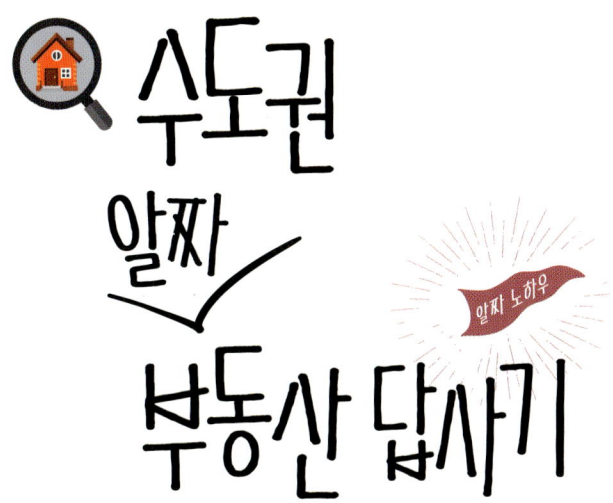

빠숑(김학렬) 지음

추천의 글
실수요자라면 이 책을 주목하라!

송희창(송사무장)

(주)케이알리츠 대표
『송사무장의 경매의 기술』, 『송사무장의 실전 경매』,
『송사무장의 공매의 기술』, 『셀프 소송의 기술』 저자
Daum카페 '행복재테크' 대표
블로그 '송사무장의 3년 안에 부자되기' 운영

부동산 공부를 시작하고 좋은 성과를 거두는 이도 있지만, 중도에 포기하는 사람이 더 많은 것이 사실이다. 왜일까? 그것은 어렵게 공부하며 흥미를 잃어서다. 어렵게 공부하고 있는데 성과도 보이지 않는다면 과연 어떤 사람이 버텨낼 수 있을까?

책이든 강의든 재미있게 공부해야만 오래 살아남을 수 있다. 이 분야 최고의 위치에 있고, 지금껏 정말 많은 전문가를 키워냈다고 자부하는 필자가 강조하는 부분이다.

"부동산은 어렵지 않고, 정말 재미있게 공부할 수 있는 분야다."
결국, 입문자라면 어떤 책으로 어떻게 공부했는지가 가장 중요한 것이다.

필자는 학창시절, 공부에 그리 흥미를 갖지 못했다. 특히 시험 기간이 되면 일명 '암기과목'이라고 하는 국사, 정치경제, 지리 등은 그냥 무작정 외우기 바빴다. 각 사건을 그저 시간순으로 암기하며 억지로 시험을 준비했던 기억이 있다. 암기과목들은 평소 수업을 들을 때도 전혀 감흥이 없었고, 단순히 외우면서 공부했기 때문에 시험이 끝나면 내 머릿속은 백지화되기 일쑤였다.

그런데 언젠가 필자에게 그렇게 지루했다고 느꼈던 국사, 세계사의 이미지가 탈피된 순간이 있었는데, 그것은 바로 우연히 TV에서 접한 설민석씨의 강의였다. 사실 깜짝 놀랐다. 정말 '재미라고는 찾아볼 수 없었던 과목이 이렇게 흥미롭고 귀한 지식이었구나'라고 다시금 생각을 고치게 되었으니 말이다.

만약 학창시절 국사과목을 설민석씨와 같은 선생님께 배웠다면 어땠을까 상상을 해봤다. 그랬다면 아마 필자가 가장 좋아하는 과목은 국사가 되었을 것이고, 그때 배웠던 것들 대부분을 지금까지 생생하게 기억하고 있지 않을까. 그의 강의를 몇 번 접하고는 바로 책을 주문하여 읽었는데, 학창시절 그리도 싫어했던 교과서와는 몰입도의 차원이 달랐다.

 이처럼 어느 분야든 어떤 채널로 접했느냐에 따라 그에 대한 흥미를 갖기도, 잃기도 한다. 그래서 부동산 초보들에게 이 책을 강력 추천하는 것이다.
 부동산 투자를 하려면 앞으로 수도 없이 듣게 될 말이 '수요와 공급'이고, '입지'이다. 초보부터 고수까지 어떤 대상을 투자할 때 반드시 고려해야 할 사항이며, 이것만 제대로 알면 투자가 수월해진다.
 부동산 공부를 완성하면서 느끼겠지만, 수요와 공급은 그 지역의 역사와 신기하게 맞아떨어진다. 부동산 가격을 움직일 수 있는 여러 요소가 모여 현재 아파트의 가격이 형성되는 것인데, 이 책은 그런 과정을 정말 재미있게 풀어내어 쉽게 이해할 수 있도록 했다. 또한 입지를 이해하는 데 생소했던 풍수지리도 친숙하게 다가올 것이다.

 부동산 고수인 필자도 이 책을 읽으면서 빠숑님의 지식과 혜안에 감탄했다. 그가 왜 대한민국 최고의 부동산 입지 전문가로 인정받는지 다시금 느끼게 되었으며, 읽는 동안 부동산 가치분석이 무엇인지 제대로 경험하게 해주는 최고의 지침서가 되리라 생각했다.

 빠숑님께서는 지금까지 총 7권의 책을 출간했는데, 이 책은 그의 데뷔작인 첫 작품이다. 혹시 아이를 키워본 부모라면 첫째를 얼마나 애지중지 키우는지 알 것이다.
 첫 작품인 만큼 이 책에는 그가 가진 모든 지식과 혜안이 정성껏 담겨 있고, 그러한 작품이 개정판으로 더욱 업그레이드되어 돌아온 것이다.

 부동산 입문자는 물론이고, 실수요자들에게 이보다 더 나은 책은 없다. 먼저 읽어봤기에 자신 있게 추천할 수 있다. 업그레이드된 개정판을 보면 부동산 고수는 어떤 방식으로 지역을 분석하고 투자에 접근하는지를 깨닫게 될 것이며, 이를 실전 투자에 적극 응용할 수 있을 것이다.

프롤로그
부동산, 역사를 알아야 돈이 보인다

시장은 상승과 하락이 반복되는 곳입니다

1997년, 대한민국은 IMF(국제통화기금) 외환위기라는 큰 파도를 만났습니다. 중소기업들이 도산하고, 대기업들이 부도처리 되었다는 뉴스들이 쏟아졌습니다. 부동산만이 아니라 나라 전체가 흔들리던 때였습니다. 우리 국민은 허리띠를 졸라매며 저력을 발휘했고, 결국 2001년 8월, 구제금융 전액을 상환하며 IMF 관리체제가 종료되었습니다.

이후 몇 년 동안은 찬란한 부동산 호황기를 겪으면서 부동산으로 돈 버는 사람들이 속속 등장하기 시작했지요. 그러나 '대한민국 부동산 불패신화'를 써 내려가던 2008년 어느 날, 전 세계적인 금융위기라는 큰 파도를 또 한 번 겪게 됩니다. 다행히도 이 시절 산업들은 대부분 구조가 탄탄했기 때문에 그 여파가 IMF 시절처럼 가혹하지는 않았습니다. 그럼에도 불구하고 2006년 최고정점에 부동산을 매입한 사람들의 한숨은 깊었고 부동산 거품이 더 빠져야 한다는 '대세 하락론'이 힘을 얻었습니다.

실제 2010년부터 2013년까지는 서울 수도권 역사상 가장 암울했던 시기였습니다. 2003년 투기지역으로 지정되어 2012년 해제되기까지 최고의 위상을 유지하던 강남 3구(강남구, 서초구, 송파구) 역시 작게는 20% 크게는 50% 이상의 하락을 경험해야 했었으니까요. 하지만 2014년 서울 수도권 시장은 대반전을 하게 됩니다. 다시 상승 시장을 맞이하여 2016년까지 인플레이션 이상의 상승을 하였습니다.

이것이 2017년 문재인 정부 취임 이후 추진된 일련의 부동산 규제의 원인이 되었습니다. 6·19 대책, 8·2 대책 등 대한민국 부동산 역사상 가장 강력한 규제정책들이 펼쳐졌습니다. 하지만 2018년 10월까지 서울의 시세 상승력은 놀라웠습니다. 규제가 무색할 정도로 올라도 너무 많이 올라 버렸으니까요. 이렇게 단기간 상승한 가격은 시장의 조정을 받게 됩니다.

　이런 분위기 속에 우리는 지금을 맞이하였습니다. 부동산 침체기네 회복기네, 저마다 의견들이 다르고 어수선한 상황이지요. 그렇다 보니 지금 우리나라 부동산이 어디를 향해 가고 있는지 선뜻 판단이 서질 않습니다. 그러나 '대세 하락론'이 힘을 얻었던 시절도 그 실상을 들여다보면 입지가 좋지 못한 부동산의 시세가 하락했을 뿐, 입지가 좋은 부동산은 시세가 꾸준히 상승했습니다. 이것은 주거시설, 상업시설, 생활편의시설, 교육시설 등의 인프라가 잘 갖추어진 부동산은 앞으로도 튼튼한 투자처가 될 것이라는 의미입니다.

　이제 '묻지마 투자'는 끝났습니다.
　부동산의 스펙트럼이 다양화되는 만큼 양극화 현상은 점점 뚜렷해질 것입니다.
　따라서 지금은 가장 신중하게, 안전한 부동산을 찾아내야 할 때입니다.

　기회는 항상 지금처럼 뿌연 상황에 있었습니다. 끝이 보이지 않을 것 같은 어두운 터널도 언젠가는 끝납니다. 위기는 늘 반복됐지만, 우리는 지금보다 훨씬 어려운 상황도 잘 극복해냈습니다. 좀 더 시간이 흐르면, 지금 우리가 겪고 있는 부동산 시장도 기억 속의 뉴스로만 남을 것입니다. 그러니 이제는 눈앞의 걱정은 그만두고 다음 시기를 맞이할 준비를 해야 합니다.

부동산 투자의 핵심은 정보분석력입니다

　많은 이들이 부동산 관련 서적을 읽고 뉴스를 접하지만, 안타깝게도 그 정보를 제대로 해석하지 못하는 모습을 자주 보았습니다. 사실 유난히 부동산에는 불분명한 정보가 많습니다. 주변 상가나 아파트 분양 광고만 보아도 지역 호재만 강조하고 일부 부족한 부분은 감추는 경우를 쉽게 찾아볼 수 있습니다. 이처럼 부정적인 부분은 교묘히 감추고, 긍정적인 부분만 최대한 부풀린 정보가 시장 여기저기에 넘쳐납니다. 설상가상으로 우리가 얻을 수 있는 부동산 관련 정보는 인터넷이라는 환경까지 추가되며 그 양이 기하급수적으로 증가하고 있습니다.

이러한 정보의 홍수 속에서 안전한 부동산 투자를 하려면,
옥석을 가려내고 정보의 본질에 접근할 줄 알아야 합니다.
우리가 접하는 정보들이 어디에서 왔는지,
그들의 의도가 무엇인지를 파악해야 하는 것이죠.

이 정보들의 최초공급자는 대부분 국토교통부, LH공사 등 정부기관 내지 공공기관이며, 삼성, 현대, 대림 등 대형 건설사에서 내보내는 홍보성 기사들도 상당합니다. 그래서 사실 우리가 얻는 수많은 정보들은 이들이 제공한 것들을 재탕하거나, 그 기호에 맞춰 조금씩 다르게 가공한 것에 불과한 겁니다. 문제는 이들이 종종 특정 방향으로 여론을 유도하려는 의도를 지니고 있다는 점입니다. 때문에 순순히 모든 정보를 믿기에도 그렇고, 아예 무시하기도 뭔가 꺼림칙한 것이죠.

이렇게 의도적인 정보가 넘쳐나는 상황에서는 반드시 자신만의 기준이 있어야만 합니다. 이를 위해서는 정보의 출처를 찾고, 그 출처와 지역 부동산의 흐름을 결합시키는 노력이 필요합니다.

이 책의 집필 의도는 실거주자와 투자자 등 부동산 관심층이 정보의 옥석을 가려내고, 위기에 우왕좌왕하지 않고 굳건한 투자를 하도록 만드는 데 있습니다. 이미 시중에는 수많은 부동산 관련 서적들이 있으나, 그들 중 부동산의 본질을 이해하며 접근하는 책은 그리 많지 않은 듯 보입니다. 사람들은 원리 없이 그저 나열된 정보들은 쉽게 잊어버리고 제대로 활용하지 못합니다.

이 책에서는 부동산의 이해를 돕기 위해 지역분석의 방법으로 접근할 것입니다.
부동산 지역분석이라 하면 막연히 어렵고 방대할 것이라 생각하지만, 그렇지 않습니다.
그 본질을 이해하고 접근하면 참 재미있는 우리 동네 이야기가 되고요.
쉽고 재미있게 이야기를 받아들이는 사람이 투자에 성공할 확률도 높습니다.

결국 전국 부동산은 서울과 경기도 중심으로 산업구조가 강화될 것입니다. 가장 확률이 높은 지역은 서울 및 인근 지역이 될 가능성이 높습니다. 서울에는 이제 더 공급할 수 있는 땅이 없으므로 추진 중이거나 추진될 재개발·재건축에 관심을 가질 수밖에 없습니다. 따라서 이번 개정판에는 각 지역에서 재개발·재건축 호재가 있는 곳의 정보를 더했습니다.

책 서두에는 여러분의 이해를 돕기 위해 두 개의 칼럼을 구성했습니다. 첫 번째 칼럼의 주제는 부동산의 본질을 이해하는 방법에 대한 것이며, 두 번째 칼럼은 풍수지리를 활용하여 어떻게 지역의 장점을 살리고 약점을 극복하였는지에 대한 이야기입니다. 18개 지역 이야기의 재미를 증폭해 줄 뿐만 아니라, 그 이해를 돕는 시각들이 제시되니 기대해도 좋을 것입니다.

이 책은 단순히 지역 개발 계획만 나열하거나, 어려운 용어로 가득찬 지역분석 책이 아닙니다. 그 지역의 현재 모습을 객관적으로 평가하는 한편, 왜 그런 상황이 벌어지고 있는가를 역사와 풍수지리의 관점으로 해석하여 재미있게 읽기만 하여도 지역분석이 되도록 하였습니다. 책장을 덮으실 즈음에는 책에 실린 지역뿐만이 아니라 그 외의 지역들에도 호기심을 갖고 스스로 자료를 분석하고 이해하는 부동산 시장의 주인공이 되실 겁니다.

그리고 이것이 바로 제가 이 책을 쓴 목적입니다.

개정판 출간에 앞서

　부동산이란 분야에 본격적으로 뛰어들게 된 것은 2002년부터였습니다. 대한민국 최고 조사기관의 부동산조사본부에서 일한 것이 지금의 저를 있게 해준 터닝포인트였다고 생각합니다.

　그 이후 18년간 부동산 관련 프로젝트를 1,000여 건 이상 진행하였습니다. 18개 지자체 중에 다녀오지 않은 곳을 꼽는 것이 더 쉬울 정도로 꾸준히 현장과 소비자, 시장을 조사했습니다. 국가기관과 지자체, 각종 연구소의 홈페이지를 찾아다니고, 여기에서 발행하는 대다수 도서와 보고서들을 20년 가까이 보고 있습니다.

　하지만 개인적으로 주말 시간을 이용해 관심 있는 지역과 부동산들을 조사하고 답사하면서 해당 지역 중개업소와 잠재수요자분들을 통해 알게 되는 이야기들이 훨씬 더 좋았습니다. 전국의 현장 및 다양한 채널을 통해 제가 얻게 된 지식과 감동들을 책으로 정리해 보고 싶었습니다.

　그렇게 나온 첫 책이 바로 『부자들만 알고 있는 수도권 알짜 부동산 답사기』였습니다. 이전에도 이런 책은 없었고, 개정판을 내는 지금도 이런 책은 없을 거라 생각합니다. 저 저처럼 다양한 경험을 한 부동산 전문가는 없으며, 부동산을 바라보는 관점도 다르기 때문일 것입니다.

　하늘을 봅니다.
　땅을 봅니다.
　그리고 물을 봅니다.

그리고서 사람들을 봅니다.

'저 사람들은 왜 저 하늘 아래, 저 땅 위에, 저 물 옆에 살고 있을까? 또 다른 사람들은 하늘도, 땅도, 물도 없는 삭막한 도시 한가운데 살고 있을까?' 궁금했습니다. 왜 사람들은 비싼 비용을 내면서 강남구에 살고 싶어 하는지, 강남구에 살 여유가 있음에도 왜 도봉구를 선택하는지를 알고 싶었습니다. 금천구에는 어떤 사람들이 살고 있고, 금천구는 어떻게 지금의 모습을 갖추었는지 궁금했습니다.

그렇게 그 지역의 과거, 현재를 정리했고 또 미래를 예측해 보고 싶었습니다. 그렇게 『부자들만 알고 있는 수도권 알짜 부동산 답사기』의 18개 이야기를 탄생시켰고, 그로부터 5년이 흘렀습니다. 그리고 개정판 작업을 시작했습니다.

개정판을 집필하는 동안 참 기뻤습니다. 제가 말씀드린 미래 이야기가 99% 현실화되었기 때문입니다. 혼란의 부동산 시장에서 믿을 만한 기준을 만들어 드린 것 같아 개인적으로 아주 흐뭇했습니다.

지난 5년 동안 참 많은 변화가 있었습니다. 그래서 18개 지역을 다시 정리해 드리고 싶었습니다. 지금의 현재를 과거에 포함하고 미래 이야기 중 지금까지의 이야기를 현재로 정리해 보았습니다. 그리고 향후 10년 동안 펼쳐지게 될 미래 이야기를 말씀드리고자 합니다.

지금까지의 부동산 시장과는 다른 기준들이 있습니다. 소비자들의 니즈가 복잡해졌다는 것입니다. 그리고 이제 부동산의 경험치가 많이 누적되었습니다. 과거처럼 무조건 아파트이기만 하면 선택하던 시대는 지나가고 있습니다. 질적인 시장에서는 더 좋은 상품에 대한 수요가 많고 기꺼이 더 비싼 비용을 지불한다는 것입니다. 이것이 향후 부동산 시장을 이해하는 키포인트가 될 것입니다.

입지가 가장 중요하다는 것은 여전히 불변의 법칙이겠지만, 이제는 한 가지 조건을 반드시 추가해야 합니다. 지금 부동산 시장에서 가장 주목해 봐야 할 것은 기존 아파트가 아니라 새 아파트입니다. 결국 새 아파트가 어떤 곳에 공급이 되는지에 대한 공부가 꼭 필요합니다. 그래서 개정판에서는 18개 지자체에 공급될 새 아파트의 추진 경과를 담아 드리고자 합니다. 향후 10년 동안 공급될 사업장들이 될 테니까요.

반드시 현장에서 확인하시고 진행 과정을 직접 정리하셔야 합니다. 여러분들만의 인사이트가 빠진 정보는 아무 의미가 없기 때문입니다. 정보에 대한 가치는 여러분들 스스로가 만드셔야 합니다.

　현장에 나가실 때 이 책이 여러분들에게 든든한 지원군이 되어 드릴 것입니다. 여러분들의 행복한 부동산 라이프를 응원합니다. 고맙습니다.

더리서치그룹 부동산조사연구소
김학렬 소장

칼럼 하나
부동산 지역분석은 관심에서 출발한다

사람이 곧 부동산이다

부동산을 이해하려면 사람에서 출발해야 합니다.

부동산은 움직이지 않지만, 사람들의 움직임에 따라 부동산이 움직이기 때문입니다. 따라서 그 지역의 부동산을 제대로 이해하기 위해서는 그곳에 사는 사람들을 분석해야만 합니다. 주거용 물건을 볼 때는 실제 그곳에 거주한다는 생각을, 상가를 볼 때는 그곳에서 장사를 한다는 마음을 가져야 합니다. 더 나아가 그 위에서 계속 생활해 온 사람들의 감성적인 측면까지 볼 수 있을 때 비로소 그 지역의 부동산을 바로 볼 수 있는 단단한 시야가 생긴 것입니다. 그래야만 거주, 임대, 투자 그 어떤 목적에서든 정확히 그 처지가 되어 분석할 수 있고 정보를 활용할 수 있게 됩니다.

지역부동산의 본질을 파악하는 방법

지역부동산을 이해하려면 현재 모습을 제대로 해석해야 하는데, 사실 드러난 모습만으로는 제대로 이해했다고 보기 힘듭니다. 과거를 통해 지금까지 어떻게 변화되어 왔는지를 먼저 살펴보아야 비로소 현재를 정확하게 이해할 수 있으며, 더 나아가 미래의 모습도 가늠해 볼 수 있게 되는 것입니다. 그제야 강남이 항상 비싼 이유를, 도봉구와 금천구가 저렴한 이유를, 용산구가 아직도 정체되고 있는 진짜 이유를 이해할 수 있습니다.

그래서 이 책에 실린 지역들의 이야기는 제3자의 시선이 아니라, 철저히 지역주민의 입장에서 집필되었습니다. 내가 살아온, 혹은 살아갈 지역이라 생각하면 애정이 생기기 마련이니까요. 그렇다고 단점은 가리고 장점만 내세우지는 않았습니다. 객관적인 자료들과 해석을 통해 그 지역이 현재 어떻게 평가되고 있는지, 왜 그렇게 평가되는지를 어느 쪽으로도 치우치지 않고 알려드리려 노력했습니다.

따라서 이 책은 독자 여러분의 부동산 의사결정에 큰 도움이 될 것입니다.

부동산 바라보기

이 책의 집필 의도 중 하나는 독자들이 아무런 대책 없이 비판하는 사람이 아닌, 부동산을 사랑하고 아끼는 분들이 되기를 바라는 마음이었습니다. 그래야만 부동산의 본질을 제대로 알 수 있고, 그래야만 내 것이 될 수 있으니까요.

긍정적인 마음으로 부동산을 보게 되면 그동안 지나쳤던 상식을 알게 되고 그 지역에 대한 지식도 풍부해집니다. 부동산에 대한 이해와 활용이 더 용이하게 되어 선순환 구조가 지속될 수 있는 것입니다.

이 책을 통해 어떤 지역에 관심이 생기게 된다면 그 지역을 관심 지역에 넣고 꾸준히 지켜보시고, 반대로 나와 무관한 내용이라 생각되시면 관심을 접으시면 됩니다. 아마 관심이 없다 해도 제 글을 읽으신 이상 그 지역에 대한 뉴스가 나올 때마다 공감 가는 내용이 많아질 겁니다. 우리가 스포츠 경기의 규칙을 알게 되면 더 재미있게 즐기게 되는 것처럼 말이죠.

부동산에 대한 관심과 재미를 북돋우는 것.
바로 여기에 이 책의 궁극적인 목적이 있습니다.
그렇게 되면 단지 수익만을 위한 정보를 쫓는 것이 아니라
역사를 이해하며 재미있게 부동산 투자를 하게 될 것입니다.

모든 땅과 부동산에는 다른 지역 사람들은 모르고, 모를 수밖에 없는 이유들이 있습니다. 이 책을 통해 그 원주민이 되어야만 알 수 있고, 공감할 수 있는 요소들을 찾아보는 재미를 느껴보시기 바랍니다. 이것이 이 책의 올바른 활용법입니다.

칼럼 둘
지역 속내를 알게 해주는 풍수지리의 활용

풍수지리의 기본, 좋은 입지의 선정

풍수에서 가장 중요시하는 것은 공기와 물입니다.

먼저 지상과 지하로 흐르는 공기의 흐름이 원활해야 좋은 땅이라 할 수 있습니다. 나무는 지상으로도 좋은 공기를 생산해 내고, 땅속의 뿌리를 통해 양질의 기운들이 서로 옮겨 다니게 해서 나무가 많은 산을 좋은 산이라고 하는 것입니다.

반면, 나무 없이 바위가 많은 산은 좋은 공기들이 생기지 않고 사고의 위험이 많습니다. 그래서 바위산들은 오히려 풍수적으로 좋지 않습니다. 산이라고 다 같은 산이 아니라는 것이죠.

물도 마찬가지입니다. 물은 우리에게 식수를 제공할 수 있어야 하고 가뭄을 예방할 수 있어야 하며, 홍수의 피해를 입혀서도 안 됩니다. 이 모든 조건을 갖춘 물을 좋은 물이라 할 수 있습니다.

이 두 가지 조건을 갖춘 곳을 좋은 입지라고 하며, 좋은 입지를 선정하는 것이 풍수지리의 목적입니다.

한국은 풍수지리의 최대 강국

대한민국 풍수지리학은 전 세계 최고 수준입니다.

하지만 정작 우리가 알고 있는 대부분의 풍수 이론은 중국에서 학문으로 정착시킨 것으로, 한국 고유의 풍수서는 없다고 봐야 합니다. 『택리지』를 꼽는 분도 계시겠지만, 이는 풍수서가 아닌 지리서이고요. 세계 최고의 풍수지리 국가에 제대로 된 풍수서 하나 없다는 것이 좀 모순되지만, 중국과 한국 이 두 나라가 풍수를 활용하는 태도를 비교해 보면 단번에 한국이 더 뛰어나다는 것을 알게 됩니다.

먼저 중국의 풍수 이론은 교과서적으로 명당 입지를 찾는 것으로, 약간의 이론만 알면 누구나 할 수 있는 그리 어렵지 않은 일입니다. 명당의 조건을 갖춘 땅을 찾아서 활용하고 아니면 그냥 버리면 됩니다. 중국은 원체 땅덩어리가 넓은 나라니까요.

하지만 한국은 경우가 다릅니다. 생각보다 명당이 많지 않고 무엇보다 땅덩어리가 좁습니다. 그래서 명당이 아니라고 그 땅을 버리게 되면, 이용할 수 있는 땅이 거의 없어져 버립니다. 따라서 땅의 풍수적 약점들을 보완해서라도 어떻게든 그 입지를 써야만 했고, 이 과정에서 슬기로운 우리 선조들은 명당이 아닌 입지를 명당처럼 만들기 시작했습니다.

이렇게 입지적 단점을 보완하는 것을 비보(裨補)라 하고, 비보하는 방법을 비보책(裨補策)이라 하는데요. 이 비보책을 가장 잘 쓸 수밖에 없었던 나라가 바로 우리나라입니다. 이런 공간의 부족이라는 태생적 한계를 극복하는 과정을 통해 오늘날 세계 최고의 풍수지리 강국이 된 것입니다.

비보책(裨補策)은 살기 좋은 부동산으로 만드는 방법

조선시대부터 최고의 명당 마을 중 하나인 안동 하회마을도 비보책을 사용했습니다. 하회마을은 낙동강이 명당을 물길 구조로 에워싸고 있는 평화로운 마을입니다. 이곳 낙동강 건너편으로 부용대라는 기암절벽이 있는데요. 경치는 좋지만, 풍수적으로는 그리 좋지 않은 바위산입니다.

이런 약점을 극복하고자 마을 앞에 1만 그루의 소나무를 심어 '만송정'이라는 소나무 숲을 만들었습니다. 살기가 흐르는 절벽을 가리고자 한 것이었죠. 이 공사는 시각적인 효과도 있었지만 공기를 개선하는 효과가 더 컸습니다. 게다가 혹시 발생할 수 있는 홍수도 대비할 수 있는 유용한 비보물이었던 것입니다.

우리 삶과 가까운 곳에서 찾아볼 수 있는 비보물도 있습니다. 어떤 산이든지, 산길을 가다 보면 돌무지 탑이 군데군데 눈에 들어옵니다. 이 돌무지 탑에 돌을 하나 더 쌓으면서 기도를 했던 경험도 있으실 테죠. 그런데 이 탑이 단순히 기도를 하는 역할보다 산길을 안내하는 역할이 더 크다는 사실을 아는 분은 많지 않습니다.

산속에서 폭우를 경험해보신 분이라면 아시겠지만, 갑자기 비가 많이 오면 산길은 금세 물길로 변해버립니다. 도보가 잠겨 길이 보이지 않게 되는 상황에서 군데군데 있는 돌무지 탑들은 방향을 알려주는 나침반 역할을 하며, 떠내려가지 않아 피난처 역할도 해줍니다. 우리 선조들의 혜안이 엿보이는 좋은 풍수적 비보물인 것이죠.

과학이 발달한 현대사회에도 첨단화된 비보물들이 있습니다. 대표적으로 댐을 꼽을 수 있는데요. 댐을 통해 수량을 조절하게 되면서 홍수와 가뭄으로 인한 피해를 줄이게 되었고, 농업용수와 공업용수로도 사용하며, 전기까지 생산해 냅니다. 이처럼 댐은 물을 이용한 현대적인 비보물입니다.

이외에도 대규모 택지개발 현장에 가면 대규모 인공 숲을 조성하고 있는 것을 보실 수 있습니다. 이러한 인공 숲도 홍수 예방, 방풍, 공기 정화 등의 역할을 하는 현대적인 비보물입니다.

풍수 원리와 비보책을 알아야 보이는 것들

지역별 이야기에 '이런 곳이 좋은 입지다'라는 설명을 종종 드리게 될 것입니다.

결국 좋은 입지는 좋은 물과 좋은 산이 있는 곳일 텐데요. 이런 풍수적인 원리를 알고 보시면, 더 재미있게 공감하시게 될 겁니다. 책에 실리지 않은 다른 지역을 보실 때에도 산과 물이 고려된 입지인지 한 번 더 눈여겨보시게 될 테고요.

간혹, 원래 산과 물이 없는 입지임에도 좋은 입지라고 설명 드리는 곳도 있을 겁니다. 이런 곳은 풍수적인 비보책이 있는 곳으로, 해당 지역을 분석하는 데 있어 매우 중요하게 고려되는 부분입니다. 특히 땅덩이가 좁은 대한민국 부동산에서는 말이죠.

풍수적으로 뛰어난 입지는 언젠가 그 빛을 보게 됩니다. 하지만 그 자체만으로는 부족하고, 사람들의 노력이 더해질 때 비로소 부동산으로의 부가가치가 생겨납니다. 현재는 아무것도 아닌 명당 입지가 사람들의 움직임으로 어떻게 변화되는지 그 모습을 지켜보는 것도 참 재미있습니다. 그런 차원에서 세종시를 즐겁게 살펴보고 있고요.

또한 풍수적 여건이 그리 좋지 않음에도 명당이 된 지역들은, 어떤 비보책을 사용했는지 분석해 보는 것도 의미가 있습니다. 그다지 좋은 입지가 아니었던 서초구가 현재 최고의 입지가 된 것에는 분명 사람들의 힘이 작용한 것입니다.

 이렇게 풍수적 관점에서 부동산의 가치를 판단하는 것은 해당 지역의 현재를 이해하는 유용한 방법입니다. 그러나 그보다 중요한 것은 사람이 변화시킬 수 있는 지역인지, 그 변화의 범위가 넓은 지역인지를 찾는 것이라 하겠습니다. 바로 이것이 지역분석의 정수입니다.

추천의 글　실수요자라면 이 책을 주목하라! · 4
프롤로그　부동산, 역사를 알아야 돈이 보인다 · 6
개정판 출간에 앞서 · 10
칼럼 하나　부동산 지역분석은 관심에서 출발한다 · 14
칼럼 둘　지역 속내를 알게 해주는 풍수지리의 활용 · 16

01. 대한민국 부동산은 서울에서 시작해서 **서울에서 끝난다**

첫 번째 이야기. 서울 Intro편
뿌리 깊은 나무, 서울 · 31 | 서울의 어원과 주요 세력 · 32
서울의 행정구역 · 32

두 번째 이야기. 서울 중에 서울, 종로구 이야기
대한민국 도로의 시작 · 35 | 과거, 그리고 현재의 중심지 · 36
과거와 현재가 매력적으로 공존하는 곳 · 36 | 동마다 개성 있는 곳 · 37
종로구의 양면성 · 38 | 종로구의 이모저모 · 39

- 동네이야기1. 부촌의 대명사, 평창동 · 41 | • 동네이야기2. 운치만큼은 최고, 부암동 · 42
- 동네이야기3. 서서히 뜨고 있는 서촌, 청운효자동 · 43 | • 동네이야기4. 뉴타운 지역, 교남동 · 44
- 동네이야기5. 종로구의 핫플레이스, 삼청동·가회동 · 45
- 동네이야기6. 젊은 문화공간의 천국, 대학로 · 47 | • 동네이야기7. 종로구의 동쪽 끝, 창신동·숭인동 · 48
- 동네이야기8. 종로구의 경제력이었던 종로 거리 · 49

  종로의 한 카페에서 엿보는 상가 개발 사례 · 50

  풍수 이야기 · 52 | 지역분석 레시피 · 53 | 주목해야 할 재개발·재건축 레시피 · 55

세 번째 이야기. 서울의 중심이 될 잠룡, 용산구 이야기

용산의 미래는 어디로? · 59 | 일반인들에게는 조금 먼 그곳, 용산 · 60

외국인들이 용산을 선호한 이유 · 60 | 애환이 어려 있는 명당 · 61

서울의 최고 명당 · 61

- 동네이야기1. 명실공히 최고의 부촌, 한남동 · 63
- 동네이야기2. 조선시대부터 이미 국제지역, 이태원동 · 65
- 동네이야기3. 다사다난한 역사의 산증인, 용산동 · 67 | • 동네이야기4. 한남뉴타운의 중심, 보광동 · 68
- 동네이야기5. 임금님께 얼음을 상납하던 서빙고동 · 69
- 동네이야기6. 서울에서도 세 손가락 안에 드는 이촌동 · 70
- 동네이야기7. 원효대사와 아무 관계 없는 원효로 · 71 | • 동네이야기8. 용산구 개발의 중심, 한강로동 · 72
- 동네이야기9. 대우그룹 본사가 있었던 후암동 · 74 | • 동네이야기10. 숙명여대의 청파동 · 75
- 동네이야기11. 주택재개발의 중심, 효창동 · 75

  이제 용트림을 시작하려 하는 용산구 · 77

  풍수 이야기 · 78 | 지역분석 레시피 · 79 | 주목해야 할 재개발·재건축 레시피 · 81

네 번째 이야기. 뉴타운의 대명사, 은평구 이야기

박원순 서울시장과 은평뉴타운 · 85 | 연혁과 교통 환경 · 86

- 동네이야기1. 지역의 미래가치가 높아질 수색동 · 87 | • 동네이야기2. 뉴타운 개발이 기대되는 증산동 · 88
- 동네이야기3. 주거밀집지역, 신사동 · 90 | • 동네이야기4. 은평구 개발의 중심, 응암동 · 91
- 동네이야기5. 다세대주택의 천국, 역촌동 · 92 | • 동네이야기6. GTX A노선, 연신내가 있는 대조동 · 93
- 동네이야기7. 화려한 명품 주거지, 불광동 · 94 | • 동네이야기8. 서오릉의 기가 느껴지는 갈현동 · 96

•동네이야기9. 은평뉴타운의 진관동 · 97

미래형 뉴타운의 희망, 은평뉴타운 · 97 | 은평뉴타운이 넘어야 할 산 · 99 | 두 가지 모습의 은평구 · 100

지역분석 레시피 · 101 | 주목해야 할 재개발·재건축 레시피 · 102

다섯 번째 이야기. GTX와 창동역세권 개발로 주목받는 도봉구

도봉산 정기를 받는 도봉구 · 105 | 도봉산이라는 양날의 검 · 106

도봉구의 연혁 · 107 | 도봉구와 금천구는 데칼코마니 · 107

•동네이야기1. 서울의 북쪽 끝, 도봉동 · 109 | •동네이야기2. 우이신설 연장선으로 교통이 좋아진 방학동 · 111
•동네이야기3. 효자 동네, 쌍문동 · 113 | •동네이야기4. 도봉구의 강남, 창동 · 114

모범적인 친환경 개발지역, 도봉구 · 117

풍수 이야기 · 118 | 지역분석 레시피 · 119 | 주목해야 할 재개발·재건축 레시피 · 120

여섯 번째 이야기. 1번 국도의 시작, 금천구

지명 인지도가 낮은 금천구 · 123 | 사례들을 통해 보는 지명 인지도의 중요성 · 124

왕의 행궁을 책임지던 길지, 시흥 · 125 | 금천구의 연혁과 구성 · 127

•동네이야기1. 대한민국 산업단지의 형님, 가산동 · 128
•동네이야기2. 우시장에서 중심상업지구로 발전하는 독산동 · 130
•동네이야기3. 금천구의 명당, 시흥동 · 132

금천구의 교통·학군 이야기 · 133 | 금천구의 위상 이야기 · 134

지역분석 레시피 · 137 | 주목해야 할 재개발·재건축 레시피 · 139

일곱 번째 이야기. 대한민국 부동산의 바로미터, 강남구 이야기

강남구를 나타내던 세 가지, 서울 55·제3한강교·영동지역 · 141

•동네이야기1. 강남구의 시작, 신사동 · 142 | •동네이야기2. Real 강남스타일, 압구정동 · 143
•동네이야기3. 연예인처럼 화려한 청담동 · 145 | •동네이야기4. 구획정리의 정석을 보여준 논현동 · 146
•동네이야기5. 대한민국 최고의 업무지역, 삼성동 · 147
•동네이야기6. 업무와 주거의 오묘한 조화, 역삼동 · 149 | •동네이야기7. 대한민국 최고의 학군, 대치동 · 150
•동네이야기8. 타워팰리스로 대표되는 도곡동 · 152
•동네이야기9. 재건축을 통해 명품 주거지로 떠오른 개포동 · 154

- 동네이야기10. 개포동과 함께 가치 상승 중인 일원동 · 155

강남 탄생의 비하인드 스토리 · 156 | 강남 투자, 아직 늦지 않았다 · 157

풍수 이야기 · 159 | 지역분석 레시피 · 160 | 주목해야 할 재개발·재건축 레시피 · 161

여덟 번째 이야기. 강북이었다가, 섬이 되었다가, 강남이 된 송파구

강남권이 아닌 강남권 · 165 | 잠실은 원래 강북에 있었다? · 165

송파구의 연혁 · 166 | 송파의 기폭제, 롯데월드 · 167

- 동네이야기1. 시대를 앞서간 기획, 잠실동 · 168 | • 동네이야기2. 잠실학원사거리가 있는 삼전동 · 171
- 동네이야기3. 백제유적지의 천국 석촌동과 송파구의 중앙 송파동 · 172
- 동네이야기4. 국내 최대 아파트 단지가 있는 신천동 · 173
- 동네이야기5. 초기 백제의 거주지, 풍납동 · 174
- 동네이야기6. 올림픽 공원만으로도 명품, 방이동 · 175
- 동네이야기7. 송파구의 숨은 강자, 가락동 · 177 | • 동네이야기8. 동서로 개발되는 문정동 · 178
- 동네이야기9. 송파구의 끝자락, 거여동과 마천동 · 180

서울의 마지막이자 출발점인 송파구 · 181

풍수 이야기 · 182 | 지역분석 레시피 · 183 | 주목해야 할 재개발·재건축 레시피 · 185

02. 국제도시로 변화 중인 원조 대도시 인천

첫 번째 이야기. 인천Intro편

원조 대도시 인천 이야기 · 191 | 인천의 역사 · 191 | 국제 허브 도시 · 193

인천의 신규개발지와 기존지역 · 193

풍수 이야기 · 199

두 번째 이야기. 인천을 넘어서, 연수구 이야기

연수구의 행정동과 연혁 · 201 | 미추홀의 도읍지였던 연수구 · 202 | 연수구의 미래, 송도 · 203

- 동네이야기1. 오리지널 국제도시, 옥련동 · 204 | •동네이야기2. 명산 사이에 위치한 청학동 · 205
- 동네이야기3. 연수구의 허파, 연수동 · 206 | •동네이야기4. 인천아시안게임을 통해 거듭난 선학동 · 207
- 동네이야기5. 송도의 배후 주거지, 동춘동 · 208 | •동네이야기6. 연수구의 플러스 알파(+@), 송도 · 210
  인천의 희망, 송도국제도시의 최초 계획 · 210 | 좌충우돌 중인 송도 · 211 | 외국기업 대신 국내기업들이
  진입하다 · 212 | 조금씩 보이기 시작한 송도의 미래 · 214 | 송도가 짊어질 숙명 · 214
  지역분석 레시피 · 216

세 번째 이야기. 인천 서구 이야기
청라 vs 검단 vs 서구 · 219 | 서구의 연혁과 환경 · 220

- 동네이야기1. 도심의 중심, 남부권 · 220 | •동네이야기2. 행정의 중심지, 중부권 · 222
- 동네이야기3. 개발이 가장 활발하게 진행 중인 검암과 검단 · 223 | •동네이야기4. 인천의 서부권 · 224
  청라국제도시 이야기 · 226 | 송도의 발화점, 청라 · 229 | 서구의 미래가 기대되는 이유 · 229
  풍수 이야기 · 231 | 지역분석 레시피 · 233

네 번째 이야기. 인천 경제의 숨은 주역, 남동구 이야기
인천 경제의 중심, 남동산업공단 · 237 | 인천의 숨은 주인공, 남동구 · 238
남동구의 발전원동력은 교통망 확장 · 238 | 인천 내 1등 자급 신도시, 남동구 · 239
소래습지가 있는 친환경 남동구 · 240

- 동네이야기1. 다양한 주거시설과 편의시설이 갖춰진 간석동 · 241
- 동네이야기2. 남동구의 중심, 인천의 중심 구월동 · 242
- 동네이야기3. 남동구의 쾌적한 주거지, 만수동 · 244 | •동네이야기4. 떠오르는 신흥주거지, 서창동 · 245
- 동네이야기5. 인천 최대의 친환경 명품 신도시, 논현동 · 246
  인천 경제의 주축, 남동구 · 248
  풍수 이야기 · 249 | 지역분석 레시피 · 250

다섯 번째 이야기. 인천 최고 강자, 부평구 이야기
부평 VS 부천, 더욱 경쟁력을 갖춘 곳은? · 253 | 부평과 부천은 한 뿌리다 · 254
부평구의 연혁 · 255 | 서울 접근성 부문 인천 최강자 · 255
인천 경제의 핵심, 다양한 입지적 장점들 · 255

- 동네이야기1. 대한민국 자동차산업의 요람, 청천동 · 257 | • 동네이야기2. 굴포천이 흐르는 갈산동 · 258
- 동네이야기3. 부평구 최고 주거지, 삼산동 · 259
- 동네이야기4. 미군부대 이전으로 앞날이 유망한 산곡동 · 260
- 동네이야기5. 부평구의 중심, 부평동 · 263 | • 동네이야기6. 부천의 문화시설을 활용하는 부개동 · 264
- 동네이야기7. 대한민국 최초 천일제염 생산지였던 십정동 · 265

교통과 상권, 그리고 공장 · 266 | 부평의 미래 · 266

지역분석 레시피 · 268 | 주목해야 할 재개발·재건축 레시피 · 270

03. 서울에 버금가는 **서울의 위성도시들**

첫 번째 이야기. 경기도 Intro편

서울 이상의 부가가치가 있는 경기도 · 275

두 번째 이야기. 천당 밑 분당 이야기

대한민국 최고의 주거지 분당 · 279 | 1기 신도시의 탄생 · 279 | 1기 신도시의 대장, 분당 · 282

- 동네이야기1. 분당의 대표 상업지역, 야탑동 · 283 | • 동네이야기2. 분당을 대표하는 서현동 · 284
- 동네이야기3. 교육열이 높은 주거밀집지역, 수내동 · 286 | • 동네이야기4. 분당의 강남, 정자동 · 288
- 동네이야기5. 지하철역 개통으로 강자로 떠오른 구미동 · 291

분당이 좋은 이유들, 그리고 관심 포인트 · 292

풍수 이야기 · 294 | 지역분석 레시피 · 295

세 번째 이야기. 호수공원만으로도 명품 신도시, 일산

영원한 분당의 라이벌 · 299 | 일산의 옛이야기 · 299 | 일산의 과거 입지적 특징 · 300

일산의 탄생과 현재 · 301

- 동네이야기1. 일산신도시의 축소판, 마두동 · 302 | • 동네이야기2. 화려한 호수공원의 동네, 장항동 · 305
- 동네이야기3. 인구밀도가 가장 높은 주거지역, 주엽동 · 308

• 동네이야기4. 핫 플레이스에 GTX 이슈가 더해진 대화동 · 310 | • 동네이야기5. 일산의 출입구, 백석동 · 312

일산의 가장 큰 장점, 쾌적한 생활환경 · 314

풍수 이야기 · 316 | 지역분석 레시피 · 317

네 번째 이야기. 작지만 강한 도시, 과천 이야기

래미안에코팰리스로 보는 과천 · 321 | 명당의 필수 요건, 배산임수의 도시 · 322

과천의 발전 연혁 · 323 | 강남을 닮은 부자들의 도시, 그리고 재건축 이슈들 · 324

살기 좋은 도시 1위 · 326

• 동네이야기1. 과천의 중심, 중앙동 · 327 | • 동네이야기2. 과천의 대표주거지, 별양동 · 328

• 동네이야기3. 과천의 입구, 부림동 · 329

과천의 미래 · 330

풍수 이야기 · 333 | 지역분석 레시피 · 334 | 주목해야 할 재개발·재건축 레시피 · 336

다섯 번째 이야기. 별을 품고 있는 달, 남양주 이야기

주변에서 가만히 두지 않는 남양주 · 339 | 도시와 농촌의 모습을 모두 갖춘 곳 · 339

'미금시'라고 들어보셨나요? · 340 | 달 주변의 화려한 별들 · 341 | 큰 별, 별내신도시 · 342

향후 남양주의 판세를 바꿀 교통 호재들 · 343

• 동네이야기1. 한강 남향 조망이 가능한 덕소지구 · 343

• 동네이야기2. 남양주의 새로운 중심, 다산신도시 · 344

• 동네이야기3. 자연환경이 좋은 마석지구 · 345 | • 동네이야기4. 작지만 편리한 주거환경, 평내·호평지구 · 346

• 동네이야기5. 별내신도시의 최대 수혜주가 될 퇴계원지구 · 347

• 동네이야기6. 발전 가능성이 가장 큰 진접지구 · 348

2% 부족한 남양주의 주요 지역들 · 349

풍수 이야기 · 351 | 지역분석 레시피 · 352

여섯 번째 이야기. 한강신도시로 거듭날 애환과 기대의 도시, 김포

강화가 김포시의 행정구역이 아니라고요? · 355 | 김포공항은 김포에 없다? · 355

대한민국 최고의 곡창지대, 김포평야 · 356 | 아픈 역사를 간직한 김포 · 357

김포의 3개 권역, 그리고 한강신도시 · 357 | 한강신도시 vs 기존 도심 개발 · 358

- **동네이야기1.** 김포보다 서울에 더 가까운 고촌읍 · 359 | **동네이야기2.** 구도심 내 신도시, 풍무지구 · 360
- **동네이야기3.** 김포의 중심, 사우동 · 361 | **동네이야기4.** 김포 최고의 학군, 북변동 · 362
- **동네이야기5.** 김포의 미래가 담긴 한강신도시 · 363

그래도 김포 개발의 중심은 한강신도시 · 364 | 미분양의 천국이었던 한강신도시 · 365
김포시 업그레이드의 마스터키, 전철노선 개발 · 365 | 김포가 앞으로 풀어야 할 과제들 · 366
한강신도시에는 시간이 필요하다 · 366

지역분석 레시피 · 368 | 주목해야 할 재개발·재건축 레시피 · 370

일곱 번째 이야기. 풍수 명당, 용인 이야기

용인에 대한 선입견들 · 373 | 용인을 명당으로 활용한 사례들 · 375

각기 다른 방향을 향하고 있는 용인 3구 · 376

- **동네이야기1.** 자연이 잘 보존된 처인구 · 376
- **동네이야기2.** 저렴한 시세로 부동산 활성화를 기다리는 기흥구 · 378
- **동네이야기3.** 용인 부동산의 핵심, 수지구 · 381

초고속 성장과 삼성, 그리고 SK하이닉스의 도시 · 382 | 용인 제대로 바라보기 · 383

지역분석 레시피 · 385

여덟 번째 이야기. 서울이라 불러다오, 광명시 이야기

광명시 지역 번호가 02인 이유 · 389 | 늘 밝은 지역, 광명의 역할 · 390

광명의 연혁 · 390 | 산과 물이 있는 훌륭한 환경 · 391

- **동네이야기1.** 광명시의 시작이며 행정 중심지인 철산동 · 391
- **동네이야기2.** 광명시 상권의 중심, 광명동 · 394
- **동네이야기3.** 명산과 명당수가 있는 하안동 · 395
- **동네이야기4.** 논밭에서 경제 중심지가 된 소하동 · 396
- **동네이야기5.** 광명시의 일등 지역이 되어가는 일직동 · 399

광명 교통 이야기 · 401

풍수 이야기 · 403 | 지역분석 레시피 · 404 | 주목해야 할 재개발·재건축 레시피 · 406

에필로그 실거주 수요에 주목해 장기 투자할 때입니다 · 408

se

대한민국
부동산은
서울에서
시작해서

Part.1

서울에서
끝난다

첫
번째
이야기.

서울 Intro편

뿌리 깊은 나무, 서울

2011년 10월부터 12월, SBS에서 〈뿌리 깊은 나무〉라는 드라마가 방영되었습니다.

조선 초기 사대부 세력과 왕권이 맞붙는 내용으로, 한 시대를 주도하는 세력이 과연 누구인지와 그 주도 세력들의 정치 논리를 집현전과 한글 창제라는 소재와 엮어 속도감 있게 풀어낸 명작 드라마입니다.

서울 이야기 서두에 〈뿌리 깊은 나무〉를 말씀드리는 이유는 세 가지입니다. 먼저 드라마를 통해 서울이 한반도의 중심으로 등장하게 된 연유를 알 수 있으며, 두 번째로는 뿌리 깊은 의미를 지닌 지역은 흔들리지 않는다는 사실이 책의 주제와도 일맥상통하기 때문입니다. 마지막으로 세 번째는, 서울이 수백 년 동안 현재의 위치를 지키는 이면에는 권력층의 힘이 작용함을 잘 드러내고 있어서입니다.

드라마의 배경인 조선시대부터 서울은 이미 우리나라의 중심 역할을 하고 있었습니다. 지역을 분석하실 때에는 무엇보다 핵심지역들을 우선적으로 공부하는 것이 중요합니다. 핵심지역은 현재 다른 지역들이 당면한 많은 쟁점들을 이미 경험했기에 타산지석으로 삼을 수 있기 때문입니다. 그래서 서울의 연혁을 한번이라도 훑어본 후, 지역별로 세부적으로 접근하면 부동산 시장을 이해하는 데 큰 도움이 되실 겁니다.

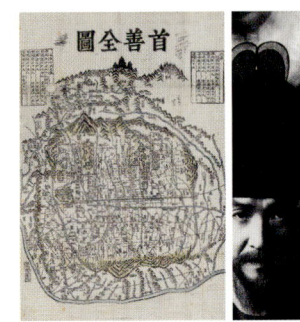

서울의 어원과 주요 세력

혹시 서울이란 말이 언제부터 쓰였는지 궁금하지 않으신가요?

개인적으로 무척 궁금해서 여러 가지 자료를 찾아보았는데, 서울의 어원은 '서라벌'이라는 주장이 가장 설득력이 있습니다. 서라벌은 과거 신라의 수도로, 현재 경상북도 경주의 옛 이름입니다. 이 서라벌 출신들은 통일신라시대 이후인 고려시대에도 정치권을 주도했습니다. 조선시대에도 소위 명문 집안 대부분이 경상도(경주 양동마을, 안동 하회마을) 출신이었고, 이들이 정계에 진출하여 붕당의 대부분을 장악했습니다.

뿐만 아니라 지금도 지속적으로 영향력을 행사하고 있죠. 심지어 김대중 대통령, 노무현 대통령 시절에도 주된 세력은 경상권이었으니 말입니다. 결국 역사를 통틀어 고구려가 주도권을 가졌던 5세기 이전까지를 제외하면, 무려 1,500여 년 동안을 신라의 후손들이 지배해 온 것입니다. 이런 사실들을 통해, 서라벌이 서울의 어원이라는 주장에 한 표를 던지는 것이고요.

부동산을 이해하는 데 이런 통시적 관점은 큰 도움이 됩니다. 부동산은 그 핵심지역을 찾으면 이미 반은 이해한 것이나 다름없거든요. 그 후 핵심지역이 어떻게 발전해 왔고 주변과 어떤 영향을 주고받는지 파악하면 지역분석이 마무리되는 것입니다.

서울의 행정구역

한 지역의 행정구역 변천사를 보면 그 지역의 발전사를 한눈에 이해할 수 있는데요. 서울의 행정구역은 최초에는 종로구를 중심으로 한 강북 위주로 생겨났습니다.

그러다 1970년대 중반에 들어서며 강남권 지역들이 등장하였고, 실제 이때부터 강남 개발이 이루어지게 됩니다. 현재 한강 이남의 좌청룡 우백호인 송파구와 양천구는 1980년대 후반에야 등장하게 되었고요. 결국 지금의 25개 행정구역은 생각보다 최근에야 완전하게 정비된 것입니다.

생성연도	구(區)
1943년	종로구, 중구, 용산구, 동대문구, 성동구, 서대문구, 영등포구
1945년	마포구
1949년	성북구
1973년	관악구, 도봉구
1975년	강남구
1977년	강서구
1979년	은평구, 강동구
1980년	구로구, 동작구
1988년	송파구, 중랑구, 노원구, 서초구, 양천구
1995년	강북구, 금천구, 광진구

이처럼 서울의 성장과 팽창이 우리 세대와 함께 진행되었다는 것은 앞으로 또 어떻게 변해갈지 그 모습을 추측해 볼 때도 충분히 활용이 가능합니다. 과거와 현재 그리고 미래의 흐름에는 큰 틀이 있기 때문이지요. 이러한 서울의 모습을 한 단어로 정의하면 '부동산 복합쇼핑몰'이라 할 수 있습니다. 유구한 역사를 지녔음에도 단기간에 가장 많은 발전을 이루어냈고, 지금도 많은 사람들이 오고 가며 성장과 팽창을 하고 있는 도시입니다.

서울 편에서는,
1. 서울 중의 서울이라고 할 수 있는 종로구편
2. 서울의 입지적 중심이며 가장 발전 가능성이 높은 용산구편
3. 뉴타운이라는 새로운 부동산 개발 상품을 제시한 은평구편
4-5. 서울에서 가장 낙후된 듯하나, 그 나름의 가치를 지닌 도봉구와 금천구편
6. 대한민국 부동산의 바로미터 강남구편
7. 서울의 확장, 강남의 확장이라는 면에서 주목받는 송파구편

이렇게 총 7개의 지역을 소개해 드리며 지역별로 앞으로 주목해야 할 재개발과 재건축 부분에 대한 정보도 제공할 것입니다.
자, 그럼 이제부터 대한민국 부동산의 복합쇼핑몰, 서울 이야기를 시작하겠습니다.

두 번째 이야기.

서울 중에 서울
종로구 이야기

대한민국 도로의 시작

'도로원표'를 아시나요?

고속도로 중앙분리대 상단을 보면 '상행선 서울 기준 ○○km, 하행선 부산 기준 ○○km'하는 표식이 있는데, 그 시작이 되는 기준점을 바로 도로원표라고 합니다. 이를 중심으로 우리나라 각 도시까지의 거리뿐만 아니라 도쿄, 베이징, 뉴욕, 런던, 파리 등 세계 주요 도시까지의 거리를 산정하게 됩니다.

대한민국의 기준을 세워주는 이 도로원표가 종로구 세종로 중앙에 자리 잡고 있습니다. 우리나라 모든 도로의 기점이자 종점이며, 종로가 우리 국토의 중심임을 단적으로 보여주는 것이지요.

광화문광장

세종로 중앙의 도로원표

과거, 그리고 현재의 중심지

종로구는 조선 건국 후 수도를 개성에서 한양으로 천도(1394년)한 이래 오늘날까지 약 600여 년 동안 국가의 중심지역으로 중요한 역할을 담당하고 있습니다. 정치·행정·문화·기업·상업 등 모든 분야에서 말이죠.

조선시대에는 한양으로 드나들려면 4대문과 4소문을 통과해야만 했습니다. 당시 종로는 그 출입문들의 여닫는 시간을 알려주던 중요한 역할을 한 곳으로, 종로라는 말 자체가 '종각이 있는 거리'라는 의미이기도 합니다.

현재 이곳에는 청와대와 정부청사가 있고, 이를 중심으로 외교기관들이 포진되어 있습니다. 세종문화회관과 대학로 인근 각종 문화시설들은 이곳이 문화의 중심지임을 알게 해줍니다. 업무시설로는 조선일보, 동아일보 등 많은 언론사의 본사가 있고, 현대, SK, 교보 등 많은 대기업들의 본사가 있습니다.

이처럼 종로는 비록 과거와 모습은 달라졌지만, 도시로서의 핵심 기능에 있어서는 변함이 없습니다. 또한 종로를 든든하게 지켜주고 있는 북악산과 인왕산, 낙산 그리고 청계천의 자연환경도 변함없이 남아있습니다.

과거와 현재가 매력적으로 공존하는 곳

종로구를 한 문장으로 표현하라고 한다면, '연령대를 불문하고 가장 많은 사람들이 통

종로 보신각   정부종합청사   청와대

덕수궁과 서울시청   종로 밀레니엄타워   경희궁 맞은편의 흥국생명빌딩

행하고, 생활하고, 일하는 곳 중 과거와 현대가 공존하는 유일한 지역'이라 하겠습니다.

  종로구의 배경이라 할 수 있는 북악산과 인왕산이 있고, 경복궁, 창덕궁, 창경궁, 종묘, 사직단, 동대문 등 수많은 문화유산과 전통 한옥이 잘 보존되어 있어 고풍스런 느낌을 줍니다. 반면 세종로, 신문로, 종로, 청계천의 고층빌딩을 바라보고 있으면 참 현대적이라는 느낌을 주기도 하죠.

  이렇게 종로는 신구(新舊) 건축물들이 서로 어우러져 시너지 효과를 냅니다. 이런 오묘한 매력이 어필했는지, 외국인들의 필수 관광지 지역으로 자리 잡기도 했습니다.

  현재 상주인구는 20만 명도 채 되지 않지만 주간활동인구는 관광객을 제외하고도 200만 명이 넘어, 집객력은 가히 최고의 지역이라고 할 수 있습니다.

동마다 개성 있는 곳

  서울의 진산은 북악산입니다. 북악산 아래에는 왕궁이 자리 잡았죠. 가회동 일대는 전통 한옥들이, 세종로에는 현대식 고층빌딩들과 상가가 밀집해 있습니다. 인사동에는 골

청계천

동품과 표구 전문점이, 청계천 주변에는 전자제품과 인테리어 전문 상가들이 있습니다. 종로 5가에는 약재상이 있고요. 동대문 인근에는 의류·악세사리 관련 상가들이 집중되어 있습니다.

보신각이 있는 종로 거리는 조선시대 육의전의 전통을 이어받은 상업중심지이며, 동대문시장은 도매시장의 전형을 보여주는 곳입니다. 대학로에는 마로니에 공원 일대에 문화의 거리가 조성되어 있고, 세종로의 세종문화회관은 세계적 규모의 공연장입니다. 이처럼 종로는 동마다 각기 다른 매력을 뿜내는 개성 강한 곳입니다.

- 진산은 도읍지나 각 고을에서 그곳을 지키는 산으로 정하여 제사를 지내던 산을 의미합니다.

종로구의 양면성

여기서 한 가지 의문점이 생깁니다. 조선 태조 이성계는 왜 이 종로구를 중심지역으로 정했을까요? 이 질문은 다시 이렇게도 할 수 있습니다. 왜 종로구에 궁궐을 지었을까요?

이 질문에 답하기 위해서는 다시 드라마 〈뿌리 깊은 나무〉로 갑니다.

조선은 드라마에서 드러난 것처럼 정도전을 중심으로 한 사대부가 건국한 나라가 맞습니다. 표면적으로는 왕이 절대 권력을 지닌 듯 보였지만, 실제 조선을 이끌었던 세력은 사대부였다는 것입니다. 그리하여 조선의 수도를 정할 때도 정도전의 논리와 사대부들이 추진한 방향대로 철저하게 중국식 풍수 이론에 의해서 한양이란 지역이 선택된 것입니다. 궁궐의 위치를 선정할 때도 중국의 논리를 따랐는데, 그렇게 선정된 곳이 바로 경복궁입니다.

풍수에 조금이라도 관심이 있으신 분들은 아시겠지만, 경복궁은 풍수적으로 아주 좋은 위치는 아닙니다. 풍수적으로 좋은 입지는 사신(백호, 청룡, 주작, 현무)이 포근하게 감싸고 있는 것입니다. 물론 경복궁도 형식적으로는 사신에 해당하는 산이 에워싸고 있는 입

고려대의 상징인 호랑이와 연세대의 상징인 독수리

지이기는 합니다. 뒤(현무)로는 북악산, 남향을 바라보며 우측(백호)은 인왕산, 좌측은 낙산(청룡)이, 남쪽으로는 남산(주작)이 사신을 형성하고 있기는 하니까요. 하지만 좌청룡인 낙산이 너무 낮고 우백호인 인왕산은 진산인 북악산을 위협할 정도로 강합니다.

풍수적으로 좌측은 남성적인 기운, 우측은 여성적인 기운을 의미합니다. 그 입장에서 보면 좌측이 강해야 정상적인 정치가 이루어지는 것인데, 배치가 상반되어 조선시대 내내 외척(왕비 쪽 세력)이 강할 수밖에 없었다고 합니다. 실제 조선시대 내내 왕권이 주도적으로 정치세력을 이끈 적이 거의 없었지요. 그렇다면 아마 정도전이 그것(왕이 완전히 기를 펴지 못하도록)까지 풍수적으로 고려해서 왕궁의 터를 정한 것은 아닐까요?

이 풍수적 입장에서 학교의 성향을 분석해도 재미있는 결과가 나오는데요. 경복궁을 중심에 두고 여성적인 이미지의 연세대는 좌측에, 남성적인 이미지인 고려대는 우측에 있습니다. 이화여대도 연세대 인근에 있고요. 우연치고는 묘하게 일맥상통합니다.

종로구의 이모저모

종로구의 가장 큰 장점 중 하나는, 서울에서 교통이 가장 편리하다는 점입니다.
늘 정체되는 강남구에 비하면 오히려 쾌적하다고도 할 수 있습니다. 또한, 서울의 모든 지역뿐 아니라 경기도 웬만한 지역까지의 버스 교통편이 있습니다. M버스, 주황색 광역버스로 경기 북부, 경기 남부까지 앉아서 이동할 수 있고요. 또한 지하철 1·2·3·4·5호선을 모두 이용할 수 있습니다. 그뿐인가요. 같은 생활권인 중구 하단에 있는 서울역까지 포함하면 전국 교통망이 형성됩니다.

반면 주거지역으로서의 편의성은 조금 불편합니다. 주거지역의 편의시설들은 보통 대규모 아파트 단지 인근에 형성이 되는데, 대단지 아파트가 없는 종로구에는 주거시설만을 위한 생활편의시설이 부족하고 도보로 이용할 수 있는 교육시설도 많지 않습니다. 이는 종로구에 있는 사람들 대부분이 유동인구이기 때문인데요. 덕분에 유사한 생활 방식을 보이는 일반적인 주거밀집지역과는 다른, 아주 여유 있고 쾌적한 주거환경을 갖추고 있습니다.

단적인 예로, 종로구 경운동에 위치한 교동초등학교의 2018년 신입생 수는 총 33명이었습니다. 지방 분교가 아니라 서울 한가운데 있는 정규 초등학교인데도 말이죠. 서울교육청에서 가까운 초등학교이기 때문에 서울시 교육감이 직접 입학식을 진행하기도 합니다.

이렇게 종로는 현대적인 주거지로는 상대적으로 발전을 하지 못한 반면, 상가 시설은 가장 발전되어 있는 지역입니다. 종로 하나만으로도 한국 최고의 로드샵 상권이 형성되어 있다 할 수 있죠. 음식, 생활용품, 약재, 의류, 철물, 전자 등 상업시설에서 판매할 수 있는 건 모두 있습니다. 조선시대 육의전 상권의 기운들이 땅속에 스며들어 지금도 흐르고 있는 것입니다.

종로구는 정치의 중심지이며 서울을 대표하는 여러 문화재가 있어 기존의 시설을 그대로 두고 정비해야 합니다. 일반 시민이 활용할 부지가 거의 없어, 사용할 수 있는 부동산의 가치는 높다고 할 수 있습니다. 종로구에 공급된 경희궁자이가 그 좋은 예입니다. 어떤 부동산 시설이든 개발이 어려운 지역에 들어서면 프리미엄을 받게 됩니다.

한편 종로구의 법정동은 총 87개로, 구 단위로는 가장 많습니다. 법정동은 인구수가 아닌, 과거 그 지역 생활환경을 기반으로 구분합니다. 따라서 법정동이 많다는 것은 그만큼 과거에 많은 일들이 있었다는 의미로, 실제 종로구는 각기 다른 역할을 했던 개성 넘치는 지역이 많았습니다. 법정동을 전부 소개하면 이 책 한 권에도 종로 이야기를 다 못 실을 듯하여, 대표적인 행정동으로만 동네 이야기를 해드릴까 합니다.

- 북으로는 평창동, 서쪽으로는 독립문(무악동·교남동), 동쪽으로는 동묘(숭인동), 남쪽으로는 청계천(종로)이 종로구의 테두리입니다.

| 동네 이야기 1. | # 부촌의 대명사 평창동

TV 드라마 중 부잣집에 전화가 오면, "네, 평창동입니다"하는 장면을 한두 번쯤은 보셨죠? 평창동은 성북구의 성북동, 용산구의 한남동과 더불어 한국의 부촌으로 대표되는 동네입니다.

아이러니하게도 이곳은 풍수적으로 기가 아주 센 지역입니다. 예로부터 기가 센 지역은 사람이 살기에 부적합한 지역으로 여겨졌습니다. 그래서 조선시대에는 주로 무당들이 살았고요. 실제 평창동은 북한산과 북악산 사이에 있어

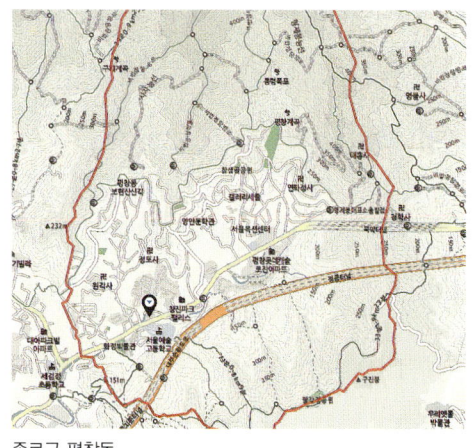

종로구 평창동

산 사이로 꽤 쌀쌀한 칼바람이 불고, 평지가 전혀 없어 집단 주거지로는 매우 불리한 입지입니다.

그런데 1960년대 말, 평창동의 운명(?)을 바꾸는 사건이 벌어집니다. 김신조를 중심으로 하는 간첩단이 청와대를 습격하려 한 사건이 발생한 것이죠. 당시 정부는 청와대 인근에 사람이 살지 않아 북한의 침입이 용이했다고 판단하고, 평창동 일대를 주거지역으로 개발하려는 목표를 세우게 됩니다. 이때 북악산에 북악스카이웨이라는 도로가 생기게 된 것입니다.

이곳은 교통이 불편하여 접근성이 떨어지기에 일반인에게는 인기가 없었습니다만, 차별화된 주거환경을 원하던 정치인, 기업인, 예술가층에는 인기가 좋았답니다. 그 덕분에 현재 대부분 단독주택과 고급주택들로 이루어져 있고요. 최근에는 주거시설 이외에도 박물관, 카페, 미술관 등 문화시설들이 꽤 많이 생겨났습니다.

드라마 〈최고의 사랑〉에 나왔던 카페도 여기에 있고요, 유명 연예인들이 운영하는 카페도 있습니다. 미술품 경매로 유명한 서울옥션, 가나아트센터 등도 있는데요. 이러한 상업시설들은 대부분 구옥을 멋지게 개조하여 활용되고 있습니다. 지금도 대중교통이 불편하기 때문에

평창동에서 흔히 볼 수 있는 고급주택

일부러 찾아가야 하는 번거로움이 있지만, 그런 부분도 그 나름의 매력으로 느껴지는 동네입니다. 하지만 교통, 편의시설, 교육환경 등의 기반시설이 부족하여 주거지역으로는 추천해 드리기 어렵습니다. '그들이 사는 세상'인, 그들만의 리그가 펼쳐지는 동네이니까요.

| 동네 이야기 2. | 운치만큼은 최고 부암동 |

인왕산과 북악산 사이의 자하문터널을 기준으로 북쪽이 부암동, 남쪽이 청운효자동입니다. 북한산 주변의 자연환경을 좋아하시는 분들에게는 평창동보다는 평창동 밑 동네인 부암동 인근을 추천 드리고 싶습니다. 고급주택지역이 아니어서 집값도 상대적으로 저렴하고, 버스 이용도 평창동보다는 많이 편리하거든요.

무엇보다도 평창동에 버금가는 운치를 즐길 수 있고, 북악산과 인왕산을 동네 마당처럼 활용할 수 있는 몇 안 되는 지역 중 한 곳입니다. 최근에는

종로구 부암동

다양한 종류의 카페와 맛집이 지역 명소가 되어 많은 관광객을 유인하고 있습니다. 흥선대원군의 별장이었던 서울미술관 석파정이 랜드마크입니다.

부암동 주택 전경

| 동네 이야기 3. | ## 서서히 뜨고 있는 서촌 청운효자동 |

경복궁을 기준으로 동쪽을 북촌, 서쪽을 서촌이라고 합니다.

조선시대부터 북촌은 고급 주거지가 많았고, 서촌에는 서민들이 많이 살았습니다. 북촌은 명품 한옥들이 많아 일찍부터 관광지 역할을 톡톡히 했지만 상대적으로 서촌에 대한 관심은 적었는데요. 최근 들어 서서히 주목받고 있는 중입니다.

북촌에 비해 부동산 가격이 매우 저렴하고, 교통 편의성과 주거지역의 쾌적성은 오히려 북촌보다 좋습니다.

종로구 청운효자동

교육환경도 좋은데요. 서두에 설명드린 교동초와 청운초는 매우 쾌적한 환경을 지니고 있고요. 청운중, 배화여중, 배화여고가 있으며 고교 비평준화 시절에 경기고와 쌍벽을 이

북악산에서 내려다 본 경복고등학교

통인시장

루었던 그 유명한 경복고도 이곳에 있습니다.

게다가 청와대를 옆에 두고 있기 때문에 보안에 관련하여서는 두말할 필요도 없는 동네입니다. 재래시장인 통인시장도 있어, 전통적인 골목 문화가 살아있는 매우 개성 있는 주거지입니다. 서울시가 서촌과 북촌을 프랜차이즈 입점 불가 지역으로 지정하며, 이 지역에 특화된 상권을 운영하겠다는 의지를 보여주기도 했습니다.

최근에는 구옥 리모델링이 활발한데, 덕분에 많은 주택이 북촌이나 삼청동의 카페거리처럼 상가시설로 재탄생하는 중입니다. 매주 새로운 상가들이 생겨나고 있어 앞으로 이 지역이 또 어떻게 달라질까 매우 궁금한 곳입니다.

동네 이야기 4. 뉴타운 지역 교남동

종로구의 동쪽 끝 창신동·숭인동과 서쪽 끝 교남동은 뉴타운 지정지구였습니다. 동쪽의 창신·숭인뉴타운은 서울시가 주민 반대를 받아들여 뉴타운이 지정 해제되었고, 서쪽의 교남뉴타운만 주민들의 찬성을 얻어 인허가 확정 후 개발되었습니다. 돈의문뉴타운이라는 명칭으로 GS가 시공을 맡아 경희궁자이로 탄생하게 되었죠.

종로구 내 단일 주거단지로는 최대인 2,000세대 이상의 아파트와 오피스텔이 개발된 대규모 단지가 형성되었습니다. 경희궁자이를 2,300만 원에 분양할 당시 고분양가 논란을 빚기도 했지만, 현재는 시세가 무려 평당 4,800만 원으로 종로구 최고가 아파트의 위상을 가지고 있습니다.

종로구는 대부분 개발제한구역으로 지정되어 있어, 이렇게 대규모로 개발되는 모습은 앞으로도 보기 어려울 것입니다. 그래서 교남동은 종로구보다 오히려 서대문구와 연계성이 크다고 볼 수도 있는데요. 실제로 사직동을 중심으로 한 인왕산 서울성곽길로 단절되어 종로구의 상징인 경복궁의 영향력이 닿지 않는 듯, 분리된 느낌을 주는 지역입니다.

종로구 교남동

경희궁자이 조감도

동네 이야기 5. 종로구의 핫플레이스 삼청동·가회동

삼청동과 가회동은 경복궁 동쪽에서 창덕궁까지 이르는 지역으로, 상업·업무시설이 점령하기 전에는 낡은 주택들만 모인 구옥 천국이었지만 지금은 종로 상업시설의 메카로 자리 잡은 동네입니다.

먼저 낡은 주거지역이었던 삼청동은 상전벽해의 좋은 사례입니다. 이 삼청동 골목에 있는 유명한 맛집으로 삼청동수제비 등 몇 군데만 손에 꼽았었는데, 몇 년 사이 이전에 살던 주민들도 헷갈릴 정도로 완전히 다른 건물들이 들어서며 별천지로 바뀌었습니다. 요즘 우리나라에서 가장 트렌디하다는 신사동 가로수길 이상의 즐거움을 주는 동네입니다. 신사동이 흉내 낼 수 없는 역사적 자원을 가지고 있기 때문이지요.

창덕궁이 있는 가회동은 조선시대부터 벼슬 높은 양반들이 살던 곳으로, 지금도 고풍스러운 한옥의 다양한 모습들을 볼 수 있습니다. 우리나라에서도 손꼽는 이곳의 한옥들은 사진 동호회들의 단골 장소입니다. 특히 북촌거리 곳곳에 한옥의 멋을 잘 살린 멋진 카페들과 레스토랑들도 많이 생겨났습니다.

그 외에도 헌법재판소와 정독도서관이 있고요. 故 정주영 회장님이 매일 새벽 5시에 출근했다는 현대건설 본사가 있습니다. 언덕을 올라 정점에 다다르면 명문학교인 중앙고등학교가 있는데, 드라마 〈겨울연가〉 촬영 직후 관광객들의 성지가 되기도 했습니다.

주거지로는 단독주택뿐만 아니라 다세대, 다가구주택이 의외로 많으며 특히 창덕궁에서 나오는 좋은 기운이 끝내주는 지역입니다. 고풍스러운 동네 좋아하시는 분들에게는 주거지로 적극 추천 드리는 곳입니다.

●
삼청동·가회동 도로변에 있는 다 쓰러져가는 구옥들도 평당 8,000만 원이 넘습니다. 아직도 시세가 오르고 있으며, 평당 1억 원이 넘는 주택도 많습니다.

종로구 삼청동

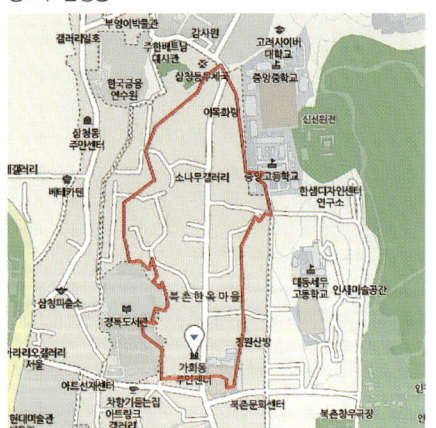
종로구 가회동

가회동 주택가

| 동네 이야기 6. | 젊은 문화공간의 천국 대학로 |

혜화문이 있는 혜화동과 이화동이라는 정자가 있던 이화동은 창덕궁 동쪽에 자리 잡고 있습니다. 서울대학교병원, 성균관대학교, 대학로 등 대학 관련으로 유명한 지역이고, 소규모 상가와 연극·영화 등의 문화시설이 많습니다.

상업시설 뒤편으로는 다세대, 원룸 등의 소형 주거시설이 많은데요, 이런 소규모 부동산들이 많은 지역은 대대적인 개발이 어렵습니다. 이해관계가 워낙 많이 얽히고설켜 있기 때문이지요. 그래서 이 동네는 앞으로도 꽤 오랫동안 중소주택 위주일 확률이 높은 곳입니다. 원룸 등 소형주택 수요가 많기 때문에 쉐어하우스 입지로서도 검토해 볼 가치가 있는 곳이기도 합니다.

종로구 혜화동

종로구 이화동

대학로 길거리 공연 모습

쉐어하우스 내부

| 동네 이야기 7. | 종로구의 동쪽 끝 창신동·숭인동 |

창신동은 동대문에서 동묘, 숭인동은 동묘에서 신설동까지입니다. 다가구, 다세대 위주의 소규모 주거밀집 지역으로, 동대문 상권의 배후 주거지입니다. 서울 한가운데 있으면서도 가장 낙후된 지역 중 한 곳입니다.

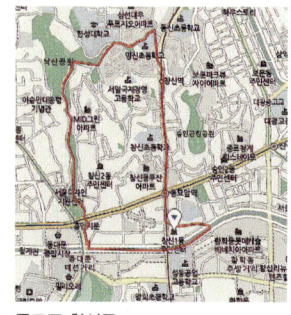
종로구 창신동

종로구 숭인동

원체 낡은 집들이 많아 뉴타운으로 지정되었다가 최근 주민들의 반대로 해제가 되었습니다. 주거 수요만 있는 지역이 아니기에, 대규모 아파트가 들어오지 않아도 지역 경제 활성화에는 결정적 영향이 없기도 했습니다.

과거 재개발은 토지지분이 있는 사람들이 추가부담금을 내지 않고 오히려 배당금을 받는 형태여서 지역민들이 개발에 찬성하는 입장이었는데요. 최근에는 추가부담금을 많이 내야 재개발이 가능한 사업구조로 바뀌었기 때문에 자기자본금이 적은 지역주민들에게는 재개발 사업이 큰 부담이 될 수밖에 없는 것이죠. 거주민의 경제력과 사업성을 고려하지 않고 추진했던, 위로부터의 개발의 맹점을 아주 잘 보여주는 사례입니다.

그러나 서울 낙산이 있으며 동대문이라는 최고 상권이 있고, 최고의 문화지역 대학로가 있는 동네입니다. 지하철 1호선과 6호선이 교차하여, 입지적인 장점을 따져보면 꽤 괜찮은 지역입니다.

창신동은 갖추고 있는 장점에 비해 현재 모습이 많이 부족하기에 앞으로 개발이 필요한 곳이며, 개발이 이루어질 경우 지금과는 다른 모습으로 활성화될 지역이기 때문에 관심을 가지고 지켜볼 필요가 있습니다.

창신동 문구거리

| 동네 이야기 8. | ## 종로구의 경제력이었던 종로 거리 |

종로의 중앙인 종로3가는 옛날 세운상가 시절 비디오로 유명했던 지역입니다.

지금도 종로에는 없는 것이 없습니다. 그것이 불법적이든, 합법적이든 말입니다. 정상적인 루트

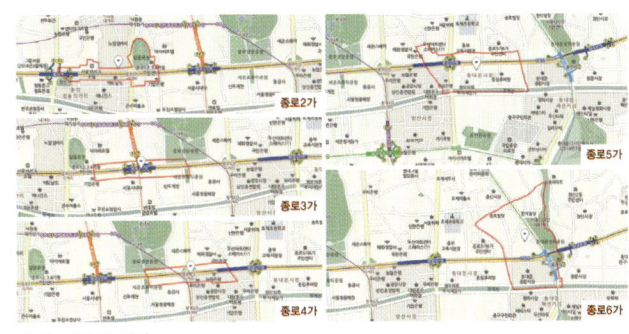
종로구 종로2~6가

를 통해 판매가 되는 것들도 있지만, 짝퉁처럼 비정상적인 루트를 통해 판매가 되는 것들도 꽤 있습니다. 세운상가는 '다시 세운'으로 업그레이드가 되었으며 그 주변 지역들도 계속 정비사업으로 환경이 개선될 예정입니다.

세종로 사거리에서 시작하는 종로1가에는 대한민국 최대 서점인 교보문고가 있는 교보빌딩으로부터 종로D타워, 종로그랑자이 등이 있습니다.

종각은 종로2가에 있습니다. 드라마 〈장군의 아들〉 속 신마적이 운영한 YMCA건물이 있고, YBM어학원, 파고다어학원이 있습니다.

피카디리 극장

귀금속 상가들은 종로3가에 있습니다. 한때 극장가를 주도했던 단성사는 폐관이 되어 쇼핑몰이 되었고, 피카디리극장은 CGV로 변신을 했으며, 서울극장은 여전히 운영되고 있습니다. 세계문화유산 종묘와 창덕궁도 여기 있습니다.

종로4~6가에는 우리나라 재래시장에서 판매하는 모든 것이 거래됩니다. 마약김밥과 빈대떡, 육회로 더 유명한 광장시장을 중심으로 보령약국 같은 약재상, 인테리어 용품, 철

광장시장

동대문 디지털플라자

물점, 전자제품, 사무용품들이 있으며, 패션의 메카로 알려진 동대문 인근은 한국인들뿐만 아니라 관광객들의 필수 방문 장소가 된 지 오래입니다.

종로 상권은 한국의 1960~70년대 비약적인 발전의 한 축을 담당했습니다. 그렇기 때문에 종로거리는 분명 내공이 있습니다. 이렇게 쌓인 역사가 있는 지역들은 사라지지 않고 그 역할을 하게 됩니다.

종로의 한 카페에서 엿보는 상가 개발 사례

종로는 업무 위주의 지역으로, 활성화된 업무지역 내 상가는 꽤 비쌉니다. 그래서 이미 활성화된 A급이 아닌 B급지에서 투자처를 검색해 보는 것도 좋은 방법인데요. 특히 점점 상업지역으로 바뀌는 곳이 진정으로 투자가치가 있는 곳입니다. 대표적으로 삼청동을 꼽을 수 있으며 청운효자동, 부암동도 그러한 변화가 있습니다.

종로 산모퉁이 카페

종로에는 상업시설 입지로는 전혀 예상치 못했던 재미있는 개발 사례가 있습니다. 〈커피 프린스〉라는 드라마에 나온 한 고택이 있는데요. 이곳은 북악스카이웨이 인근에 있어 전망이 좋다는 것을 제외하고는 접근성이 아주 떨어지는 집이었습니다. 게다가 군부대 옆에 있어서 등산객들을 제외하고는 갈 일이 전혀 없는 곳이었죠. 그런데 드라마 촬영 이후로 과감하게 카페로 개조를 해 영업을 시작했습니다. 지금은 비싼 커피 값에도 불구하고, 줄을 서서 마실 정도로 사람들이 찾아가는 명소가 되었습니다.

전망만 좋았던 그 낡은 집이 이렇게 유명한 카페가 될 줄 누가 알았을까요. 이런 사례들을 보면, 상가는 정말 상상력이 필요한 것 같습니다. 그래서 상상력이 가미된 상가 개발을 꿈꾸시는 분들께는 아직 기회가 많은 종로구를 보시라고 권해드리고 싶네요.

또한 투자뿐만 아니라 이용하는 분들께도 종로구는 참 즐길 거리가 많은 곳입니다. 처음 시도되는 다양한 종류의 상가들이 동시다발적으로 생기고 있으니, 그 상가들이 변화하는 모습을 관찰하시기에도 정말 재미있는 지역입니다.

풍수 이야기

경복궁에 가면 옆에 위치한 인왕산의 산세가 매우 무섭다는 것을 느끼게 됩니다. 조선시대에도 이 매서운 산세를 가리고자 여러 가지 방지책을 마련하게 되었는데, 그중 하나가 경복궁 내에 있는 경회루입니다.

경회루 앞 연못은 화재방지와 대규모 2층 건물인 경회루로 인왕산의 산세를 왕의 시야에서 가리려는 목적이 있었습니다. 그런데 이렇게 여러 가지 대책들을 마련하고도 신경이 쓰였는지 실제 왕들도 경복궁이 아닌 창덕궁에서 주로 머물렀습니다.

웅장하지만 실속 없는(?) 경복궁과 왕들의 사랑을 독차지한 창덕궁은 그 태생도 참 다릅니다. 경복궁은 정도전을 필두로 사대부들이 중국식으로 기획하여 설계·시공을 한 반면, 창덕궁은 정도전을 죽인 태종이 지었습니다. 그 성향이 반영되었으니, 달라도 참 다르겠죠?

저는 개인적으로 조선시대의 최고의 건축물로 단연 창덕궁을 꼽습니다. 창덕궁은 실제 사용하는 사람을 위해 설계된 곳이기 때문입니다. 건물의 구조와 지붕의 건축선, 심지어 바닥 돌까지 완벽하게 왕을 위해 건축되었습니다. 비가 오는 날에도 비를 맞지 않고 건물들 사이를 오갈 수 있었으며, 바닥 돌을 통해 빛을 반사하여 임금의 얼굴에 조명 효과를 주었습니다. 또한 건축물 간의 울림통 기능으로 왕이 작은 소리로 이야기해도 잘 울려 퍼지게 했죠. 창덕궁 후원인 비원 역시, 우리나라 최고의 유적지라 해도 될 만큼 정말 멋진 공간입니다.

이러한 과학적인 설계와 시공이 있었기에, 현재 남아있는 5개 궁 가운데 유일하게 세계문화유산으로 지정될 수 있었던 것이지요.

창덕궁

경회루

경복궁

지역분석 레시피

◉ **정치적으로 중요한 건물이 있는 지역을 주목하세요.**
정치적으로 중요한 건물이 있는 지역이라는 점은 매우 큰 의미가 있습니다. 이 건물을 중심으로 지역의 모든 시설들이 계획되고 배치가 되기 때문인데요. 이는 서울뿐만 아니라 다른 도시지역들도 마찬가지이니, 각자 사는 곳의 중심건물이 어디인지 한 번 파악해 보시고 그 주변 배치들을 이해하시면 아주 유용하실 겁니다.

◉ **부자들이 많이 산다고 해서 누구에게나 좋은 입지는 아니랍니다.**
성북동, 한남동, 평창동은 부자들의 거주지이긴 합니다만, 일반인들의 거주지로는 불편합니다. 평지도 아니고 생활편의시설들도 전혀 갖추어지지 않았으니까요. 일반인들과 구분되어 살고 싶은 부자들의 자존심이 반영된 입지라고 생각됩니다. 또 위에서 아래를 내려다보는 것이, 그들의 자부심을 나타내는 것 같기도 하지요. 굳이 부자들의 입지를 따라할 필요가 있을까요? 결국 내가 살기에 마음 편한 곳을 찾는 것이 나에게 안성맞춤인 입지를 찾는 방법입니다.

◉ **보안이 좋은 곳은 인기가 많습니다.**
주거지역이든 상업지역이든 보안이 잘된 입지가 좋습니다. 고급 주거시설은 일반 주거시설보다 보안비용을 무려 5배 이상 지출한다고 합니다. 그만큼 보안에 대해 신경을 많이 쓴다는 것이죠. 하지만 비용을 들이지 않고도 철통 보안의 혜택을 누리는 곳이 있습니다. 청와대 인근과 대사관 등 외국 공관 인근이 그렇고, 대기업 본사 주변도 그렇습니다. 국회의원 등 정치인 주택 인근도 그런 혜택을 볼 수 있습니다. 종로구 주택 대부분이 낡았지만 여성분들의 임차 수요가 많은 이유가 여기에 있죠.

◉ **최근 상업시설의 추세는 사람들이 찾아오게 하는 것입니다.**
유동인구가 많은 지역은 웬만해선 장사가 잘됩니다. 다만 임대료가 비싼 게 흠이죠. 때문에 좋은 아이템이 있으면서도 비싼 임대료 때문에 입맛만 다시고 계시다면, 아예 상업시설을 개발하는 쪽을 고려해보셔도 좋습니다. 주거지역 내의 상가를 개발하거나, 관광지 내에 상가를 만들어 차별화를 시키는 것이죠. 요즘은 구석에 있어도, 특색만 있다면 사람들이 찾아가니까요. 물론

리스크가 크기 때문에 치밀하게 아이템을 준비해야 하며, 주변에 대한 조사와 연구가 반드시 뒷받침되어야 합니다.

◉ **특별한 역사가 있는 지역은 새로운 분야의 침투가 어렵습니다.**
종로는 수백 년간 쌓여온 삶의 역사가 있는 지역입니다. 이런 지역은 새로운 분야의 부동산이 개발되기가 어렵습니다. 따라서 이러한 곳에서는 유사한 업종이지만 차별화된 아이템으로 공략하거나, 틈새시장이 있는 인근지역을 공략하는 것이 좋을 것입니다.

주목해야 할 재개발 · 재건축 레시피

종로에는 대규모 주거단지가 거의 없습니다.

그나마 대단지 아파트로 말씀드릴 수 있는 곳이 사직동에 있는 스페이스본과 교남동의 경희궁자이인데요. 특히 스페이스본은 전통 골목 문화가 있던 '하꼬방', 즉 판자촌이었던 사직1구역을 재개발한 사례입니다. 제가 부동산 조사를 담당했던 한국갤럽조사연구소가 있는 사직2구역도 정비를 기다리고 있습니다.

그런가 하면 아직도 종로구에는 골목 문화가 남아있는 곳들이 많이 있는데요. 대표적으로 사직동과 청운효자동이 그렇습니다. 또한 사직동 옆의 행촌동에는 대부분 다세대주택만 있는데요. 집과 집 사이가 거의 붙어있어 창문으로 서로 물건을 주고받을 수 있을 정도이지만, 교통 편리성과 보안이 좋고 조용한 매력이 있어 전·월세 인기 지역인 곳입니다.

종로구에는 이렇게 상대적으로 낙후된 주거시설도 있지만, 오피스텔도 참 많습니다. 각종 언론사와 관공서, 기업들이 있어 오피스텔 수요가 많은데, 그 수많은 오피스텔 가운데 공실이 있는 곳은 거의 없습니다. 특히나 최근에는 관광객들의 수요가 급증하여 서울 시내의 호텔 등 숙박시설이 부족한 상황입니다. 그렇다 보니 예전에는 레지던스만 단기 숙박용도로 활용했는데, 요즘은 오피스텔과 주상복합들이 숙박시설로 전용하여 쓰는 사례가 많아졌습니다.

이처럼 종로는 오피스텔 수요가 워낙 풍부하기 때문에 오피스텔 투자에 관심 있으신 분들께는 참 좋은 지역입니다. 더구나 오피스텔의 매매가와 임대가가 동시에 상승하는, 몇 안 되는 지역이기도 합니다.

부동산의 가장 중요한 원동력은 사람에게서 나옵니다. 얼마나 많은 사람들을 모을 수 있느냐가 그 땅이 가지고 있는 힘입니다. 조선시대부터 사람들이 오가고, 생활하고 있는 종로구는 그런 힘이 가장 많은 곳입니다. 최근에는 외국 관광객들까지 가세해 더욱 대단한 곳이 되어 가고 있고요.
결국 청와대와 각종 업무시설이 이전되지 않는 한, 종로구의 위상은 지속될 것입니다. 종로구, 정말 매력적인 곳이죠? 그렇기 때문에 종로구의 재개발 지역에 관심을 가질 필요가 있습니다.

동	구역	대지면적 (m²)	예정 세대수	사업유형구분	시공사	현재 단계 (19년 6월 기준)
교남동	돈의문2구역	6,801		도시환경정비사업		추진위
내자동	내자, 필운구역	20,877	321	도시환경정비사업		추진위
수송동	수송구역	73,091		도시환경정비사업		구역지정
숭인동	숭인동 61번지 주택재개발	21,000		주택재개발		기본계획
숭인동	숭인동 10번지 주택재개발	17,000		주택재개발		기본계획
신영동	신영제1구역	15,669	177	주택재개발	한신공영(주)	사업시행인가
예지동	세운4구역	33,263		도시환경정비사업	금호건설(주) 대림산업(주) 롯데건설(주)	구역지정
옥인동	옥인제1구역	30,282	300	주택재개발	대림산업(주)	조합설립인가
이화동	이화제1구역	15,278	181	주택재개발	현대건설(주)	추진위
장사동	세운2구역	38,963		도시환경정비사업		구역지정
장사동	세운6-1구역	217,611		도시환경정비사업		구역지정
장사동	세운6-2구역			도시환경정비사업		구역지정
장사동	세운6-3구역			도시환경정비사업		구역지정
장사동	세운6-4구역			도시환경정비사업		구역지정
종로6가	종로6가도시 환경정비구역	12,556		도시환경정비사업		조합설립인가
창신동	창신4구역	11,509	525	도시환경정비사업		구역지정
청진동	청진구역제8지구	4,065		도시환경정비사업		관리처분
충신동	충신제1구역	29,679	545	주택재개발	현대건설(주)	조합설립인가
평동	돈의문제3구역	8,844		도시환경정비사업	금호건설(주)	관리처분
평동	돈의문제4구역	12,720		도시환경정비사업		기본계획
홍파동	홍파동 5번지 주택재개발	31,000		주택재개발		기본계획

〈종로구 재개발·재건축 진행 상황〉

MEMO

세 번째 이야기.

서울의 중심이 될 잠룡
용산구 이야기

용산의 미래는 어디로?

2013년 10월 용산국제업무지구의 사업 지정이 취소되고, 2017년 시행사인 드림허브가 사업권을 포기하면서 코레일 위주로 다시 사업이 추진되고 있습니다.

한반도 부동산개발 역사상 가장 뜨거운 조명을 받다가 완전히 암흑으로 떨어져 버린 후에 다시 도약을 꿈꾸고 있는 것이죠.

단군 이래 최대 사업이라고도 불리던 이 사업이 대체 왜 이렇게 어렵게 진행되고 있을까요?

용산국제업무지구

백제가 수도를 옮기려고 익산에 터를 닦다가 그만둔 것처럼, 조선의 수도를 계룡 신도안으로 옮기려다 중지한 것처럼, 용산도 그렇게 끝나고 말 것인가요?

결론부터 말씀드리자면, 용산국제업무지구는 이전보다 더 탄력을 받아 진행될 겁니다. 이 용산이란 땅은 지금처럼 두기엔 너무도 좋은 땅입니다. 용산구에 계획되어 있는 개발사업지를 정리해 보면 다음과 같습니다.

지구단위계획	용산지구, 숙명여대 주변, 이태원로 주변, 한남지구, 단국대 이전 부지, 서계동 일대
도시환경정비	용산역 전면, 국제빌딩 주변, 동자동 구역, 한강로 구역, 신용산역 북측, 정비창 전면
재정비촉진지구	한남재정비촉진지구
주택재개발	효창 4,5,6구역, 청파 1구역
주택재건축	후암 1구역, 이촌 1구역, 산호, 중산, 동부, 왕궁, 한강맨션, 한강삼익, 한양철우, 강변, 강서, 신동아, 청화, 한성아파트

〈용산구에 예정된 개발사업〉

그러면 대한민국의 미래를 위해 확실한 부가가치를 만든다는 사명감을 가지고 용산 이야기를 시작하겠습니다.

일반인들에게는 조금 먼 그곳, 용산

아이러니하게도 대한민국에서 가장 뜨거운 곳이라던 용산은, 사실 매스컴에서만 요란했지 일반인들에게는 그리 와 닿는 지역은 아니었습니다.

최근 100여 년 동안 다른 나라들이 주도하던 지역이라서, 우리에겐 덜 친근한 장소이기 때문이죠. 게다가 좋은 일보다는 좋지 않은 사건들로 더 회자되었던 지역이기도 합니다. 그렇게 우리는 언론을 통해 용산에서 벌어지는 정치적, 경제적인 이슈들을 항상 접했기에 용산이라는 이름에 대해서는 알 수 있었지만, 우리 실생활과는 다소 동떨어진 지역이라서 거리감을 느낄 수밖에 없었습니다.

외국인들이 용산을 선호한 이유

과거 용산에는 조운 역할을 하는 포구가 있었습니다. 조운은 과거 지방에서 세금으로 걷은 현물을 중앙으로 보내던 제도로, 물류 운송에 최적화된 지역을 통해서 이송되었습니다. 또한 당시 외국인들은 거주지나 주둔지를 정할 때 교통 편의성을 가장 중요하게 고려했는데요. 용산은 한강을 통해 바다로 나아갈 수 있고, 행정 및 경제 중심지였던 종로구(한양)도 맞닿아 있어 접근성이 뛰어나 가장 선호되던 지역이었습니다. 이런 교통 편의성 덕분에(?) 한국전쟁 이후로도 미군이 쭉 주둔하고 있는 것입니다.

그러나 외국인들이 많이 거주하는 이태원을 제외한 나머지 용산 지역들은 대부분 좀 생소한 느낌을 줍니다. 그 이유는 바로 용산 대부분을 군사 주둔지로 활용한 데 있는데요. 군부대는 일반인들의 출입이 통제되어 있기 때문에 철조망 없는 접근금지지역이 된 것입니다. 이는 용산이 서울의 다른 지역에 비해 우월한 입지임에도 불구하고 그 주변의 종로구, 강남구 등과는 확연하게 비교될 정도로 더디게 발전된 가장 큰 이유입니다.

애환이 어려 있는 명당

우리 땅임에도 우리 땅으로 쓸 수 없었던 용산. 이 땅에는 참 애환이 많습니다.

조선시대에는 청나라가 주로 주둔했던 곳이며, 일제강점기부터는 노골적으로 용산구 대부분을 자기네 땅인 것처럼 이용했죠. 서울 도심과 곧바로 이어진데다가 한강을 이용할 수 있고, 인천항과도 가까우며, 철도를 통해 한강 이남으로의 진출도 매우 쉬웠으니까요. 아마 많은 문화재와 자원이 이곳을 통해 빠져나갔을 겁니다.

1945년 해방이 되면서 이제 치욕의 역사를 씻어내나 싶었는데, 일본군이 주둔했던 그 자리에 자연스레 미국군 사령부가 들어서고 맙니다. 2019년까지도 말이죠.

물론 우리 민족의 주거지로도 활용되기도 했습니다. 현재 용산동에 있는 전쟁기념관 부지는 과거 해방촌이었는데요. 이곳은 해방 후 오갈 데 없는 귀국 동포들과 월남 동포들이 모여 살던 빈민가였습니다. 그러나 이 또한 정착할 곳 없던 이주민들의 거주지였으니 긍정적으로 활용된 것은 아니었죠.

이렇게 매우 뛰어난 입지임에도 약 100년 동안 우리나라의 개발 역사에서 후순위로 밀려나게 된 것입니다. 그래서인지 용산의 역사를 정리하면서 맘이 참 짠했습니다.

서울의 최고 명당

조선시대의 한양은 종로구, 중구만 포함되어 당시 용산은 수도 외곽지역이었습니다. 그

강물이 휘돌아 지나는 안동 하회마을   용산구 일대 항공 사진

러나 지금은 서울의 한 가운데에 있습니다. 위치적으로는 누가 봐도 중심지역이 맞죠.

중심 지역이라는 위치적 조건 이외에도 한강이 휘돌아 지나간다는 특징이 있는데요. 그 모습이 우리나라 최고 명당 주거지라 하는 안동 하회마을과 많이 닮아있습니다. 이렇게 강이 휘돌아가는 입지의 장점은, 비가 아무리 많이 와도 홍수 피해가 없다는 것입니다.
당연히 가뭄 걱정도 없죠. 게다가 지대가 높지 않고 평지가 많아 개발이 용이합니다. 수륙이 모두 가능하여 교통도 편리합니다. 게다가 이런 명당은 인접 지역보다 하늘도 맑게 보입니다. 물의 흐름을 통해 오염된 공기가 씻겨 나가기 때문입니다. 미세먼지가 많은 서울에서는 참으로 축복받은 곳이지요.

한편, 용산구는 북쪽으로 서울역, 남쪽으로 한강, 서쪽으로 용산전자상가, 동쪽으로 한남대교를 끼고 있는데요. 이 용산구로 통하는 한강 다리만 해도 무려 6개나 됩니다. 왼쪽부터 원효대교, 한강철교, 한강대교, 동작대교, 반포대교, 한남대교가 지나니 다리 개수만 보아도 단연 서울 최고의 교통 요지라 할 수 있습니다.
서울역부터 용산역까지 이어지는 축은 도심의 핵심 개발지역이며, 강남구 테헤란로 못지않은 업무시설이 들어올 가능성이 있는 입지입니다. GTX가 개통되면 광역 철도의 중심지 역할도 할 것입니다.

주한미군 이전부지에 생길 용산국립공원도 눈여겨볼 만합니다. 뉴욕에 센트럴파크가 개발된 후 뉴욕 인구보다 5배 많은 사람들이 센트럴파크를 찾았고, 그 주변 부동산 시세가 5배가량 상승한 선례가 있습니다. 집객력만큼 가치가 상승하는 것을 미루어 볼 때 용산국립공원을 찾아오는 사람들의 수만큼 용산구의 가치도 상승할 것입니다.

| 동네 이야기 1. | # 명실공히 최고의 부촌 한남동

용산구에서 가장 동쪽에 위치한 한남동은 남산을 뒤로, 한강을 앞에 두고 있는 전형적인 배산임수 지역입니다. 가끔 혼자 무작정 걷고 싶을 때는, 이 한남동 일대를 걸어 보시길 추천 드립니다. 재벌 총수들이 있는 고급저택들과 리움미술관 일대, 외교관 공관 인근과 유엔빌리지 일대, 어디 하나 빠지지 않고 참 고급스러운 동네입니다.

골목마다 있는 다양한 매력의 카페들은 산책하면서 보기에도 좋은 볼거리가 됩니다.

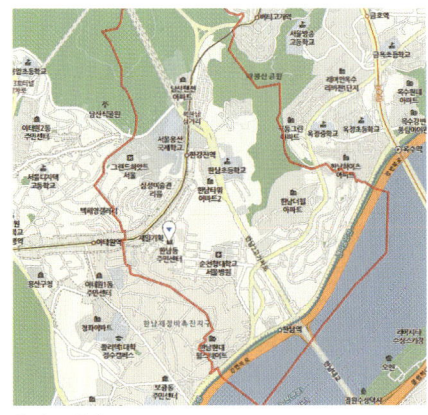

용산구 한남동

고급 카페도 많고, 아기자기한 중소 카페들도 많아 상가에 관심 있는 분들에게는 창업 아이디어를 얻을 수 있는 영감이 될 만한 곳입니다.

저는 특히 유엔빌리지 일대를 참 좋아합니다. 한강 조망도 아주 멋있고요. 나중에 이곳에 주택 한 채 장만해서 임대사업을 하고픈 소박(^^)한 꿈도 있습니다. 과거에는 외국인들을 대상으로 하여 보증금 없는 월세, 소위 깔세 1년 치를 일시불로 받을 수 있는 곳이어서 선호되었고, 최근에는 연예인들과 여유 있는 분들의 거주지로도 인기가 많은 곳이 되었습니다. 고급 주거지로서 실거주로도 좋고, 임대사업에 관심 있는 분들에게는 로망과 같은 동네입니다. 지역 분위기는 물론 보안 측면에서 최고의 입지 중 한 곳이 아닐까 합니다.

한남 하이페리온에서 본 한강 조망과 한남더힐 조감도

고급 빌라나 단독주택 이외에, 한강 변에 있는 하이페리온은 한남동의 랜드마크 아파트였습니다. 하지만 단국대 부지를 개발한 한남더힐에 그 위상을 넘겨줬습니다. 한남더힐은 하이페리온과 직접 비교하기에는 좀 다른 부류의 아파트입니다. 임대아파트거든요. 그러나 우리가 보통 알고 있는 저소득층을 위한 임대아파트가 아닌, 고소득층을 위한 임대아파트입니다.

전용면적 177m²의 임대가가 보증금 15~20억 원에 월세 300만 원 전후이기 때문에 일반인들에게는 정말 이상한 나라의 임대아파트죠. 분양가 상한제를 피하기 위해 임대아파트로 분양을 한 것인데요. 2013년 8월 1일이 한남더힐의 분양전환 가능 시점이었습니다. 이때부터 시행사와 입주민들이 분양가를 협의할 수 있는 것인데요.

문제는 입주자대표회의와 시행사 한스자람이 제시한 평당 분양가가 최고 2배 이상 차이가 나는 데 있었습니다. 시행사가 선정한 감정평가사들은 분양가를 평당 6,000만 원 이상으로 결정한 반면, 입주자대표회의 측은 평당 3,000만 원 선으로 주장한 것이죠. 원칙대로라면 양측이 내놓은 적정가의 평균 정도로 결정되지만, 2배 이상 워낙 많은 차이가 나다 보니 협상이 어려웠지요.

결국 그 중간 가격으로 분양을 완료하게 됩니다. 한남더힐은 2015년 실거래된 아파트 중 평당 가격이 가장 높은 아파트로 선정되기도 했습니다. 70평형 아파트의 거래가격이 77억 원으로, 평당 1억 4,000만 원에 달합니다. 골프장과 수영장을 갖춘 단지 커뮤니티 시설로도 화제가 되었지요.

나인원한남 역시 주택도시보증공사에서 제안했던 낮은 분양가를 극복하고자 임대방식으로 선분양을 했고, 5대 1이라는 높은 경쟁률로 완판이 되었습니다. 향후 분양가도 확정이 되어 있는데 평당 6,100만 원입니다. 명실공히 최고 분양가 아파트가 되는 것이죠. 나인원한남까지 입주하고 나면 한남동은 이전과는 또 다른 고급 주거지로서 부각을 받게

한강진역 블루스퀘어

나인원한남

되겠지요.

이외에도 한남동에는 다양한 재건축과 재개발이 준비 중입니다. 그 중심에는 한남뉴타운이 있고 현재 3구역이 가장 먼저 진행되고 있습니다. 4구역도 정상 궤도에 올랐고, 5구역과 1구역도 지속적으로 추진될 예정입니다. 위치는 한남대교 북단이며, 지하철 6호선 한강진역과 경의중앙선 한남역을 이용할 수 있습니다.

동네 이야기 2. | 조선시대부터 이미 국제지역 이태원동

용산구에서 가장 유명하고, 국제적인 명소가 바로 이태원동입니다.

조선시대 역원이 있었던 지역으로, 남산과 한강 사이에 있어 경치도 아름답고 교통의 요충지 역할을 하여 외국 여행객들이 많이 방문하던 곳이었습니다. 역사적으로 외국인들과 가장 가까웠던 지역인 것이죠. 지금도 이태원에는 다국적 맛집이 많고, 외국인을 대상으로 하는 상가들이 집중되어 있습니다.

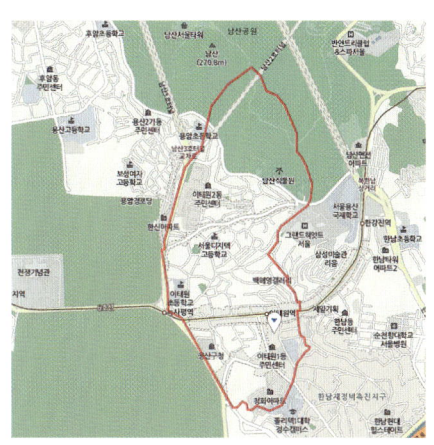

용산구 이태원동

한때 좀 놀던(?) 분들이 애용하던 나이트클럽이 많았고요. 양현석, 이주노, 박지영, 클론

이태원 해밀튼호텔 인근 거리

다국적 맛집이 많은 이태원 상가들   남산 대림아파트 입구

등 내로라하는 90년대 댄스 스타들이 이곳 출신입니다. 1990년대까지 유흥업소는 12시가 되면 영업을 마감해야 했지만, 이태원은 시간 규정이 없었습니다. 그래서 이곳에 춤꾼들이 몰릴 수밖에 없었던 것이죠. 저도 가끔 이용했답니다.

이태원은 대부분이 상업시설로 구성되어 있습니다. 원래 낡고 오래된 상가가 많았는데 최근 카페 문화가 서울 전 지역으로 확산되며, 독특한 상가들로 탈바꿈이 되는 중입니다. 원래부터 다국적 분위기가 물씬 풍기던 곳이 최근 들어 더욱 다채로워진 것이죠. 볼거리와 즐길 거리가 풍부한 지역입니다.

누구에게나 이상하게 끌리는 지역이나 건물이 있지요? 저도 괜히 끌리는 아파트가 이태원동에 있는데요. 남산2호 터널에서 반포대교로 조금 내려오면 보이는 남산 대림이편한세상이라는 저층 아파트입니다. 아파트 단지에 들어서서 주변을 보면, 다른 건물들은 보이지 않고 오직 하늘만 보이는데요. 서울 한가운데에서 하늘만 보이는 아파트라는 점, 이것만으로도 이 아파트에 정이 갑니다.

이태원동은 지하철 6호선 이태원역 이용이 가능하며, 남산 2호, 3호 터널과 연결이 되어 중구와 종로구로의 이동이 용이합니다. 반포대교를 통해서는 요즘 가장 주목받고 있는 서초구로 바로 넘어갈 수 있습니다. 이태원은 상가 위주지만 주거 임대 수요도 생각보다 많고, 주거가 상가로 바뀌는 경우도 많습니다.
이태원 상권은 경리단길과 해방촌으로 이어져 전성기를 구가하다가, 지금은 숨 고르기를 하고 있습니다. 용산국립공원이 개장하게 되면 더 많은 유동객들이 이곳을 찾게 되겠지요. 상권은 더욱 활성화될 것입니다.

남산 2,3호 터널과 남산타워의 모습

이태원동으로 옮긴 용산구청

| 동네 이야기 3. | ## 다사다난한 역사의 산증인 용산동

용산구의 한가운데에 있는 용산동은 역사적으로 정말 애환이 많은 지역입니다.

임진왜란 때는 왜군과 청나라군의 주둔지로, 청일전쟁·러일전쟁 때는 일본군의 주둔지로 쓰였으니까요. 얼마 전까지는 미군부대와 대한민국 육군본부도 여기 있었죠. 서두에서 설명 드린 해방촌이 있던 곳이기도 합니다.

지금은 미군이 일부 철수한 지역에 용산가족공원과 전쟁기념관이 생겼습니다. 국립중앙박물관 인근에는 용산구에서 가장 비쌌던 아파트였던 파크타워가 있습니다.

용산구 용산동2가

지하철 4호선 삼각지역과 이촌역, 6호선 녹사평역과 삼각지역, 그리고 경의중앙선 이촌역을 이용할 수 있습니다.

중앙선 이촌역에서 본 미군부대

파크타워아파트

| 동네 이야기 4. | # 한남뉴타운의 중심 보광동 |

한남동 옆 보광동은 과거에 각종 제사를 지내던 곳이었습니다. 신라 진흥왕 때 보광국사가 세운 절이 있었던 것에서 유래된 이름이지요. '부군당'이라는 마을 자체 신을 모시는 곳도 여럿이고, 김유신 장군, 제갈공명을 모시는 곳도 있습니다. 이런 행사를 주관하는 곳이어서 그런지 매우 중후한 분위기를 풍기는 지역입니다.

용산구 보광동

강변북로를 타고 일산 방향으로 가시다 보면 삼성리버빌이 보이는데, 바로 그 동네이고요. 보광동의 대부분이 한남뉴타운에 포함되어 있어 낙후된 주택지는 곧 정비될 예정입니다. 아마 한남뉴타운이 완료되면 지금과는 매우 다른 분위기와 위상을 가지게 될 것입니다.

보광동 삼성리버빌과 낙후된 한남뉴타운의 모습

| 동네 이야기 5. | ## 임금님께 얼음을 상납하던 서빙고동

조선시대에는 겨울에 한강 얼음이 얼면, 그 얼음을 채취하여 이듬해 가을까지 사용할 수 있도록 보관하였습니다.

그 얼음 창고를 서빙고라 하였는데요. 현재 서빙고초등학교가 바로 그 얼음 창고가 있던 곳입니다.

현재 이 지역에는 3개의 아파트가 있는데요. 서빙고동 금호베스트빌, 코오롱하늘채, 그리고 신동아아파트입니다. 3개 아파트 모두 좋은 입지지만, 재건축을 준비하고 있는 신동아아파트가 단연 랜드마크입니다.

신동아건설 본사도 여기 있고요. 모든 단지가 남향으로 한강에 접해있고, 서빙고역 북쪽 건너편에는 용산가족공원이 있어 주변 환경이 아주 깔끔합니다. 반포대교 북단에 있고, 경의중앙선 서빙고역을 이용할 수 있습니다. 서빙고동에서 동부이촌동까지 이어지는 이촌한강공원은 주거지로서의 매력을 더합니다.

용산구 서빙고동

이촌역에서 본 신동아아파트

| 동네 이야기 6. | # 서울에서도 세 손가락 안에 드는 이촌동 |

이촌동은 동부이촌동과 서부이촌동으로 나뉩니다.

특히 동부이촌동은 주거지역으로 서울서도 세 손가락 안에 드는 부촌지역입니다.

한강대교를 중심에 두고 나뉜 동부이촌동과 서부이촌동은, 현재 주거시설의 수준 차이로도 구분됩니다. 그러나 향후에는 동부이촌동은 명품 주거지로, 서부이촌동은 업무·상업시설 중심지로 구분될 것입니다.

특히 서부이촌동의 경우는 용산국제업무지구에 포함되었던 지역으로 현재는 계획이 취소되는 바람에 현재 낙동강 오리알 신세이긴 하지

용산구 이촌동

래미안첼리투스

만, 입지적인 장점이 매우 다양한 지역이기 때문에 어떻게든 개발이 진행될 곳이죠.

이곳은 4호선 이촌역과 경의중앙선 이촌역을 이용할 수 있으며, 한강고수부지 개발이 잘 되어 있어 한강수상택시를 이용할 수 있습니다. 이촌역 북쪽 건너편은 한국을 대표하는 국립중앙박물관이 있으며, 용산구에서 가장 잘 정비되어 있는 지역입니다. 용산구에서 아파트가 가장 밀집되어 있는 곳으로 연예인들이 많기로 유명하며, 은근히 맛집도 많습니다.

현재 용산구 최고가 아파트인 래미안첼리투스는 단일 40평형이었던 렉스아파트를 재건축한 것으로 한강 변 아파트 중 가장 높은 56층입니다. 1:1 재건축으로 매스컴에 노출이 거의 되지 않았습니다. 전체 단지 부지의 1/3을 공원으로 지자체에 기부하여 한강 변에 바로 접한 최고층 아파트라는 프리미엄을 얻었습니다. 이촌동의 터줏대감 한강맨션도 본격적인 재건축 단계에 들어가 있습니다.

| 동네 이야기 7. | # 원효대사와 아무 관계 없는 원효로

원효로 지명의 유래는 원효대사이긴 하지만, 그와 관련된 설화나 유적지는 전혀 없어 뜬금없다는 느낌이 듭니다. 뭐 그렇게 따지자면 퇴계로, 세종로도 마찬가지이긴 하죠.

이렇게 그 지역과 전혀 연관 없는 지명이 생긴 연유는 광복 후 일제식 명칭을 급하게 개정하느라 위인들 이름을 차용한 데 있습니다. 원효로는 원래 일제시대에 '원정통'이라 불린 곳인데, 발음이 비슷한 위인 이름을 찾다 보니 원효대사의 '원효'를 택하게 된 것이었죠.

용산구 원효로

서울드래곤시티 호텔

원효로는 지금은 이태원동으로 옮긴 용산구청이 있던 곳입니다. 종로 세운상가에 있던 전자제품 전문점들이 이곳으로 이주해 온 관계로, 아직도 조립PC의 천국인 곳이고요. 대부분의 건물들이 많이 낡아 대대적인 정비가 필요한 동네입니다. 국제업무지구와 함께 정비사업이 되어야 하는 입지인 것이죠. 그래야 시너지가 날 테니까요. 대한민국에서 가장 많은 객실을 보유한 서울드래곤시티 호텔이 현재는 가장 인기 시설입니다.

| 동네 이야기 8. | ## 용산구 개발의 중심 한강로동

용산구 개발계획의 60~70%가 이루어지는 곳이 한강로동입니다.

삼각지 일대부터 용산역 인근까지 현재 모두 개발 중으로, 가장 핵심이던 국제업무지구를 제외하고도 그렇습니다. 급진적인 개발 추진으로 용산참사가 발생하기도 했던 지역입니다.

가슴 아픈 부작용들이 있었지만, 바꾸어 말씀드리면 그만큼 좋은 조건을 갖추었기에 매우 빠르게 변화하는 곳이라 할 수 있습니다. 따라서 앞으로

용산구 한강로동

서울의 중심지역이 될 확률이 높습니다. 공사 중인 용산센트럴파크해링턴스퀘어가 입주할 즈음이면 지역 분위기가 크게 달라져 있을 것입니다.

KTX 용산역을 포함하여, 지하철 1호선, 4호선, 6호선, 경의중앙선, 경춘선이 지납니다. 한강대교와도 맞닿아 있어 강남지역으로 이동도 용이한 장점이 있고요. 한강대교를 북단으로 건너게 되면 래미안용산더센트럴, 용산푸르지오써밋, 한강대우트럼프월드3이 멋지게 서 있습니다. 얼마 전 입주한 아모레퍼시픽 본사 건물도 멋진 외형을 자랑하구요.

한강로

한강로와 국제빌딩

용산 재개발 지역과 뒤로 보이는 용산시티파크의 이질적인 모습

한강대우트럼프월드

아모레퍼시픽 사옥

래미안용산더센트럴

| 동네 이야기 9. | **대우그룹 본사가 있었던 후암동** |

후암동을 아시나요?

서울에 사는 중년 남자라면 한 번씩은 가보았을 병무청이 있던 곳입니다. 병무청 뒤편으로는 유명한 힐튼호텔이 있고요. 구 대우그룹(현재는 서울스퀘어) 빌딩이 있습니다. 전 대우그룹 김우중 회장은, 기업 초창기 시절 서울역에 내릴 때마다 주문을 걸었다고 합니다. '저 건물은 내 건물이 될 거다. 꼭 될 것이다' 이렇게 말입니다.

용산구 후암동

결국 그 기도는 현실로 이루어졌죠. 한때 대우는 정말 대단한 기업이었습니다. 우수한 인력들이 가장 많이 몰렸습니다. 그래서 삼성, LG, 현대보다 훨씬 늦게 시작한 후발주자였지만, 우수한 인력들을 바탕으로 재계 2위에까지 오르기도 했습니다. 당시에는 삼성과 LG도 대우 다음 순위였지요.

대우그룹 빌딩이었던 서울스퀘어의 모습

아직까지 후암동에는 몇몇 빌딩들만 있고, 그 뒤편으로는 낙후된 주거지만 있습니다. 그러나 진행 중인 동자동 구역 개발이 마무리되면 많이 좋아질 지역입니다. 서울역에서 내려 바로 접할 수 있다는 이점이 있어, 역세권을 활용할 시설들이 들어온다면 엄청난 시너지를 낼 수 있는 곳이니까요. 노홍철, 정엽 등 꽤 많은 연예인도 이곳에 투자했는데, 더 많은 투자자층이 유입되리라 예상합니다.

| 동네 이야기 10. | ## 숙명여대의 청파동 |

청파동은 지하철 1호선의 남영역과 4호선 숙대입구역이 있고, 숙명여대로 대표되는 동네입니다.

원체 낡은 주택들이 많아 모두 지구단위계획이 세워져 있으며 일부는 현재 재개발이 추진 중입니다. 한때 용산구 상가 중 최고의 집객력을 자랑했으나, 최근엔 용산역 인근과 경리단길, 해방촌 쪽으로 주도권을 빼앗겼습니다.

용산구 청파동

청파동을 대표하는 시설, 숙명여대

| 동네 이야기 11. | ## 주택재개발의 중심 효창동 |

효창동은 효창공원으로 유명합니다.
이곳에는 백범 김구 등 독립운동가의 묘가 있는데요. '도시 한가운데 웬 묘가 있나?'

하시겠지만, 사실 이 부지는 원래 정조의 장남 문효세자의 묘를 모신 효창원이 있던 곳입니다. 그런데 일제강점기에 일본이 이를 고양 서삼릉으로 이장한 뒤 공원으로 만들어 버린 것입니다.

한편 효창공원 인근은 도로 구획도 제대로 되지 않은 낡은 다세대주택들이 많았지만, 최근 대부분이 재개발되고 있습니다. 4구역 효창파크 KCC스위첸, 5구역 롯데캐슬센터포레, 6구역 태영데시앙이 준공된다면 마포 공덕동 지역과 함께 명품 주거지로 시너지를 낼 수 있는 지역으로, 지하철은 6호선, 경의중앙선 더블역세권인 효창공원역 이용이 가능합니다.

용산구 효창동

이봉창 의사의 동상과 효창공원 내 모습

효창동 재개발 구역

효창 4구역 KCC스위첸 투시도

이제 용트림을 시작하려 하는 용산구

부동산 평균 시세를 보자면, 용산구는 서울에서 4위입니다. 1위는 당연히 강남구고요. 2위는 서초구, 3위는 송파구, 4위는 용산구, 5위 성동구, 6위 마포구, 7위 양천구… 24위 중랑구, 25위 도봉구 순입니다. 좀 더 덧붙이자면 주택가격은 1위인 강남구와 2위인 서초구가 압도적으로 높고, 3위와 4위는 비슷하게 고정되어 있으며, 5위부터 새 아파트가 입주하고 있는지에 따라 수시로 순위가 바뀝니다.

용산은 지금은 4위지만, 현재 진행 중인 계획만 추진된다면 강남구·서초구와 자웅을 겨룰만한 곳입니다. 물론 지역 내에서도 부익부 빈익빈 현상이 두드러지는 부작용은 필연적으로 발생할 수밖에 없겠지만요.

용산구는 서울에서 풍수적으로 가장 완벽한 지역이지만, 무려 100년 동안을 제대로 활용하지 못한 땅입니다. 그나마 다행히도 이제 조금씩 움직임을 보이고 있죠. 비록 그 개발사업의 주체가 바뀌고 자금난으로 고전하는 등 우여곡절을 겪고 있지만요. 용산은 그냥 내버려 두기에는 참 아까운, 에너지가 철철 넘치는 땅입니다.

시간이 좀 더 걸릴 수는 있겠지만, 용산은 이미 용트림을 시작했습니다. 앞으로 10년 동안 이 지역이 어떻게 변화하는지 함께 시켜봅시다. 이름만 용산이 아니라, 용이 노니는 산의 모습을 틀림없이 보여줄 곳이니까요.

순위	지역	평단가(만 원)
1	강남구	4,860
2	서초구	4,613
3	송파구	3,568
4	용산구	3,418
5	성동구	2,791
6	마포구	2,712
7	양천구	2,665
	서울특별시	2,623
8	강동구	2,618
9	광진구	2,509
10	종로구	2,398
11	중구	2,381
12	동작구	2,352
13	영등포구	2,334
14	서대문구	2,041
15	강서구	2,007
16	동대문구	1,881
17	성북구	1,802
18	은평구	1,743
19	관악구	1,737
20	노원구	1,625
21	구로구	1,597
22	강북구	1,459
23	금천구	1,435
24	중랑구	1,387
25	도봉구	1,370

(2019년 3월 KB부동산 기준)

풍수 이야기

용산구에는 풍수적 악몽이 반복되는 지역이 있습니다.
대표적으로 서울역 맞은편 건물들과 서부이촌동 지역이 그렇죠. 먼저, 서울역 맞은편 건물들을 사옥으로 이용했던 기업들은 유독 어려운 일이 많았습니다. 대표적으로 대우, 벽산, 갑을, 해태, 국제 등의 기업이 그랬고, 최근에는 STX와 CJ가 그렇습니다. 한국인들은 예로부터 서향보다 동향을 선호했는데요. 서울역은 동향이고, 서울역 맞은편 건물들은 서향인데 정말 관계가 있는 걸까요.

두 번째로는 서부이촌동 잔혹사를 들 수 있습니다. 이곳의 옛 지명은 새남터였습니다. 이촌동 앞 한강 변의 모래사장은 노들이라 불러 지금도 노들섬이 있습니다. 이 새남터는 조선시대 군사들의 연무장으로도, 중죄인의 처형장으로도 사용되었습니다. 단종의 복위를 도모한 사육신, 역모로 몰린 남이 장군의 처형지이며, 조선 후기 천주교 신자들의 순교지이기도 했습니다. 지금은 이곳에 천주교 성당이 들어서 있습니다. 풍수적으로 비보를 한 것이죠.

혹자들은 이 땅에 서린 원한이 서부이촌동의 개발을 붙잡고 있다고도 합니다. 그러나 이런 주장들은 현재 상황을 변명하는 것에 불과합니다. 풍수는 그 자체로 의미가 있는 것이 아니라 사람과의 상호작용으로 발현이 되기에 그 지역 사람들이 어떤 역할을 하고 있는지가 중요합니다. 한 예로 풍수적으로 매우 좋지 않은 입지인 평창동이 지금 부촌이 된 가장 큰 이유는, 긍정적이고 에너지 넘치는 고위층들이 살게 되었기 때문입니다.

괜히 애꿎은 과거의 사건과 연계하는 것은 그 지역 부동산을 이해하는 데에는 조금도 도움이 되지 않습니다. 지역에 긍정적인 에너지를 불어넣는 사람들의 노력이 좀 더 필요한 것입니다.

한강 한가운데 있는 노들섬

새남터 기념성당

지역분석 레시피

◉ 선로교통은 그 출발점이 중요합니다!

서울역은 KTX의 출발점입니다. 용산역은 호남선 KTX와 경의중앙선 및 경춘선의 출발역이죠. 선로교통의 출발점은 많은 사람들이 모이는 장소이기 때문에, 어떤 형태의 부동산이든 발전하기에 참 좋은 입지입니다. 기차 이용객들은 주로 기차역 주변에서 먹고, 자고, 쉬고, 즐기기 때문에 특히나 상업시설의 발전에 있어서는 매우 좋은 요건을 갖추게 되는 것이죠. 또한 이곳에서 적당히 떨어진 동네에는 역을 통해 출퇴근하는 사람들의 거주지가 집단적으로 형성됩니다. 그래서 선로교통의 출발점을 주목해야 하는 것입니다.

◉ 외국인들이 선호하는 입지는 객관적으로도 훌륭합니다!

외국인들이 주거지를 선택할 때는 지역에 대한 애착이 아니라 순수하게 객관적이고 실용적인 측면으로 접근하게 됩니다. 따라서 외국인들이 많이 거주하는 용산구는 객관적으로도 좋은 입지로 보셔도 무방한 것입니다. 대기업, 대사관 등 관련 업무시설이 모여 있고, 교통이 편리하며, 자연환경이 좋은 입지라는 것이지요.

◉ 남산을 주목하세요!

남산은 서울의 한가운데 있습니다. 텐트로 비유하자면, 가운데 우뚝 솟은 기둥 부분이죠. 이 남산을 중구, 용산구, 성동구가 에워싸고 있습니다. 특히 용산구는 남산을 뒷산으로 입지하고 있어 그 기운을 정방향으로 받는 지역입니다. 남산은 그 기운도 좋지만, 상업·주거·업무시설 어느 하나 빠지지 않고 매우 인기가 많아 집객 효과가 뛰어난 입지입니다. 이 역할은 점점 더 강화될 겁니다.

남산

◉ 용산역을 주목하세요!
30조 규모의 용산국제업무지구는 현재 방치상태지만, 그 주변에는 이미 다른 개발이 진행되고 있습니다. 또한 국제업무지구도 어떤 형태로든지 개발이 될 것이기 때문에, 필연적으로 한국의 중심이 될 지역입니다. 더 업그레이드 되어 돌아올 용산역을 기대해 봅시다. 시베리아 횡단철도가 용산역에 정차하고, 유럽인들도 올 수 있겠죠.

주목해야 할 재개발·재건축 레시피

2000년 초반 미군 부지 이전이 확정되면서, 용산지역의 개발 잠재력에 온 국민의 시선이 집중됩니다. 입지적인 장점은 누구나 알고 있잖아요. 그래서 정부는 물론 많은 기업이 용산 개발사업에 동참합니다. 드디어 용산이란 지역이 활기를 띠기 시작한 것입니다. 용산은 이미 준비된 적토마였으니까요. 태생부터 뜨거운 지역이라 하겠습니다

용산구는 사업유형 구분에 따라 이미 많은 계획이 추진 중입니다. 업무, 상업, 교통, 환경, 주거 등 모든 분야의 부동산개발이 포함되기에, 계획대로만 진행된다면 용산구는 명실상부한 서울의 새로운 중심이 될 것입니다.

동	구역	대지면적 (m²)	예정 세대수	사업유형구분	시공사	현재 단계 (19년 6월 기준)
동빙고동	한남5구역	186,781	2,359	주택재개발		조합설립인가
동자동	동자동제3-2구역	830		도시환경정비사업		사업시행인가
동자동	동자동제2구역	10,533		도시환경정비사업		사업시행인가
보광동	한남4구역	162,030	1,965	주택재개발		조합설립인가
이태원동	이태원로주변			기타 (도심,시장재개발)		기본계획
이태원동	한남2구역	162,321	1,926	주택재개발		조합설립인가
한강로1가	한강로구역	41,744		도시환경정비사업		조합설립인가
한강로2가	용산역전면 제1구역	62,552		도시환경정비사업		구역지정
한강로2가	태평양부지 특별계획구역			기타 (도심,시장재개발)		기본계획
한강로2가	국제빌딩주변 제5구역	6,123		도시환경정비사업		사업시행인가
한강로2가	신용산역북측 제1구역	14,343	215	도시환경정비사업		조합설립인가
한강로2가	신용산역북측 제2구역	22,380	298	도시환경정비사업		조합설립인가
한강로3가	40-641번지일대 특별계획구역			도시환경정비사업		기본계획
한강로3가	자동차정류장부지 특별계획구역			기타 (도심,시장재개발)		기본계획

동							
한강로3가	아세아아파트 특별계획구역			기타 (도심,시장재개발)		기본계획	
한강로3가	65-100번지일대 특별계획구역			기타 (도심,시장재개발)		기본계획	
한강로3가	용산세무소주변 특별계획구역	21,126		도시환경정비사업		기본계획	
한강로3가	빗물펌프장주변 특별계획구역	25,640		도시환경정비사업		기본계획	
한남동	한남3구역	393,729	5,757	주택재개발		조합설립인가	
효창동	효창제6구역	18,257	385	주택재개발	(주)태영건설	이주/철거	

동	재건축단지명	준공연월	총세대수	예정세대수	시공사	현재 단계 (19년 6월 기준)
서빙고동	신동아	1986	1,326			추진위
원효로4가	산호	1977.03	554	619		조합설립인가
이촌동	삼익	1979.12	252	252	대림산업(주)	조합설립인가
이촌동	왕궁	1975.04	250	250	삼성물산(주)	조합설립인가
이촌동	한강맨션	1970.07	660	1,312		조합설립인가
이태원동	청화	1982.01	578			추진위

〈용산구 재개발·재건축 진행 상황〉

MEMO

네 번째 이야기.

뉴타운의 대명사, 은평구 이야기

박원순 서울시장과 은평뉴타운

　은평구 이야기를 본격적으로 시작하기 전에 박원순 서울시장 이야기를 먼저 하겠습니다. 박원순 시장님은 그동안의 서울시장 중 가장 바쁘게 일하시는 분 같습니다. 여러 가지 아이디어를 통해 다양한 사업을 추진시키고, 사업성이 없는 사업은 과감히 접기도 하고요.
　특히 박원순 시장님은 은평뉴타운의 미분양 해결에도 적극적이었습니다. 임시 시장실을 아예 은평뉴타운 내에 설치하고 전철로 구파발역에서 출발하여 서울 본청으로 출퇴근하는 모습을 노출시키면서, 자연스레 언론에 이 지역의 이슈를 부각시키기도 했습니다.

　문제 해결을 위해 한가운데로 뛰어들었던 그 노력은 분명 배울 점이 있습니다. 물론 그 정책의 성공은 아직 검증되지는 않았습니다만, 정치적인 부분은 배제하고, 경제적 논리로 사업을 검토하고 추진한 것은 공감이 갑니다. 그 외에도 여러 부동산 정책 중, 뉴타운 사업의 전면 재검토 및 일부 지역의 뉴타운 해제 조치는 파격적이라고 생각됩니다.

　은평구는 뉴타운을 빼고는 이야기 전개가 힘듭니다. 수색증산뉴타운과 은평뉴타운의 두 가지 사업이 진행 중이며, 뉴타운으로 인해 한때 가장 주목을 받기도 했지만 반대로 긍정적인 평가를 받지 못하고 있기 때문입니다. 보통 수장의 결정이 그 지역의 미래를 좌우하기도 합니다. 그래서 서두에 현재 뉴타운에 가장 큰 영향력을 미치는 박원순 시장님 이야기를 한 것이고요. 과연 앞으로 은평구는 어떤 미래를 맞이하게 될지 함께 고민해 보도록 하겠습니다.

연혁과 교통 환경

은평구의 정확한 행정 경계선을 모르는 분들이 많습니다.

응암동이나 증산동은 서대문구, 은평뉴타운이 있는 진관동은 고양시에 속해있다고 오해받기도 합니다. 연신내 박석고개를 넘어서서 은평뉴타운을 보면 왠지 고양시 분위기가 나는데요. 실제 고양 삼송지구와 직선거리로 150m밖에 되지 않아 매우 가깝기도 합니다.

은평구는 서울 중심과 가까우면서도 중저가 베드타운 역할을 하며 아직 지방 도시의 모습이 많이 남아있습니다. 그래서 역사적으로 교통의 요지 역할을 하였음에도 현재까지도 큰 주목을 받지 못했습니다.. 은평구의 주요 도로는 서울역부터 파주 임진각까지 연결된 통일로입니다. 녹번역이 있는 응암동부터 은평뉴타운의 진관동까지 이어져 있는데, 이 외에는 다른 주요 도로가 없다 보니 출퇴근 시간의 정체가 심합니다.

지하철로는 3호선의 구파발역부터 녹번역, 6호선의 디지털미디어시티역부터 응암~불광~연신내~응암역까지의 순환노선, 경의중앙선의 디지털미디어시티역과 수색역이 은평구에 속합니다.

경의중앙선 수색역

디지털미디어시티역

| 동네 이야기 1. | # 지역의 미래가치가 높아질 수색동

수색동은 현재 수색증산뉴타운으로 지정되어 뉴타운이 진행되는 곳입니다.

서울 서북부의 가장자리 지역으로 바로 고양시와 연결되며, 수색대로 건너편에는 마포구 상암동이 있습니다. 상암동은 디지털미디어시티라는 첨단복합도시로 개발되었지만, 과거에는 서울에서 가장 낙후된 동네로 한강 물이 불어날 때마다 상습적으로 침수되던 지역이었는데요. 그때 그 물빛을 따 붙여진 이름이 바로 수색(水色)입니다.

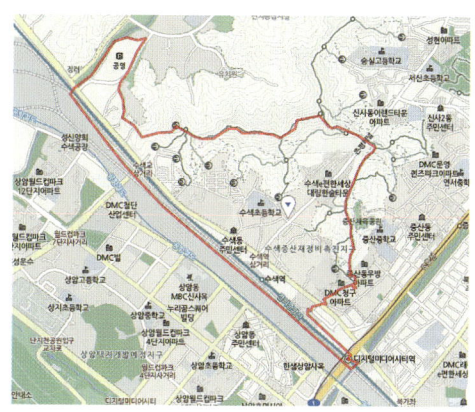

은평구 수색동

어렸을 적 부모님을 따라 수색에 사시는 친척집을 종종 가곤 했는데, 그 어린 눈에도 못사는 동네로 비치던 곳입니다. 실제 당시 주요 거주민들이 서울서 밀려온 저소득층이었고, 서울역 인근에 살던 집 없는 철거민들이 이주하여 터를 잡기도 했습니다. 그래서인지 지금도 은평구의 다른 동네에 비해서는 많이 낙후되어 있는 곳입니다.

2006년에는 서울시가 이 지역을 뉴타운으로 지정하여 함께 개발하려고 했었지만, 이제야 몇 개 단지가 추진 중입니다. 그동안 진행이 지지부진했던 이유는 낡은 주택들과 소형 상가가 많아 기존 부동산 소유자들의 의견을 모으기가 쉽지 않았기 때문인데요. 대부분 그린벨트와 택지개발지역이라 추진이 수월했던 은평뉴타운과는 대조적인 모습입니다.

이렇게 현재 수색증산뉴타운이 추진되지 못하는 가장 큰 이유는 이 지역의 인지도가 높지 않다는 데 있었습니다. 지분소유자들이 추가 분담금을 지불해야 하는 점은 논외로 하고 말이죠. 타지 사람들에게는 그저 서울의 변두리 어디쯤인, 잘 모르는 지역일 뿐이라는 겁니다. 하지만 바로 길 건너편에는 첨단복합도시 상암디지털미디어시티가 있고, 경의중앙선 수색역과 디지털미디어시티역의 이용이 쉬운 동네입니다. 따라서 개발되기만 한다면 상암동과 충분한 시너지를 내면서 발전할 가능성이 높은 곳입니다.

수색, 증산 재개발 구역 　　　　　수색 4구역 조감도

　상암동과 수색동을 단절시킨 수색차량기지는 분진, 소음 등으로 수색동의 주거환경에 좋지 못한 영향을 미쳤는데요. 이곳이 업무단지로 특화되면 주거환경 개선과 대형 상업시설을 확보해 프리미엄을 얻을 것입니다. 3대 지상파 방송사가 모두 입주해 있는 상암디지털미디어시티와의 연계성이 높아져 기반시설도 함께 이용할 수 있습니다.
　상암동은 업무지역으로, 수색동은 베드타운으로 개발되리라는 기대 속에서 첫 분양이 되었던 수색4구역이 롯데캐슬더퍼스트로 2020년 6월 입주 예정이구요, 수색9구역이 디지털미디어시티SK뷰로 분양되어 2021년 10월 입주 예정입니다.
　결국 수색동은 현재 부동산 가치가 높은 상암동과의 인접성을 강조하면서 지역 인지도와 미래가치가 높아질 예정입니다. 또한 인접한 고양시 덕양구의 덕은동과 향동 개발과 함께 수색동이 마포구 공덕이나 구로구 신도림 같은 서북부 지역의 부도심 역할을 하게 될 것입니다.

동네 이야기 2. 뉴타운 개발이 기대되는 증산동

　증산동도 수색증산뉴타운의 한 지역입니다.
　높지 않지만 쾌적한 산도 있고, 불광천이라는 작은 하천도 있어 자연환경이 양호한 편입니다. 지하철 6호선의 증산역과 디지털미디어시티역, 그리고 경의중앙선의 디지털미디어시티역 이용이 가능하며 불광천 옆 간선도로를 따라 강변북로로 연결되는 도로 교통 환경도 썩 괜찮습니다.

디지털미디어시티역 옆에 이마트도 있고, 수색 재래시장도 가까워 생활편의시설도 양호한 편입니다. 뉴타운 사업 자체가 워낙 한 번에 추진하기가 쉽지 않은 사업이긴 하지만, 이런 조건들 덕분에 수색동보다는 증산동의 개발이 더 수월할 것으로 예상됩니다.

마포구와 서대문구의 수요층이 있어 수색증산뉴타운 구역 중 가장 인기가 많을 입지로 평가되는 증산2구역을 GS건설(자이)에서 2019년 내 시공 분양할 예정입니다.

은평구 증산동

증산 2구역 조감도

증산동의 주택가 뒤로 보이는 산

불광천 옆 간선도로

동네 이야기 3.	# 주거밀집지역 신사동

은평구 신사동과 강남구 신사동을 혼동하시는 분들이 있으실 텐데요. 한자로 구분하시면 편리합니다. 강남의 신사동은 한강 옆이라 모래 사(沙)를 쓰고, 은평의 신사동은 절 사(寺)를 씁니다. 한자로 강남 신사동은 한강 변 모래 인근 지역이었고, 은평 신사동은 절이 있었던 곳으로 추정할 수 있죠. 그래서 6호선 전철역 이름이 신사역이 아니라 새절역입니다. 은평구의 주거밀집지역으로 학교가 많으며, 신사근린공원과 불광천이 있어 자연환경도 괜찮습니다.

은평구 신사동

한편 신사동의 숭실고등학교 뒷산을 넘어가면 고양시 향동입니다. 향동지구는 삼송신도시와 함께 개발된 고양시 원흥지구와 더불어 보금자리주택 용지로 개발되어 있고, 이미 일부 입주도 했는데요. 이곳의 개발이 완료되면 은평구 신사동에도 긍정적인 영향을 줄 것으로 기대됩니다.

향동 공공주택 지구

122년 역사의 숭실고등학교 정문   신사근린공원 입구

신사동 언덕길을 오르면 아파트 단지에서도 매우 가까운 향산이 보입니다.

동네 이야기 4. 은평구 개발의 중심 응암동

응암동은 한자 그대로 해석하면 매바위(응암, 鷹巖) 동네라는 의미입니다. 백련산을 사이에 두고 서대문구 홍은동과 마주 보고 있습니다.

은평구에서는 신사동과 함께 손꼽는 주거밀집지역으로, 특히 최근 이 지역의 주거 쾌적성이 크게 주목되면서 가장 많은 재개발과 재건축이 계획되어 있습니다.

가장 주목을 받는 단지들은 4,184세대 대단지인 백련산힐스테이트 4개 단지입니다. 응암 7, 8, 9역

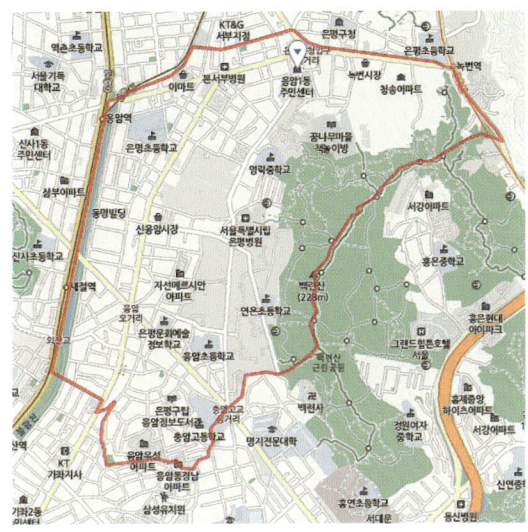

은평구 응암동

을 재개발한 백련산힐스테이트는 백련산 상단에 마치 병풍이 펼쳐진 모습인데요. 이 인근을 지날 때면 자연스레 눈길이 가게 되는 랜드마크 단지들입니다.

한편 응암동에는 녹번시장이 있고, 이마트가 있습니다. 은평구 내 대형할인점은 수색동과 응암동 두 군데 밖에 없어 엄청난 집객력을 자랑하는데요. 실제 이마트 은평점은 전국 매출 1위를 자랑하던 지점이기도 했습니다.

녹번시장

한때 전국 매출 1위를 자랑한 이마트 은평점

백련산힐스테이트 조감도

| 동네 이야기 5. | # 다세대주택의 천국 역촌동 |

은평구 역촌동

역촌동은 조선시대 공무원들이 장거리 출장 시 쉬어가던 곳으로, 말과 숙식을 제공했던 곳입니다. 지금은 숨이 막힐 정도로 다세대주택이 빽빽이 들어서, 덕분에 저렴하게 집을 구할 수 있습니다.

적은 금액으로도 투자가 가능해서 경매투자자들이 화곡동과 더불어 서울에서 가장 선호하는 지역이기도 합니다. 빌라가 많다 보니 경매물건 자체가 많기도 하고요.

지하철 6호선 응암역과 구산역, 역촌역 이용이 편리하여 많은 직장인들이 선호하며, 학원도 많은 동네입니다.

역촌동에 빽빽하게 들어선 다세대주택   역촌동 불광천공원

| 동네 이야기 6. | GTX A노선 연신내가 있는 대조동 |

일반적으로 연신내라고 알고 계신 분들이 많으실 텐데, 그 연신내가 대조동입니다. 은평의 홍대 입구, 강남역이라고도 할 수 있는 지역이죠. 북한산 등산객을 포함해 타지 사람들이 찾는 곳입니다.

지하철 3호선과 6호선을 동시에 이용할 수 있어 종로구, 중구, 강남권 출퇴근 수요가 많아 6호선 라인인 응암, 신사, 수색보다 시세가 높습니다. 이 역할은 앞으로도 지속될 것입니다.

은평구 대조동

강남역 정도로 고급스러운 상권은 아니지만 연신내 로데오거리는 다양한 쇼핑이 가능하고, 먹거리 문화도 발달하여 지역 내 가장 놀기 좋은 곳입니다. 불광역 인근에는 재래시장인 대조시장과 NC백화점도 있고요.

파주, 연천, 철원 등에서 복무하는 군인들이 많이 이용했었던 서부시외버스터미널은

2015년 영업을 중단하고 현재 서울혁신파크 창조산업단지 조성 등 복합단지로의 개발을 추진하고 있습니다.

경기도를 남북으로 연결하는 GTX A 노선이 연신내역을 지나며 파주, 고양, 서울, 성남, 화성을 1시간 이내에 획기적으로 오갈 수 있게 됩니다. 이러한 교통망 확충으로 은평구의 상위 지역에서 서울의 상위 지역으로 떠오를 가능성이 있습니다.

백화점과 로데오거리, 터미널의 집객력 덕분에 은평구 내에선 불광동과 더불어 유동인구가 가장 많고, 주거시설뿐만 아니라 상가와 오피스텔 시설도 다양합니다.

GTX 노선도

동네 이야기 7. | 화려한 명품 주거지 불광동

불광동은 불심이 빛나는 지역이라는 이름처럼 많은 역사적 의미가 담겨 있는 동네입니다.

박석고개라고 들어보신 적이 있나요? 문자 그대로 돌이 박혀있는 고개라고 하여 붙여진 이름인데요. 연신내에서 구파발로 넘어가는 길이 그 위치입니다.

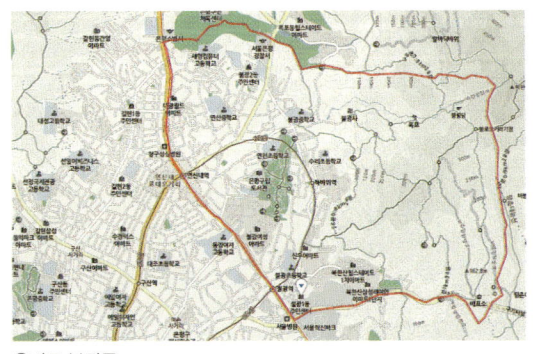
은평구 불광동

조선시대 왕실은 고양의 서오릉, 서삼릉의 두 왕릉으로 북한산의 신성한 지기가 전달되기를 바랐습니다. 이 기운이 사람들의 방해를 받지 않고 온전히 흐를 수 있도록 주요 길목에 돌을 박고, 그 돌을 통해서만 사람들이 이동할 수 있게 했다고 전해지는데요. 북한

북한산과 인근의 북한산 둘레길 입구 표식

구파발 방향으로 향하는 박석고개

북한산힐스테이트 3차 위치

북한산힐스테이트 3차 조감도

산의 지기를 전달하는 역할을 하였기 때문에 신성하게 여겨졌던 이곳이 바로 박석고개입니다. 지금은 구파발역과 더불어 북한산으로 향하는 등산객들이 가장 많이 통행하는 곳이기도 하지요.

불광동에 있는 구기터널을 통해 서울의 중심인 종로구 지역과도 바로 연결이 됩니다. 앞서 은평구는 주요 도로가 하나밖에 없어 도로 사정이 썩 좋지 않다 말씀드렸는데, 이 길이 대안 도로 역할을 하여 그나마 숨통을 틔워주는 효자 역할을 하고 있습니다.

불광동은 아직도 활발하게 재개발, 재건축 사업이 진행되고 있습니다. 은평뉴타운을 제외하고 가장 많은 분양, 입주 물량이 있었던 곳이며 지하철과 도로여건, 그리고 교육환경이 좋아서 이미 래미안, 힐스테이트 등의 상위 브랜드 아파트가 들어서 있습니다. 실제 은평구에서 부동산 시세도 가장 높은, 은평의 중심지라 부를 만한 동네입니다.

| 동네 이야기 8. | 서오릉의 기가 느껴지는 갈현동 |

갈현동은 연신내 상권에 도보로 접근이 가능하여 생활편의시설 이용이 편리하고, 세계문화유산인 서오릉이 가까이 있어 무척 쾌적한 자연환경을 자랑합니다.

이렇게 쾌적한 생활환경을 갖춘 곳은 비록 반듯한 택지지구가 아니어도, 신축주택이 많지 않아도 시세가 잘 하락하지 않습니다. 그만큼 부동산 수요가 풍부하고요. 도보로 이용할 수 있는 교육시설이 많다는 것도 장점입니다.

저렴하면서도 조용한 분위기를 선호하시는 분들께 거주지로서 안성맞춤입니다.

은평구 갈현동

갈현동 빌라촌에서 보이는 북한산과 서오릉의 모습

| 동네 이야기 9. | # 은평뉴타운의 진관동

진관동의 지명은 진관사라는 절에서 유래되었습니다. 지하철 3호선의 1차 종착점인 구파발역 인근이며 은평구에서 가장 넓은 면적을 차지하고 있습니다.

지금은 은평뉴타운으로 잘 알려져 있지만 과거에는 기자촌이 있었는데요. 기자촌은 박정희 대통령이 기자들에게 집을 마련하라고 집터를 내어주었던 것에서 유래한 지명으로, 언론통제 시절 그들에게 제공한 대표적인 당근책이었습니다. 어쨌든 이 기자촌도 은평뉴타운의 일부로 개발되어, 역사의 뒤안길로 조금씩 사라져가고 있습니다.

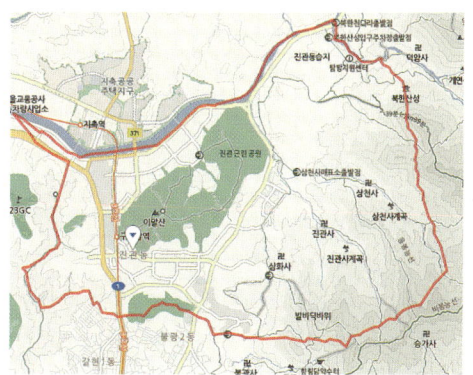
은평구 진관동

구파발역 인근

미래형 뉴타운의 희망, 은평뉴타운

서울시에서 추진했던 뉴타운 사업은 3차 지역까지 지정되었으나, 2차와 3차 사업지는 일정대로 진행된 곳이 단 한 곳도 없습니다.

1차 뉴타운에는 길음, 은평, 왕십리 이렇게 3곳이 포함되어 있었는데요. 2015년 센트라스의 입주 완료로 왕십리뉴타운이 완성되어 길음뉴타운, 은평뉴타운과 더불어 시범 뉴타운 사업이지만 완료되었습니다. 특히 길음뉴타운의 경우는 대기업인 삼성이 주도한 덕분에 개발이 가장 늦게 시작되었음에도 불구하고 가장 먼저 완료된 지역입니다.

택지개발지구를 보는 듯한 은평뉴타운의 모습

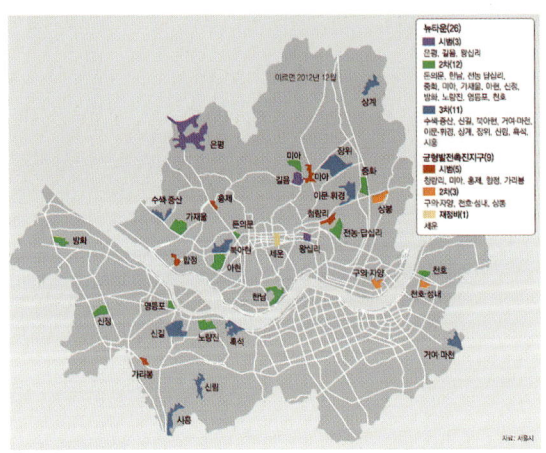

서울시 뉴타운 현황

민간의 주도로 부분적 재개발이 진행되면, 새 아파트만 공급되고 학교나 공원 등의 기반시설이 부족해지는 난개발의 우려가 생기게 됩니다. 그래서 1차 뉴타운 사업은 이러한 기반시설 부족의 문제점을 보완하는 데에 중점을 두고, 지자체의 직접적인 지원을 통해 다른 차원의 신도시를 만들자는 목적으로 시작되었습니다.

그렇게 서울시가 아주 마음먹고 제대로 만든 작품이 은평뉴타운인데요. 은평뉴타운은 도심재생이 아니라 택지개발의 성격이 강했던 덕분에 다른 뉴타운과는 비교가 안 될 정도로 매우 우수한 결과물이 될 수 있었습니다.

- 도심재생사업과 택지개발방식: 난개발된 기존 구심지역을 도로와 기반시설을 새롭게 정비함으로 주거환경을 개선하는 것을 도심재생사업이라 합니다. 그린벨트 등의 미개발지 지역을 빈 도화지에 그림 그리듯 시작부터 체계적으로 개발하는 방식을 택지개발방식이라고 하고요.

은평뉴타운이 넘어야 할 산

아직까지 은평뉴타운은 서울에서 인기가 많은 지역이 아닙니다. 그 이유는 주거지를 평가할 때에 그 주변 환경도 같이 평가하기 때문입니다. 기본적으로 교통, 교육, 생활편의시설의 세 가지 사항이 고려되는데, 은평뉴타운은 이런 기반시설이 부족합니다. 그래서 그 멋들어진 주거시설에도 불구하고 아직은 서울 도심에서 이사 와서 살고 싶은 지역이 아닌 것이죠. 결국 은평뉴타운의 주거시설이 제대로 평가받으려면 우려되는 몇 가지 문제점이 해결되어야만 합니다.

먼저, 가장 큰 문제는 교통입니다. 도로 교통으로는 통일로가 거의 유일한 도로라 접근성이 매우 떨어집니다. 그래서 지하철 3호선 구파발역을 제외하고는 이 지역으로의 접근이 쉽지 않지요. 하지만 다행히도 현재 이 주변으로 다양한 교통망 개발이 진행되고 있습니다. 신분당선 연장이 삼송역까지 확정되었고, 6호선 연장선과 교외선 개발도 검토 중입니다. GTX A 노선도 현재 착공 상태이므로 교통 불편으로 인한 진입 장벽은 향후에는 크게 낮아질 것으로 보입니다.

두 번째 문제는 교육환경입니다. 단지마다 초등학교도 있고, 좋은 중·고등학교도 있지만 학원가가 형성되어 있지 않습니다. 그러다 보니 구산역과 역촌역 인근의 학원을 이용해야 하는 불편함이 있죠. 그러나 이 점은 은평뉴타운의 상업시설들이 재정비되어 학원가가 어느정도 형성되면 자연스레 해결될 것이라 기대됩니다.

은평뉴타운 초기에는 대형 상권도 없었습니다. 하지만 구파발역에 롯데몰이 입점했고, 삼송신도시 동산마을 22단지 옆 약 3만 평 부지에 스타필드 고양점이 성업 중입니다. 원

은평뉴타운에 들어설 가톨릭대학교 부지

자립형사립고 하나고등학교

홍지구에는 이케아와 롯데복합쇼핑몰이 함께 운영되고 있습니다.

   이 정도 규모의 대형 쇼핑몰이 3개가 있는 곳은 이곳밖에 없습니다. 대단한 시너지를 내고 있는 것이죠. 아울러 가톨릭대학교 은평성모병원이 2019년 4월 개원하였습니다. 대형병원의 부재도 해소되었지요. 이로써 은평뉴타운은 명실공히 대한민국 최대 생활편의시설을 가진 명품 신도시가 되어 가고 있습니다.

두 가지 모습의 은평구

   은평구는 그 위치와 규모에 대해 잘 모르는 분들이 많습니다.

   그래서 앞서 말씀드린 동네 이야기를 통해 전체적인 모습을 그려보시게 되셨을 텐데요. 여기에 한 가지 더 추가하자면 은평구는 크게 기존 공간, 은평뉴타운, 수색증산뉴타운 이렇게 세 권역으로 나누어 이해하셔야 한다는 겁니다. 기존 은평구는 불광역과 연신내 주변 지역처럼 재래도심의 느낌이 많이 풍기지만, 은평뉴타운과 수색증산뉴타운은 신도시이기 때문이지요. 실제 세 지역의 연계성도 그다지 높지 않은 것이 사실입니다.

   특히 은평뉴타운은 기존 도시와는 완전히 다르다는 인식을 갖고 접근하시길 바랍니다. 왜 같은 은평구인데 다른 곳보다 비싸냐는 식으로 접근하시면 답이 안 나옵니다. 오히려 은평뉴타운이 활성화되는 미래를 기준으로 보자면, 지금 시세는 저평가되었다 할 수 있습니다. 아울러 현재 공사가 진행 중인 수색증산뉴타운 역시 미래가 무척 기대되는 곳입니다. 수색역세권 개발 계획과 함께 큰 시너지를 낼 수 있고, 상암디지털미디어시티의 배후 주거지로서 중요한 역할을 하게 될 지역이기 때문입니다.

   다만, 은평구는 단기간에 눈에 보이는 결과를 바라시는 분에게는 그다지 재미있는 곳은 아닐 겁니다. 미래가치 측면에서 분명 다양한 매력이 있는 동네입니다. 기존 도시와 은평뉴타운, 수색증산뉴타운 각각에 맞는 방식으로 바라보신다면 말이죠.

지역분석 레시피

◉ **상위 브랜드 아파트가 들어선 입지를 눈여겨보세요.**
소위 상위 브랜드라 하면 래미안, (그랑)자이, 이편한세상(아크로), 힐스테이트(디에이치), 푸르지오(써밋), 아이파크 정도를 들 수 있습니다. 이들은 마케팅에 막대한 비용을 투자하기 때문에 일반브랜드 아파트보다 분양가는 비싸지만 그에 맞는 프리미엄을 제공합니다. 더구나 이들은 입지 선정 시부터 꼼꼼한 시장조사를 하는데, 조사과정 중 시장성이 없다고 판단되면 입지 자체를 포기하기도 합니다.
그러므로 이런 상위 브랜드가 들어선 입지는 이미 시장성은 충분히 검토되었다고 판단하셔도 됩니다. 결국 고가 분양 및 부동산 경기의 영향으로 인한 미분양은 미래 청사진을 그려보실 필요가 있습니다. 미래가치 상승이 보인다면 지금의 미분양은 오히려 기회가 될 수 있으니까요.

◉ **지하철 환승에 대한 불편함을 고려해봐야 합니다.**
은평구 내 6호선이 지나는 라인에 고려대학교 학생들이 많습니다. 환승을 하게 되면 시간이 단축되는 지역이 있을 텐데, 굳이 이곳을 선택하는 이유가 무엇일까요?
여러 이유를 들 수 있겠지만 가장 큰 이유는 환승 불편함이 없다는 점입니다. 20~30분 더 걸려도 앉아서 한 번에 환승 없이 쭉 오갈 수 있다면 그 정도 시간은 수용할 수 있다는 것이죠. 그동안 책을 볼 수도 있고요. 이게 요즘 학생들의 생각입니다.

주목해야 할 재개발·재건축 레시피

은평뉴타운에는 상위 브랜드 아파트가 대부분입니다. 그럼에도 미분양이 많았던 것은 입주 당시는 생활하기에 매우 불편한 지역이었기 때문입니다. 그러나 분명한 것은 이 지역은 시장성에서 이미 합격 평가를 받은 지역이라는 것입니다. 따라서 단기 투자용이 아니라면, 미래가치에 대한 부분을 고려하여 재개발에 관심을 가지기 바랍니다.

동	구역	대지면적 (m²)	예정 세대수	사업유형구분	시공사	현재 단계 (19년 6월 기준)
갈현동	갈현시장정비사업	1,520		기타(도심시장재개발)		구역지정
갈현동	갈현제1구역	239,248	3,934	주택재개발		조합설립인가
대조동	대조제1구역	110,773	2,389	주택재개발		사업시행인가
불광동	불광제5구역	117,919	2,232	주택재개발		조합설립인가
수색동	수색13구역	69,681	1,402	주택재개발	HDC현대산업개발(주) SK건설(주)	관리처분
수색동	수색12구역	4,453		도시환경정비사업		구역지정
수색동	수색3구역	3,704		도시환경정비사업		구역지정
수색동	수색5구역	2,961		도시환경정비사업		구역지정
수색동	수색11구역	3,161		도시환경정비사업		구역지정
수색동	수색8구역	29,998	278	주택재개발	SK건설(주)	사업시행인가
수색동	수색6구역	66,062	1,223	주택재개발	GS건설(주)	이주/철거
수색동	수색7구역	31,794	649	주택재개발	GS건설(주)	이주/철거
수색동	수색1구역	4,422		도시환경정비사업		조합설립인가
수색동	수색2구역	5,026		기타(도심시장재개발)		조합설립인가
증산동	증산5재정비촉진구역	112,694	1,704	주택재개발		사업시행인가
증산동	증산2구역	78,755	1,254	주택재개발	GS건설(주)	이주/철거
증산동	증산4재정비촉진구역	172,932	2,884	주택재개발		추진위

〈은평구 재개발·재건축 진행 상황〉

MEMO

다섯 번째 이야기.

GTX와 창동역세권 개발로 주목받는 도봉구

도봉산 정기를 받는 도봉구

도봉(道峰)은 말 그대로 산봉우리가 길처럼 줄지어있다는 의미로, 도봉구의 지명은 도봉산에서 유래했습니다. 혹시 도봉산에 올라가 보셨나요? 서울에서 가장 좋다는 북한산만큼이나 좋은 산입니다. 오히려 도봉산을 자주 오르시는 분들은 북한산보다 훨씬 좋다고도 하시죠. 이처럼 도봉산은 어떤 산과 비교해도 좋은 명산이며, 풍수적으로도 매우 큰 의미를 지니고 있기도 합니다.

우리나라 풍수 이론은 산과 깊은 관련이 있습니다. 한반도 모든 산의 관계와 그 서열을 마치 사람의 역사처럼 정리한 '산 족보'도 존재하지요. 그중 조선 후기 신경준이 산줄기의 흐름을 정리해 쓴 『산경표』가 유명한데, 등산을 즐기시는 분들은 출력해서 다니시기도 합니다.

『산경표』에서는 우리나라 모든 산의 조상을 백두산으로 여깁니다. 백두산에서 시작된 정기가 정맥을 통해 한반도 전체에 전달되고 있다고 하는데요. 이에 따르면 서울 전체의 주산인 북한산도 도봉산에서 정기를 이어받고 있으므로, 도봉산이 북한산보다 한 단계 위라고 해석할 수 있습니다. 아버지나 큰형님 정도 되는 것이죠. 그러니 도봉구

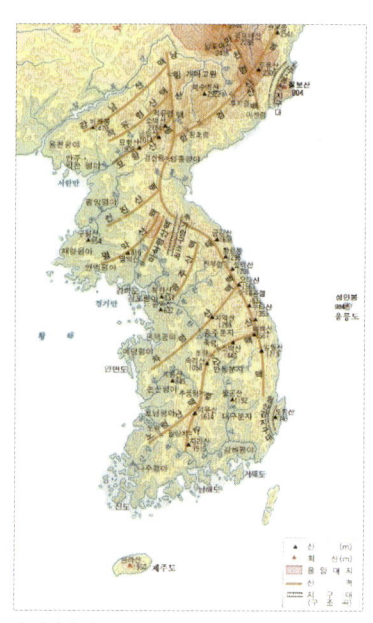

우리나라의 산맥

도봉구에서 바라본 도봉산의 모습들

에 사시는 분들은 다른 서울 시민들보다 서열이 높은 정기를 받고 계신 겁니다. 뿌듯한 사실이죠?

도봉산이라는 양날의 검

일반적으로 산이 있으면 개발이 어렵습니다. 거대한 산을 깎아내고 평지로 만든다는 것 자체가 어려운 일이기도 하지만, 임야를 개발할 때는 산지전용허가가 필요한데 이 산지전용허가를 받는 것이 만만치가 않습니다. 특히 서울에서는 더욱 까다롭습니다.

아마 서울 내 모든 땅이 쉽게 개발허가를 받을 수 있었다면, 지금보다 훨씬 탁한 공기를 내뿜는 삭막한 곳이 되었을 겁니다. 따라서 서울 전체의 자연환경에는 그린벨트 지정 등의 크고 작은 규제들이 긍정적인 역할을 했던 것이지요. 반대로 생각해 보면 개발규제를 받게 된 지역은 타 지역보다 개발 혜택이 적어 좀 억울할 수도 있습니다.

도봉구에서는 그나마 도봉산에서 가장 먼 창동이 도심지로 개발될 수 있었습니다. 반면 도봉산 가까이에 있는 도봉동, 방학동, 쌍문동은 자연환경은 좋아도 개발 혜택이 적었습니다. 이렇게 부동산 측면에서는 도봉산이 양날의 검 같은 존재가 된 것입니다. 도봉구 내에서는 말이죠.

도봉구의 연혁

도봉구 지역은 양주군, 고양군, 동대문구 등에 편입되어 있다가 성북구 지역으로 일부 포함이 됩니다. 그러다 1973년 서울 지역의 여러 구가 정비되면서 비로소 도봉구라는 지자체로 최초 독립하게 되었고 이후 1988년에는 노원구를, 1995년에는 강북구를 별도 지자체로 분리했습니다.

금융위기 전후로 강남 지역의 부동산 시세가 하락할 때 유일하게 시세가 상승했던 지역들이 있었습니다. 이 지역들을 일명 '노도강'이라 불렀는데, 모두 도봉구 출신 지역이었던 것입니다. '노도강' 중에서는 현재 노원구가 제일 잘 나가는 지역이고, 이어서 강북구, 도봉구 순입니다. 결국 이 3개 지역에서 상대적으로 잘 나가는 지역들을 분리해 주고, 순수한 도봉산 영향권 지역들만 남은 것이 지금의 도봉구입니다.

도봉구와 금천구는 데칼코마니

종이를 반으로 접었다 펼쳐 반쪽에만 물감을 짜서 모양을 만들고 다시 종이를 접으면, 반대쪽에 대칭으로 무늬가 나타나게 됩니다. 이를 데칼코마니라 하는데요.

도봉구와 금천구는 마치 데칼코마니처럼 참 비슷합니다. 그래서 도봉구를 알게 되면 금천구를 이해하기 쉽고, 금천구를 공부하면 도봉구를 이해하는 데 도움이 됩니다. 비슷한 부분들을 차례대로 살펴보자면, 먼저 서울의 25개 구(區)를 평균 부동산 시세로 순위를 매기면 금천구가 23위, 도봉구가 25위를 차지합니다.

시세뿐만 아니라 환경적인 측면도 매우 유사한데요. 도봉구는 도봉동, 방학동, 쌍문동, 창동의 4개 동으로, 금천구는 가산동, 독산동, 시흥동의 3개 동으로 이루어져 있어 서울에서 가장 단순한 형태입니다. 게다가 도봉구와 금천구의 동들을 비교하면 아주 재밌는 결과를 얻을 수 있습니다.

먼저 도봉구의 가장 북쪽에 있는 도봉동과 방학동은 금천구의 가장 남쪽에 있는 시흥동과 판에 박은 듯 닮았습니다. 주변 환경을 비교해 보면 각각 도봉산과 관악산 아래 있는 것도, 대대적인 개발 없이 일반주거지역 위주로 형성된 것도 유사하지요. 특히 주목할 만한 문화유적이 있는 것도 신기합니다.

도봉동에는 조광조와 송시열을 모시는 도봉서원과 신라 의상대사와 연관이 있는 천축사가 있고, 방학동엔 연산군묘와 정의공주묘, 그리고 900년 된 은행나무가 있습니다. 금천구 시흥동에도 호압사와 행궁터, 그리고 800년이 넘은 은행나무가 있습니다.

두 번째로, 쌍문동은 금천구의 독산동과 비슷합니다. 쌍문동은 예전엔 쇠죽골이라 불렸습니다. 동대문시장에 소를 팔러 가는 길에 잠시 쉬면서 먹이를 먹였다 하여 붙여진 이름인데요. 금천구 독산동에도 예전부터 우시장이 있었으니 이것도 공통점입니다. 다가구, 다세대, 상가주택 위주로 구성된 것도 비슷하고요.

마지막으로 도봉구의 가장 번화가인 창동입니다. 창동에는 주거시설도 많지만 상업시설과 공업시설도 많은데요. 그 수가 도봉동, 방학동, 쌍문동을 합친 것보다 훨씬 많습니다. 특히 창동순환도로 인근에 100여개의 공장이 밀집해 있는데요. 왠지 금천구 가산동의 가산디지털단지와 비슷하다는 생각이 들지 않으시나요?

이렇게 주요 특징을 비교하면 정말 소름이 끼칠 정도로 놀랍습니다. 아마 자연환경까지 살펴보면 더 놀라실 텐데요. 금천구는 서쪽으로 안양천, 동쪽으로는 관악산 사이에 위치하고요. 도봉구는 서쪽으로 도봉산, 동쪽으로는 중랑천 사이에 있습니다. 중랑천은 북에서 남으로 한강으로 흐르고, 안양천은 남에서 북으로 한강으로 흘러 들어갑니다. 닮아도 정말 많이 닮은 지역이지요.

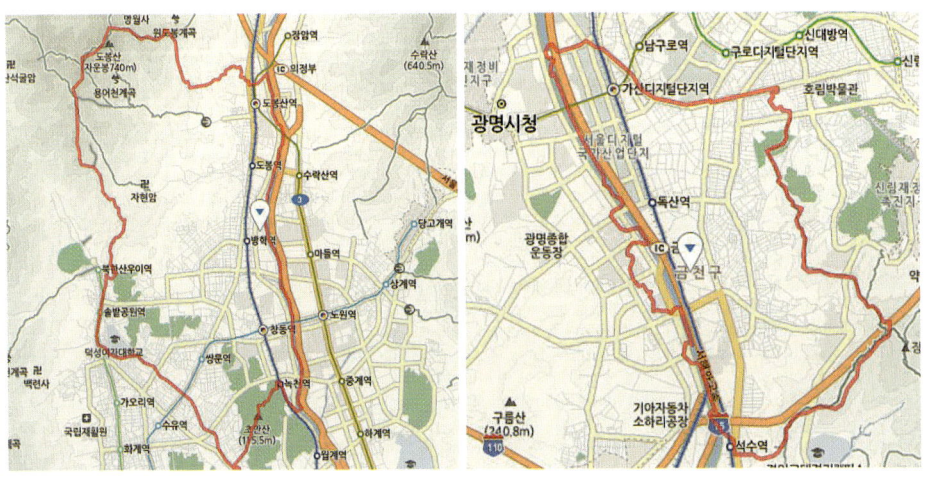

대칭 모습인 도봉구(좌)와 금천구(우)

| 동네 이야기 1. | # 서울의 북쪽 끝 도봉동 |

도봉동은 서울의 가장 북쪽에 위치해 있습니다.

시흥동이 금천구와 안양시의 경계인 것처럼, 도봉동 역시 도봉구와 의정부시의 경계입니다. 그래서 과거 시흥동이 안양 개발 시 길을 내어주었듯이 도봉동도 의정부 개발 시 길을 내주기도 했습니다.

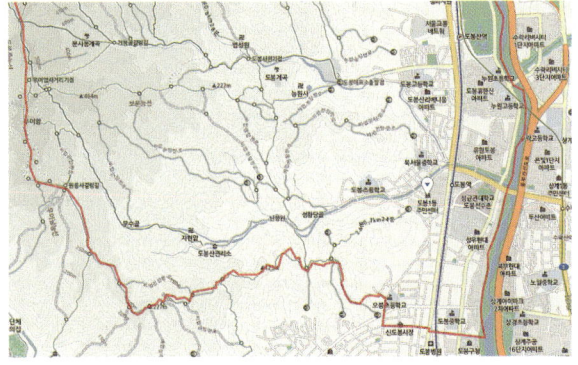

도봉구 도봉동

지금 의정부는 서울의 북쪽 위성도시로서 그 역할을 톡톡히 해내고 있습니다. 웬만한 서울 지역보다 개발 호재도 많고, 집값도 어느 정도 수준 이상으로 형성되어 있습니다.

지하철 3개 노선이 지나며 인근의 타 도시와 다르게 1차 산업(농·축·수산업)은 거의 없이, 2·3차 산업 위주 소비 도시의 모습을 갖추고 있습니다.

그렇다 보니 오히려 의정부가 도봉동보다 서울 같기도 하죠. 그러나 도봉동도 지하철 1호선(경원선), 지하철 7호선이 만나는 도봉산역이 있는 나름 더블 역세권 프리미엄이 있는 곳입니다.

한신아파트

한편 지하철 1호선과 중랑천 사이에는 꽤 여러 아파트 단지가 밀집되어 있습니다. 그중 2,600세대가 넘는 한신아파트 단지가 가장 크고 유명합니다. 서울에서 가장 북쪽에 위치한 아파트 단지로, 전철역도 가깝고 도봉산과 중랑천 조망이 모두 가능해 인기가 아주 많습니다.

한신아파트에서 보이는 중랑천 조망

    서원아파트 단지도 유명한데요. 이 단지 역시 2,400세대가 넘습니다. 중랑천을 따라 길게 늘어서 있고 북부지원이 매우 가깝습니다. 이렇듯 도봉구엔 주공아파트도 아닌, 민간 아파트 대단지가 많습니다. 그럼에도 불구하고 도봉동에서 가장 비싼 아파트는 2005년에 입주한 래미안도봉입니다. 도봉동에서는 가장 새 아파트이고, 유일한 1군 브랜드 아파트입니다.

    도봉동에는 노원구 공릉동에서 2010년에 이전해 온 서울북부지방법원도 있습니다. 이 지역은 북부지원의 이전 이후로 분위기가 완전히 다릅니다. 특히 부동산에 대한 주민들의 인식이 달라져서, 아직 개발이 본격화되지는 않았지만 법원 인근 지역은 확연히 지속적으로 변화할 것으로 예상됩니다.

도봉산역

서울북부지방법원　　　　　성균관대 야구장 부지

　야구장 부지도 주거·업무·판매 기능을 갖춘 복합시설로 곧 개발이 될 텐데요. 그렇게 되면 2000년대 중반 광진구 자양동 건대 야구장 부지가 스타시티라는 걸출한 부동산으로 탈바꿈했듯, 도봉동 역시 멋지게 변화되는 모습을 보여줄 것이라 기대됩니다.

동네 이야기 2. 우이신설 연장선으로 교통이 좋아진 방학동

　우리나라 은행나무로는 양평 용문사의 은행나무가 가장 유명합니다. 약 1,200년이나 된 이 나무 덕분에 용문사가 유명한 절이 되었지요.

　매년 이 은행나무를 보기 위해 용문사를 찾는 관광객도 점차 늘어가고 있어, 양평 지역경제 활성화에도 큰 영향을 주고 있습니다.

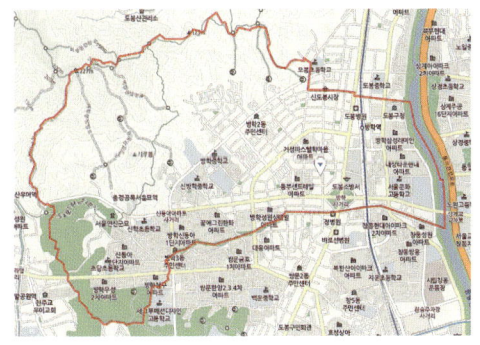

도봉구 방학동

　서울에도 유명한 은행나무가 있습니다. 금천구 시흥동과 도봉구 방학동의 은행나무인데요. 시흥동 은행나무는 행궁 위치를 알려주는 역할을 하였고, 방학동 은행나무는 특별(?)한 능력을 지닌 것으로 유명합니다.

　방학동 은행나무는 약 900년 정도 된, 서울에서 가장 오래된 나무입니다. 게다가 오래

연산군묘와 신동아아파트

방학동 은행나무

된 은행나무들이 대부분 암나무인데 반해, 방학동의 은행나무는 수나무라서 더욱 특별하지요. 서울시 지정보호수 1호이고, 서울시 지정문화재로도 선정되었습니다.

이 은행나무 중간에 남자 거시기처럼 생긴 가지가 하나 있어서인지 이 나무를 향해 기도를 올리면 아들을 낳는다고 합니다. 국가에 위기가 있을 때마다 이 나무에서 자연적으로 불이 나서 경고를 했다고도 하는데요. 실제 그런 흔적들이 남아있는데도 이렇게 늠름하게 살아있는 걸 보면, 분명 신성한 기운이 있는 나무라고 생각됩니다.

한편, 이 은행나무 인근에는 연산군묘가 있습니다. 왕의 무덤은 특별한 입지입니다. 연산군은 왕으로 인정받지 못한 사연이 있어 왕릉이 아니라 묘라 칭하지만, 그 앞에서는 신분과 관계없이 타고 가던 말에서 내려 걸어가라는 비석인 하마비가 있는 것을 보면 그래도 왕의 무덤인 것은 분명합니다.

방학동에는 숨겨진 명소로 묘가 하나 더 있습니다. 정의공주와 그 남편인 안맹담의 묘로써, 연산군묘 인근에 있습니다. 정의공주는 세종대왕의 훈민정음 창제에 실질적인 영향을 준 사람으로 알려져 있습니다. 〈대왕 세종〉이라는 드라마에서도 중요한 역할로 등장했고 매우 영특하여 세종대왕께서도 총애

양효공 안맹담과 정의공주의 묘역

하셨다고 하네요. 이 지역의 부동산과 노비 수백 명을 하사했다는 기록이 있을 정도니까요. 이렇게 은행나무, 연산군묘, 정의공주묘가 한자리에 모여 있는 곳이 바로 방학동입니다.

방학동은 주거지로서 딱 필요한 만큼만 개발이 되어 있습니다. 공기와 물이 좋은 지역이므로 공기 관련 질병들, 예를 들면 아토피 때문에 고민 있으신 분들에게는 거주지로서도 좋습니다. 다만 개발이 많이 되지 않은 지역이라 일반적으로 선호하는 대단지 아파트는 없지만 깔끔한 단독주택이나 빌라가 많습니다. 따라서 아파트 외 주택의 수요를 보고 접근하신다면 나쁘지 않은 지역이라고 여겨집니다.

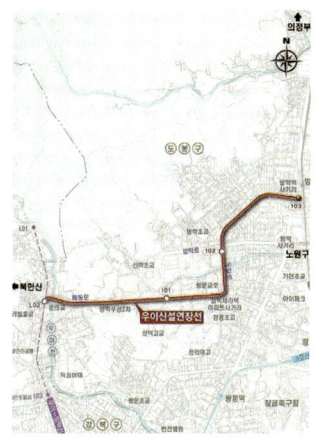

우이신설 연장선

아울러 2019년 2월 발표된 제2차 서울도시철도망계획에 의하면 기존 우이신설선에서 1호선 방학역까지 연장되는 노선 개발이 확정되었습니다. 방학동의 교통 환경이 크게 개선되는 것이지요.

동네 이야기 3. | 효자 동네 쌍문동

쌍문동은 한때 효문(孝門)동이라고도 했나 합니다. 그만큼 효자, 열녀에 대한 설화가 많은 지역이었죠. 쌍문동이라는 지명 자체도 나라에서 효자문을 두 개를 세워줬느니, 열녀문이 두 개였다느니 하는 설화에서 어원을 찾고 있습니다.

쌍문동은 콘크리트와 아스팔트로 정비된 곳이 대부분이라 녹지와 흙을 구경하기가 어렵습니다. 그래서 유난히 주택들이 빼곡하다는 느낌을 받게 되는데요. 이렇게 녹지공간이 부족한 지역에 사시는 분들은 되도록 정원을 가꾸거나 세대 내부에 화분을 많이 두는 것이 풍수적 비보책입니다.

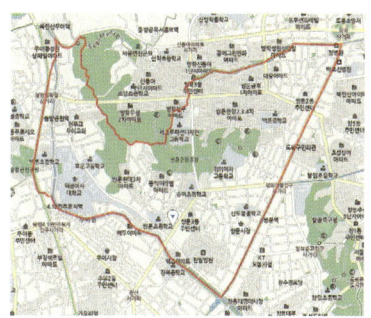

도봉구 쌍문동

쌍문동은 무려 7차 단지까지 있는 한양아파트가 가장 유명하고, 중소단지들도 참 많습니다. 래미안, 이편한세상 등 브랜드 아파트들도 찾아볼 수 있고요.

인근에 대학교가 있으면 그 젊은 기운이 철철 흘러나와 풍수적으로도 좋은 영향을 주는데요. 쌍문동에는 덕성여대가 있습니다. 따라서 학생들을 대상으로 하는 임대수요도 풍부해 투자하기에도 좋은 곳입니다.

쌍문동공원 주변으로는 많은 초·중·고등학교가 몰려있어, 학원가가 형성되어 있습니다. 특히 쌍문동 학원거리는 지하철 쌍문역에서 도봉로와 해등길이 마주치는 창동사거리에서 왼쪽으로 진입하는 ㄱ자 형태로 이루어져 있는데요. 이곳은 도봉구뿐 아니라, 서울 내에서도 손꼽히는 학원가입니다.

쌍문래미안 전경

덕성여자대학교 입구

동네 이야기 4. | 도봉구의 강남 창동

저는 한 글자 지명으로 된 동네를 보면 왜 이런 지명을 썼을까 늘 궁금해합니다. 외자 이름으로 가장 유명한 양천구 목동의 경우 어떤 의미가 있는지 여러 가지로 확인해 보았는데, 별 뜻은 없었습니다. 그냥 과거에 나무가 많았던 지역이라는 의미였거든요.

그럼 창동은 어떨까요? 창(倉)동 지명은 조선시대에 활용되던 유명한 양곡 창고가 있었던 데서 유래했습니다. 실제 현재 창동초등학교 옆 부지가 그 창고 부지였다고 합니다. 우리 선조들은 궁궐과 묫자리 뿐만 아니라 각종 제조시설, 창고시설의 입지를 결정할 때에도 풍수를 아주 꼼꼼하게 고려했습니다.

따라서 양곡창고, 조폐창, 염창 등 왕궁에서 사용하던 필수품을 보관하던 입지는 관심 있게 보셔도 좋은 곳입니다. 이 인근에 계신 분들은 앞으로도 밥걱정은 안 하고 사실 것 같다는 생각이 드네요.

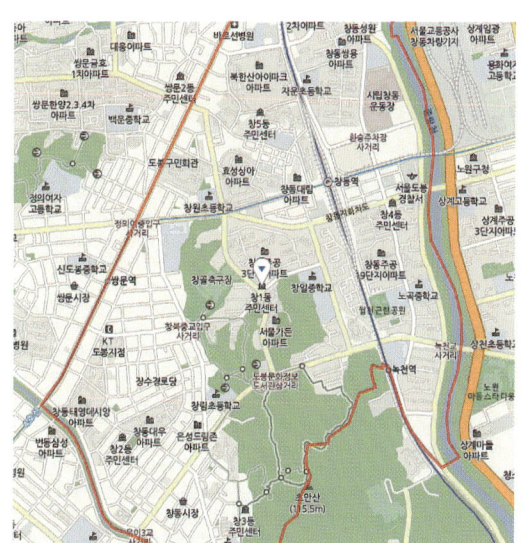

도봉구 창동

창동은 주거시설, 특히 대규모 아파트 단지가 꽤 많은데요. 2,000세대가 넘는 단지가 여러 개 있는 걸 보면 사람이 많이 모여 살만한 좋은 주거지임은 분명합니다. 또한 도봉산에서 가장 멀리 떨어져 있어 개발이 어느 정도는 자유로웠습니다. 실제 1980년대 말 노원의 상계동, 중계동과 함께 대규모로 개발이 되었고, 현재 도봉구의 강남 역할을 하고 있습니다.

업무시설과 상업시설이 모여 있어 일자리가 많으며, 도봉구 내에

창동초등학교

이마트 창동점

일시 중단되었던 창동 민자역사 공사현장

창동역세권 개발 계획

창동역세권 복합환승센터

서 주거시설도 가장 많이 형성된 곳입니다. 지하철 1호선과 4호선이 지나는 교통의 요지로 도봉교육청, 도봉구청 별관, 보건소, 경찰서, 세무서, 노동부 북부사무소 등 각종 행정기관이 밀집해 있습니다.

창동은 지금도 다양한 개발이 계속 추진 중이며, 그로 인한 청사진과 부작용들이 공존하고 있는 동네입니다. 대표적으로 2000년대 초반에 시작된 창동 민자역사 개발을 꼽을 수 있는데요. 이 사업이 2019년에서야 본격적으로 추진되는 것을 보면 부동산 개발사업에 얼마나 많은 시간과 노력이 필요한지 다시금 느끼게 됩니다.

창동은 도봉구이긴 하지만, 노원구 택지개발지구 내에 포함되어 있어서 상계동과 어느 정도 결을 같이합니다. 서울 동북권 최대 개발사업인 창동역세권 개발사업은 GTX C노선과의 연계 계획을 담은 첫 복합환승센터입니다. 창동역세권 개발과 함께 재건축 연한이 임박한 주공아파트들의 변신도 기대해 볼 수 있는 곳입니다.

●

단일 아파트 단지가 2,000세대가 넘으면, 초등학교 등의 교육시설도 함께 건설해야 합니다. 그래서 간혹 시공사에서는 2,000세대를 넘기지 않으려고 1차, 2차, 3차 등으로 나누어 분양을 하는 꼼수를 부리기도 하지요.

●

민자역사 개발은 민간 건설사가 개발하여 30년간 운영하다가 이후 국가에 기부체납하는 형태로 건설사에게는 잘해도 손해, 못해도 손해인 사업입니다. 유명 대기업들이 추진했던 서울역, 영등포역, 수원역의 경우도 어느 정도 성공사례로 평가되긴 하지만, 실제 수익이 크지 않습니다.

모범적인 친환경 개발지역, 도봉구

도봉산 하나만으로도 도봉구는 친환경적인 곳이지만, 중랑천을 중심으로 우이천, 방학천, 도봉천을 생태하천으로 새로이 정비한다면, 청정 주거지역으로 더욱 매력적인 곳이 될 것입니다.

특히 창동은 서울 북부지역을 주도하는 역할을 할 것으로 기대되는데요. 도봉구가 서울 25개 구 중에서 가장 낮은 시세를 형성했던 것은 지역 내 부동산 이슈가 전혀 없었기 때문입니다. 창동역세권 개발이 도봉구를 움직이게 할 것입니다. GTX 개발이 본격화되면 의정부에서 군포 금정까지의 노선에 창동역이 포함될 확률이 높습니다.

또한 이때까지 개발을 가로막았던 경원선(의정부~청량리)이 지하화되면, 이 노선이 지나던 지상에는 자연친화적인 공원 등 거주민들을 위한 시설들이 들어서 밝고 깨끗한 환경을 갖추게 될 것입니다. 그 외에 우이동에서 방학동까지 계획되어 있는 경전철을 중계동까지 연장하게 되면, 사통팔달의 교통편도 더욱 풍성해질 것으로 예상합니다.

도봉구는 아직은 다른 서울 구 대비 소박한 지역입니다. 현재도 경치가 좋은 곳을 원하시는 분들에게 실거주로서 충분한 장점이 있습니다. 지금의 계획대로 친환경적인 환경을 유지하면서 지역을 편리하게 이용할 수 있을 정도로만 개발된다면, 쾌적한 환경에서 거주하기에 참 좋은 주거 선호 지역으로 발전해 갈 곳이기도 합니다.

다만, 도봉구 자체 힘만으로는 변화를 기대할 수 없으며, 정부와 시에서 양질의 주거시설이 공급될 수 있도록 재건축, 재개발에 힘을 보태 주어야 합니다. 이를 위해서는 GTX와 경전철도 필수이지요. 도봉산의 정기를 받아 쾌적하고, 생활편의시설 많고, 교통이 편리한, 누구나 살고 싶은 도봉구만의 매력이 발산되는 그날이 기다려지네요.

풍수 이야기

서원은 조선시대 사설 교육기관입니다. 자연스럽게 서원을 중심으로 사대부들의 파벌이 생기기도 했는데요. 이곳 도봉구에도 도봉서원이라는 유명한 서원이 있습니다.

도봉서원은 선조 때, 양주목사 남언경이 창건하였습니다. 조선 중종 때 신진 사림세력을 배경으로 도학정치를 실현하고자 했던 정암 조광조가 자주 찾던 도봉산 자락에 도봉서원을 세워 조광조를 모신 데서 출발해, 1696년(숙종 22)부터는 우암 송시열의 위패까지 함께 모시던 서원입니다. 조선시대 성리학의 양대 지주(조광조, 송시열)를 함께 모셨다는 자체만으로도 의미가 있는 문화재입니다.

조선시대의 서원은 그 지역 내에서 매우 중요한 의미를 지닌 건축물이기 때문에, 입지 선정 시부터 지역 내 유지들이 많은 노력을 했습니다. 그래서 과거에는 서원이 각 지역의 좋은 입지를 다 선점하고 있었습니다. 그 수가 전국적으로 약 650여 곳에 달했는데, 흥선대원군이 47개의 서원을 제외하고 모두 철폐를 했습니다.

따라서 과거 서원이 있었던 입지에 현재 어떤 부동산들이 있는지 확인해 보는 작업은 분명 의미가 있을 것입니다. 조선시대나 지금이나 입지를 보는 시각은 크게 다르지 않을 겁니다. 그 중심에는 늘 사람이 있으니까요.

도봉서원

지역분석 레시피

📍 강남 3구와 대비되는 노도강 지역을 눈여겨보세요!

대한민국의 부동산의 바로미터로 강남 3구가 있다면, 이와 대비되는 노원, 도봉, 강북의 3구도 있습니다. 강남 3구는 고급 부동산의 개발을 주도하며 부각되었죠. 노도강 3구는 강남 3구처럼 크고 화려한 부동산 입지는 아니지만, 중소형 주택의 메카로서 중산층 이하 계층의 관심을 항상 받는 지역입니다. 향후 부동산의 개발은 계층별로 차별화될 확률이 높기 때문에 강남 3구는 상류층, 노도강 3구는 중산층들의 관심지로 지속될 것입니다. 물론 강남 3구와 같은 사이클로 움직이진 않겠지만 시작은 강남이 해도 항상 마무리는 노도강 3구에서 진행된다는 것을 잊지 않으셨으면 합니다.

📍 청정 자연지역 내 주거지역에 관심을 가져보세요!

지역 내 쾌적한 자연환경이 있다는 것은 매우 큰 장점입니다. 더군다나 이미 개발 포화상태인 서울 지역의 자연환경은 더욱 큰 프리미엄이 있습니다. 따라서 해당 지역의 입지를 미리 선점할 수 있다면 시간이 흐를수록 가치가 오르는 것을 생생하게 경험하시게 될 겁니다. 실거주 목적 수요층에게는 특히 더 그럴 것입니다.

📍 방향과 층수에 따라 시세 차이가 큰 곳은 주의하세요!

아파트 매매 가격을 분석해 보면 유독 몇 층인지, 어느 방향인지에 따라 가격 차가 심한 지역이 있습니다. 이렇게 가격 차가 나는 데에는 여러 원인이 있겠지만, 가장 중요한 요인 중 하나는 바로 조망권의 유무입니다. 대부분 자연환경을 조망하기를 기대하지요.

도봉구의 자연환경으로는 도봉산과 중랑천이 있다고 말씀드렸습니다. 이 두 가지 조망을 누릴 수 있는 층과 향은, 그렇지 못한 곳과 가격 차이가 날 수밖에 없습니다. 이런 곳은 주변 시세보다 많이 비싸도 사람들이 우선적으로 선택하기 때문에, 꼭 가격과 조건을 따져보셔야 합니다. 싸다고 좋은 것이 아닐 수 있답니다. 수요가 많은 곳은 가격이 비쌉니다. 수요가 많은 곳이 더 많은 상승을 합니다. 같은 단지라도 말이죠.

주목해야 할 재개발·재건축 레시피

동	구역	대지면적 (m²)	예정 세대수	사업유형구분	시공사	현재 단계 (19년 6월 기준)
도봉동	도봉제2구역	13,436	2,999	주택재개발	금호건설(주)	사업시행인가
쌍문동	쌍문제일종합시장 정비구역	3,158		기타 (도심,시장재개발)		구역지정

〈도봉구 재개발·재건축 진행 상황〉

MEMO

여섯 번째 이야기.

1번 국도의 시작 금천구

지명 인지도가 낮은 금천구

용산구 편에서, 서울에서 가장 집값이 낮은 지역이 금천구라고 말씀드렸습니다.

금천구의 집값은 같은 서울 지역인 인근의 구로구와 관악구에 비해서도 낮고, 경기도의 광명시, 안양시보다도 낮습니다. 그래서인지 금천구 주민들을 만나게 되면 유독 지역에 대한 자부심이 높지 않다는 것을 자주 느끼게 됩니다.

이러한 사실은 금천구 시흥동의 아파트 남서울힐스테이트를 통해서도 엿볼 수 있습니다. 원래 금천구의 랜드마크 단지는 관악산(삼성산) 호압사 아래에 있는 벽산타운이었습니다.

벽산타운은 5,000세대가 훨씬 넘는, 서울에서도 손가락 안에 꼽히는

남서울힐스테이트 위치

남서울힐스테이트 전경

대단지입니다. 관악산 경사지에 지어져, 평지인 시흥사거리에서 올려다보면 마치 중세 유럽의 거대한 성벽을 보는 듯 착각할 정도로 멋진 단지입니다.

그러나 2012년 시흥동 한양아파트를 재건축한 남서울힐스테이트가 입주를 하면서 금

천구의 랜드마크 자리를 물려주게 됩니다. 시세도 마찬가지고요. 여기서 왜 아파트 이름을 굳이 '남서울힐스테이트'라 한 것인지 궁금해집니다.

일반적인 작명법으로 '시흥동힐스테이트' 내지 '금천힐스테이트'라고 지으면, '아 시흥동에 있구나, 금천구에 있구나'하고 바로 와 닿을 텐데요. 반면 남서울은 너무 광범위해서 그 단어만으로 정확한 위치를 판단하기가 어렵기 때문에 부동산 홍보 측면에서는 매우 불리합니다. 그럼에도 불구하고 '남서울'이라 이름 지은 것을 보면, 아파트가 금천구 시흥동에 있다는 것이 드러나길 원치 않았던 속내가 은근히 엿보이는 듯합니다.

금천구에서 가장 시세가 높은 아파트이자 가장 최근에 입주한 롯데캐슬골드파크 3개 단지의 경우는 아예 지명을 단지명에 붙이지도 않습니다. 그만큼 지명에 대한 자신감이 낮은 것이지요.

사례들을 통해 보는 지명 인지도의 중요성

선거철마다 우리는 지자체장들과 국회의원들이 그 지역의 부가가치를 상승시킬 여러 공약들을 내세우는 모습을 쉽게 접하게 됩니다. 지역의 부가가치를 상승시킨다는 것은 매우 구체적이기도 하지만 동시에 매우 추상적이기도 한 일입니다.

이를 위한 가장 좋은 방법은 지명에 대한 인지도를 높이는 것인데요. 지명 인지도가 높으면, 지명 그 자체가 영향력을 끼치고 부가가치를 만들어내기도 합니다. 이는 지역민이 자발적으로 실천해야 구체적인 결과물로 나타나는데요.

가장 쉬운 예로 분당과 일산을 들 수 있습니다. '난 분당구민이지, 성남시민이 아니야', '난 일산구민이지, 고양시민이 아니야'라는 마음가짐이 지금의 분당과 일산의 이미지와 부가가치를 만들어낸 것입니다.

목동아파트에 대한 사례도 있습니다. 14단지까지 있는 목동아파트의 과반수가 사실 행정구역상 목동이 아닌 신정동 지역에 있다는 것을 알고 계셨나요? 그래서 양천구가 해당 아파트의 이름을 목동아파트에서 신정아파트로 교체하려 했었는데요. 오히려 해당 주민 대다수의 반대와 항의로 엄청난 곤욕을 치러야만 했습니다. 양천구 역시 이에 굴하지 않고(?) 신목동이라는 절충안을 제시하기도 했지만 목동이라는 지명 그 자체에 대한 인지도와 부가가치가 강해 채택되지 못했고, 결국 현재도 양천구 신정동 내 목동아파트로 남아있는 것입니다.

또 몇 년 전 번지 주소를 도로명 주소로 변경하는 과정에서 서초구 반포동 주민들 간에 '반포로'라는 지명을 선점하기 위한 치열한 싸움이 벌어지기도 했습니다. 잠원동에 새로 분양하는 모든 아파트들의 이름에 모두 '신반포'라는 지역 브랜드를 붙이는 이유와 같은 것이죠. 우리는 이러한 사례들을 통해 지명에 대한 인지도와 부가가치가 부동산 자체의 가치와도 매우 밀접하게 연관되어 있음을 알 수 있습니다.

왕의 행궁을 책임지던 길지, 시흥

이런 차원에서 보면 금천구 지역민들은 금천이라는 지명 인지도를 높이려는 자발적인 노력이 부족하지 않았나 하는 평가를 해 봅니다. 그러나 이는 지역주민들의 무관심보다는 내세울 만한 구심점을 찾지 못했던 데에서 비롯되지 않았나 싶습니다. 그래서 제가 금천구, 특히 시흥에 자부심을 드리고자 관련된 역사적 사건 하나를 소개해 드리려 합니다.

행궁이란 말을 들어보셨을 겁니다. 행궁은 쉽게 풀이하자면 왕의 임시 숙박지입니다. 조선시대의 왕이 다른 지역으로 외출을 하면 그가 머물 곳은 절대 적당히 정하지 않았습니다. 숙박이든 잠시 쉬었다 가는 거처든지 간에 사전답사를 통해 왕이 머물 자리를 결정하는 택지(擇地)를 거쳤습니다. 이 택지 작업은 조선시대 육조 기관 중 예조에서 하였는데, 왕의 예상 동선을 세밀하게 고려하여 그중에서도 풍수적으로 좋은 입지를 선택했습니다. 그렇게 신중하고 까다롭게 선정된 곳이 바로 행궁입니다.

행궁으로 가장 유명한 왕은 영조의 손자이자 사도세자의 아들이었던 정조였습니다. 정조는 아버지 사도세자의 제사를 지내기 위해 거의 매년, 능(융릉)이 있는 화성으로 행차를 했었습니다. 이런 행차를 그린 행차도를 책이나 신문이나 방송에서 여러 번 보셨을 텐데요.

그 행차의 길이가 얼마나 긴지, 오전 일찍 출발해도 오후가 다 되어서야 행차의 마지막 인원이 한양을 빠져나갔다는 기록이 남아 있을 정도인데요. 실질적으로 조선을 지배하던

시흥 행궁

사대부 세력들에 의해 아버지를 잃은 정조는, 일부러 그들이 두려워할 만한 강한 왕권을 가졌다는 것을 보여주기 위해 대규모로 행차를 했다고 합니다.

화성까지는 통상 하루를 쉬어서 갔습니다. 지금이야 2시간이면 도착할 거리지만, 당시 교통수단으로는 반드시 숙박해야 하는 거리였습니다. 그때 숙박을 위해 쉬어가던 곳이 바로 시흥 행궁이었습니다.

시흥사거리에서 벽산아파트 방향으로 조금만 들어가면 은행나무사거리가 나오는데, 현재도 남아있는 800년 된 은행나무 터가 예전 행궁을 했던 그 관헌 자리입니다.

화성 행차 첫해에는 사당동 쪽의 남태령 고개를 통해 넘어갔지만, 그 길이 왕이 지나기에는 좋지 않아서 그다음 해부터 현재 시흥동으로 길을 변경했다고 전해집니다. 덕분에 시흥 관헌이 있던 시흥동 지역에 행궁을 정했던 것입니다.

지금 말씀드린 사건이 별 의미 없는 단순한 일이라 생각하지 않으시죠? 과거와 현재는 지속적으로 닮아있다고 여러 번 말씀드렸으니까요. 실제 이 행궁은 우리나라 국도의 첫 번째 타자, 1번 국도가 탄생하는 중요한 배경이 되었습니다. 서울에서 수원까지 가는 길이 이 시대부터 이용이 되었다는 것이죠.

정말 재미있지 않나요? 게다가 금천구 시흥동엔 왕궁이 있었습니다. 왕궁터와 왕릉터는 나라에서 가장 좋은 풍수 명당입니다. 1년에 딱 하루를 위한 왕궁이었지만요. 서울 내 다른 구 지역 역사를 찾아봐도 왕궁이 있던 곳은 딱 두 군데, 오직 종로구와 금천구입니다. 결론적으로 시흥은 그 당시 『조선왕조실록』에도 기록될 만큼 좋은 지역입니다. 그러니 앞으로는 당당하게! 금천구를, 시흥동을 내세우시기 바랍니다.

금천구의 연혁과 구성

지금부터는 금천구 이야기를 좀 더 자신있게 하겠습니다. 왕궁터니까요.

앞서 말씀드렸듯이 종로구와 용산구는 대한민국 시작부터 원래 서울시에 포함되어 있었던 지자체였지만, 금천구는 새롭게 생긴 지자체입니다. 금천구는 행궁 이야기에서 언급한 시흥군 지역이었다가, 1945년 광복 후 서울 출범 시 영등포구에 편입되면서 경기도에서 서울로 행정구역이 변경되었으니까요. 그러다 1980년에 다시 영등포구에서 구로구로 분리되었고, 1995년에는 드디어 금천구로 독립하게 되면서 현재에 이르게 되었습니다.

금천구는 가산동, 독산동, 시흥동의 매우 단순한 행정동으로 이루어져 있습니다. 북쪽으로는 남부순환로, 동쪽으로는 관악산, 서쪽으로 안양천, 남쪽으로는 안양시와 맞닿아 있습니다. 금천구의 북에서 남으로는 시흥대로가 지나고 있는데요. 이 시흥대로가 바로 1번 국도의 시작 부분입니다. 경부고속도로를 제외하면 우리나라에서 가장 중요한 역할을 하는 도로가 바로 1번 국도(경수산업도로)이니, 남다른 의미가 있지요.

한편 서쪽 끝으로는 안양천을 접하고 그 옆으로는 서부간선도로가 있습니다. 이 도로

1번 국도의 시작, 독산동 방향 시흥대로 모습

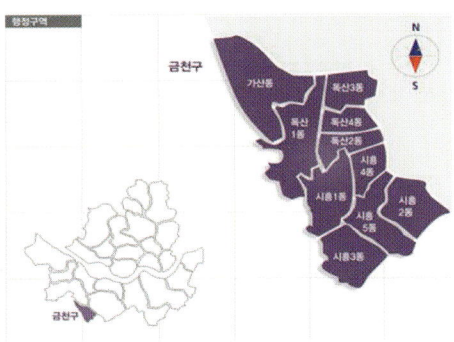

모양이 아이스크림 콘 모양 같죠? 신발 같기도 하고요.

서부간선도로 지하화 예상도

는 서해안고속도로, 영동고속도로, 그리고 서울 서부지역과도 연결되기에 활용도가 매우 높은 도로입니다. 하지만 많은 사람들이 이용하다 보니 상습적으로 정체가 되어, 현재 지하화 공사를 진행하고 있습니다. 급행 이동 차량은 지하도로로, 완행 이동 차량과 도보 이용자는 지상 공간으로 이동하게 되겠지요.

금천구에 대하여는 인지도가 낮아 서두 부분에 많은 이야기를 해 드렸는데요. 이제 동별 특색도 함께 살펴보도록 하겠습니다.

동네 이야기 1. | 대한민국 산업단지의 형님 가산동

가산동 옆에 위치한 가리봉동은 구로공단으로 유명했었죠. 저도 대학생 때 학비를 벌려고 구로공단의 한 공장에서 일하기도 했습니다. 이 굴뚝 공장들은 서울의 환경개선정책으로 지방으로 이전되거나, 인건비 경쟁력이 있는 해외로 진출하여 지금은 과거 모습을 거의 찾아볼 수 없습니다.

금천구 가산동

이곳을 가득 채우고 있던 굴뚝 공장들이 하나둘씩 떠난 자리에는 깔끔한 지식산업센터들이 들어서 있습니다. 예나 지금이나 일자리 중심지이지요. 가산디지털단지 내 지식산업센터는 국가산업공단 부지로 등록된 법인에서만 매수할 수 있습니다. 대부분 IT 관련 업체들이 입주한 상태로, 예전 모습을 기억하시는 분들에게는 상전벽해로 다가올 모습입니다.

가산디지털단지

　가산동은 마리오 아울렛으로 대표되는 패션 쇼핑몰로도 유명한 동네입니다. 그 주변으로 패션 제조업체들도 많이 들어섰고요. 금천구도 이런 특성을 활용하여, 가산동을 의류·패션 및 IT 전문 지역으로 선정하고 여러 정책적인 지원을 아끼지 않고 있습니다. 이렇게 확실한 역할을 하는 지역이 있다는 것은, 지자체의 재정 면에서도 바람직한 일입니다. 부동산의 부가가치를 높이는 집객 효과 측면에서도 마찬가지고요.

　가산동은 아파트형 공장의 원조라 칭할 수 있는 지역으로, 이곳에 지식산업센터가 성공적으로 들어선 데는 부동산 디벨로퍼의 역할이 컸습니다. 아마 서부간선도로변에 세워진 많은 건물들을 꼼꼼히 보셨다면 '대륭'이란 이름을 기억하실 텐데요. 바로 이 대륭이 가산동의 성공을 이끈 대표적인 디벨로퍼 회사입니다.
　디벨로퍼는 자신의 이름을 걸고 직접 건물을 짓습니다. 세계적으로 유명한 디벨로퍼로는 도널드 트럼프가 있죠. 우리나라에서는 MDM, 신영, 피데스개발 등이 유명하지만, 가장 주목할 만한 작품은 대륭이 보여주었다고 생각합니다.

　대륭은 1980년대 말 창업 후, 특별한 건축실적이 없다가 1997년 대륭테크노타운1의 시행에 성공하면서 중견기업으로 성장하게 됩니다. 금천구는 그 당시 주축이던 굴뚝 공장들이 대규모로 빠져나가면서 지역산업과 일자리에 구멍이 생기게 되는데요. 때마침 대륭에서 지식형 공장을 구상하여 금천구에 맞는 공장시설을 공급하게 된 것입니다.

우리는 작은 아이디어로 중소기업에서 대기업이 된 대륭의 사례를 통해, 기업이든 개인이든 아직 세상에는 기회가 많다는 것을 배울 수 있습니다. 부동산 분야로만 생각해 보아도 해당 지역에서 필요로 하는 시설을 만들어 제공하거나, 참신한 생각을 통해 기존시설을 더욱 업그레이드해서 공급하는 등 그 기회는 참으로 무궁무진한 것 같습니다.

가산동에는 아파트형 공장과 사무실이 많지만, 주거시설은 발전하지 않았습니다. 디지털단지 앞의 나홀로 아파트 몇 개를 제외한 도시형 생활주택, 원룸이 대부분입니다. 직장인 1인 가구가 많아 역 근처 음식점 회전율이 높습니다.

• 최근에는 아파트형 공장 대신 지식산업센터라는 용어를 씁니다. 용어만 바뀌었는데 괜히 평당 100만 원 이상 비싸진 느낌이죠. 이래서 용어의 선택이 참 중요한 것 같습니다.

동네 이야기 2. 우시장에서 중심상업지구로 발전하는 독산동

독산동의 우시장은 금천구에서 몇 안 되는 지역 명소입니다. 지금은 보기 드문 광경이지만, 과거에는 명절 대목만 되면 고기를 사려는 사람들로 북적거렸습니다. 2030 서울시 생활권 계획에 우시장 정비사업이 포함되어 있어 한층 더 깔끔한 모습으로 변화하리라 기대됩니다. 옆에 이편한세상독산더타워가 분양하

금천구 독산동

독산동 우시장 저녁 풍경

군부대 부지에 들어섰던 롯데캐슬 모델하우스

여 완판되었습니다.

독산동은 그리 친근한 동네가 아니었습니다. 2010년 경기도 이천으로 이전되기 전까지, 무려 50년 이상 육군 도하부대가 있던 곳이기 때문입니다. 부대가 이전된 지금은 매머드급 대단지인 롯데캐슬골드파크로 개발되어 있습니다. 아파트뿐 아니라 오피스텔 등 업무시설도 함께 개발되고 있구요.

과거에도 군부대는 아무 곳에나 들어서지 않았습니다. 대부분 지역에서 가장 좋은 입지에 들어섰고 이는 독산동도 마찬가지였죠. 평지인 데다 시흥대로를 옆에 끼고 있어 교통도 편리하여, 개발하기에 참 좋은 땅이었습니다. 그래서 많은 건설사들이 군부대가 이전하는 것을 늘 기다리고 있지요. 서울 도심뿐 아니라 지방 핵심 도심들도 마찬가지일 것입니다.

롯데캐슬골드파크는 주거·복지·상업시설이 복합적으로 들어선 미래형 친환경 생태 단지입니다. 45층 랜드마크 빌딩을 포함하여 공동주택, 오피스텔, 업무시설, 상업시설, 호텔, 관광시설들과 교육시설, 경찰서 등 공공시설까지 포함하는 미니 신도시급으로 개발이 마무리되고 있습니다.

롯데캐슬골드파크는 금천구가 평균 시세로 도봉구와 중랑구를 역전하게 된 이유이기도 합니다. 평당 1,300만 원 선에 분양한 아파트가 2배 이상 상승했습니다.

롯데캐슬골드파크 위치

당시 금천구에서 가장 비싼 아파트가 평당 1,000만 원 전후였다는 것을 생각하면 독보적입니다.

계획의 성공 여부는 개발이 완료되고 나서야 평가할 수 있겠지만, 친환경 생태단지와 공사 중인 신안산선(독산역, 시흥사거리역)이 완공될 즈음에는 현재의 열악한 생활환경이 크게 개선되며 금천구에서 가장 주목받는 지역이 될 것입니다. 공군부대 부지에는 주거시설과 IT 기업들이 들어설 사이언스파크가, 롯데알미늄 부지에는 뉴스테이가 예정되어 있습니다.

아직까지는 이러한 미래가치가 제대로 반영되지 않아 시흥동과 더불어 서울에서 가장 저렴한 지역으로 평가되는 점을 생각해 보면, 서울로 진출하려는 분들에게는 가격적으로 가장 접근하기 좋은 지역이라 할 수 있겠네요.

동네 이야기 3. 금천구의 명당 시흥동

금천구 시흥동과 경기도 시흥시는 지명도 같고 거리상으로도 그리 멀지 않아, 구별하기 어려워하는 분들이 많습니다. 그만큼 서울에서 존재감이 미미합니다. 실제 원래 경기도 시흥시 내에 편입되어 있다가 나중에 서울로 편입되기도 했습니다.

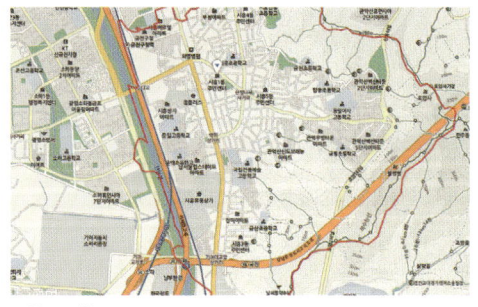

금천구 시흥동

그러나 앞서 행궁 이야기에서 말씀드렸던 시흥군 관헌이 있던 곳은 금천구 시흥동입니다. 조선시대부터 역사적으로 언급되었던 진짜 시흥이 바로 이곳이었다는 것이죠. 현재는 존재감이 가장 낮지만, 앞으로 이야깃거리가 많아질 곳이기도 합니다.

한편 시흥동에는 법원단지가 있습니다. 지금은 법원이 없지만, 1999년까지 이곳에는 서울남부지원이 있었습니다. 신정동으로 법원이 이전된 지 10년이 훌쩍 넘었음에도 그 지명은 그대로 남아있는 것이죠. 몇 년 전, 서울서 부동산이 가장 싼 곳이던 시흥동에 크게 바람이 분 적이 있었습니다. 3차 뉴타운 지역으로 포함된다는 뉴스가 나오며 불과 며칠 사이에 집값이 2~3배 오르기도 했습니다.

그러다 금융위기를 거치며 뉴타운 개발사업이 유야무야한 상태가 되어버리긴 했지만, 지금도 각종 개발이 예정되어 있고 몇몇 지역은 조금씩 공사를 하고 있는 모습입니다.

앞서 말씀드린 독산동과 더불어 대한전선 등의 대형 기업체 부지와 군부대 부지를 개발할 예정이며, 2016년 강남순환고속도로가 개통되면서 지역이 활기를 띠기 시작했습니다. 서울 25개 구 중에 만년 25위였던 금천구가 23위로 도약을 할 수 있었던 것은 이러한 여러 가지 개발 호재 덕분이었죠.

재개발 예정지구였다가 현재 중단 상태인 모습

투자자 입장에서는 불모지가 개발되어 화려하게 등장하는 지역보다 과거와 현재가 혼재하는 지역들이 더욱 재미있고 매력적입니다. 그 지역의 숨겨진 원석을 찾아 활용하는 것도 더욱 재미있을 테고요. 마치 이곳 시흥동처럼 말입니다.

금천구의 교통·학군 이야기

부동산 측면에서 지역의 가치를 평가할 때, 무엇보다 교통과 학군을 가장 중요하게 고려하여 평가합니다. 그런데 금천구는 이 두 가지 모두 좀 애매한 지역입니다. 이 애매함 때문에 약간은 정체되어 있다는 느낌을 주기도 하고요.

먼저 교통 편리성을 보면, 활용도 높은 시흥대로와 서부간선도로가 있습니다. 전철은 1호선 가산디지털단지역, 독산역, 금천구청역과 7호선 가산디지털단지역이 있고요. 그러나 전철은 금천구의 서쪽으로 치우쳐 있어 버스를 타고 이동해야 하는 번거로움이 있습니다. 게다가 앞으로 신안산선의 독산역과 시흥사거리역이 개통을 해도, 크게 상황이 나아질 거라 기대되지는 않습니다. 이 또한 서쪽으로만 치우쳐져 개통될 테니까요. 신안산선 독산역과 시흥사거리역 등의 신규 역사 위치를 선정할 때, 보다 많은 사람들이 혜택을 누릴 수 있도록 출입구 위치가 좀 더 고려되었으면 합니다.

결국 금천구의 교통은 금천 그 자체가 편해지는 것보다는 다른 지역의 교통을 나아지게 하는 데에 초점을 두고, 보조적 역할을 하는 것으로 보입니다. 시흥(始興)이라는 지명이 시작하는 곳이라는 의미를 지닌 것처럼, 서울 이남 지역으로 길을 펼쳐 주는 역할을 한다는 것입니다.

고양시가 개발될 때의 은평구 수색이, 부천시가 개발될 때의 신월동 지역이, 성남시가 개발될 때의 송파구가 그랬던 것처럼 말이죠. 금천구 역시 안양시가 개발될 때 길을 제공하는 역할을 했습니다. 그래서 그 인근의 경기도 지역들보다 낮은 수준으로 인식되곤 하지만, 서울은 서울입니다. 따라서 언제까지고 보조적인 역할에만 머물러있지는 않을 겁니다. 송파가 그 틀을 깼던 것처럼 말이죠.

한편, 학군은 서울대 진학률로 평가합니다. 그래서 고등학교가 학군을 평가하는 지표가 되는 것입니다. 금천구에도 명문 고등학교가 두 곳이 있는데요. 남자 고등학교로는 문일고, 여자 고등학교로는 동일여고가 손에 꼽힙니다.

금천구의 위상 이야기

그동안 금천구의 위상이 낮을 수밖에 없었던 이런저런 연유들을 말씀드렸습니다. 금천구민 스스로 서울 평균 이하 지역이라 평가한 것이 가장 큰 이유였지요. 과거 구로공단 시절에는 그저 서울 변두리 공단이 있는 동네로, 도심으로 갈 여유가 되지 못하는 사람들이 어쩔 수 없이 사는 곳 정도로 생각을 했습니다.

그래서 지역민으로서 자부심을 갖고 적극적으로 삶의 터전을 향상시키기 위한 노력을 할 여력이 없었던 것 같습니다. 실제로 여유 있는 사람들은 금천을 떠나 다른 곳에 자리를 잡기도 했으니까요.

그러나 현재는 많이 달라지고 있습니다. 금천구청의 모습만 보아도 얼마나 노력을 하고 있는지 엿볼 수 있죠. 첨단 미래를 향한 지자체의 기대감과 자신감이 반영된 모습입니다.

원래 독산동, 가산동, 시흥동의 시세는 거의 비슷했습니다만, 롯데캐슬골드파크와 남서울힐스테이트가 등장하며 유의미한 차이를 가져오게 되었습니다. 모두 10년이 되지 않은 아파트입니다. 도봉구와 비교해 보면 새 아파트가 많아 시세를 역전할 수 있었다는 것을 알 수 있습니다.

금천구는 서울에서 몇 군데 안 되는 기업체 기반 지역으로 양질의 일자리를 만들어내는 귀한 역할을 하는 곳입니다. 일자리는 기업체 유치만큼이나 교통망이 중요하므로, 이 지역의 교통망 확장과 기업체 유치 뉴스를 지켜보아야 합니다. 일자리 노선인 신안산선 개통, 서부간선도로 지하화, 구로차량기지 이전은 확정된 호재입니다.

금천구청

앞으로도 가산동은 IT와 패션산업의 메카라는 위상이 계속 이어질 것입니다. 독산동은 금천구의 랜드마크 시설들이 계속 들어올 것이고요. 시흥동은 천혜의 자연환경인 관악산을 바탕으로 훌륭한 주거지를 형성하게 될 것입니다. 가산디지털밸리라는 좋은 일자리를 뒷받침할 좋은 주거시설에 주목해야 합니다. 지역민 스스로 인식을 바꾸려는 노력을 기울이고, 지자체에서도 지역민들이 자부심을 갖도록 효율적인 행정을 보여준다면 분명 크게 발전할 잠재력이 있는 곳입니다. 금천구의 미래가 무척 기대됩니다.

지역	평단가(만 원)
독산동	1,629
금천구	1,454
가산동	1,440
시흥동	1,327

- 2010년대 입주
- 2000년대 입주
- 1990년대 입주
- 1980년대 입주

순위	지역	아파트명	총세대수	평당가(만 원)	입주연월
1	독산동	롯데캐슬골드파크1차	1,743	2,743	2016.11
2	독산동	롯데캐슬골드파크2차	292	2,500	2017.09
3	시흥동	남서울힐스테이트	1,764	2,451	2011.1
4	시흥동	무지개	639	1,957	1980.12
5	시흥동	남서울건영1차	260	1,824	1982.12
6	시흥동	남서울럭키	986	1,789	1982.03
7	가산동	두산위브	1,495	1,729	1997.12
8	독산동	이랜드해가든	187	1,699	2008.02
9	시흥동	시흥베르빌	229	1,643	2004.02
10	시흥동	신도브래뉴	206	1,537	2006.12
11	독산동	중앙하이츠빌	554	1,515	2004.1
12	시흥동	성지	233	1,478	1986.09
13	시흥동	백운한비치Ⅲ	112	1,475	2008.01
14	독산동	주공14단지	840	1,435	1990.11
15	독산동	청광플러스원	136	1,402	2003.06
16	독산동	독산현대	214	1,396	1997.05
17	독산동	진도3차	245	1,396	1999.12
18	시흥동	관악우방	671	1,385	2002.05
19	독산동	금천현대	996	1,371	1997.02
20	시흥동	구현대(220-2)	140	1,350	1985.05
21	시흥동	백운한비치	114	1,322	2003.08
22	시흥동	벽산타운5단지	2,810	1,297	2002.09
23	독산동	예전이룸	49	1,294	2003.07
24	시흥동	월드메르디앙	202	1,263	2006.01
25	시흥동	삼익	786	1,261	1999.08
26	시흥동	남서울건영2차	619	1,259	1989.07
27	독산동	한신	1,000	1,257	1990.12
28	시흥동	광성탑스빌	148	1,255	2002.11
29	독산동	계룡	154	1,250	1999.09
30	시흥동	산호시티빌	112	1,236	2003.05

금천구 아파트의 평단가 순위 (2019년 6월 KB부동산 기준)

지역분석 레시피

🔍 신안산선을 눈여겨보세요!

신안산선은 1호선을 보완하는 지하철 노선으로 서울역에서 안산까지 복선전철로 개발되는 노선입니다. 서울역〉공덕〉여의도〉영등포〉신풍〉구로디지털〉독산〉시흥사거리〉석수〉광명〉(안산)중앙 등 웬만한 기존 노선들과 연계가 되기 때문에 실제 이용률이 매우 높을 것으로 예상이 되는 노선입니다. 따라서 독산역과 시흥사거리역이 생기는 금천구에는 매우 큰 호재가 되지요. 이 신안산선을 꼼꼼하게 분석하면, 금천구가 어떻게 주변지역과 연계되는지 살펴볼 수 있습니다.

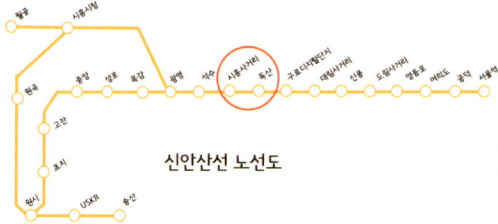

신안산선 노선도

🔍 독산동의 변신!

금천구에는 이렇다 할 대형 개발이 없었습니다. 따라서 육군 도하부대 부지에 개발된 롯데캐슬골드파크 개발은 그 입지적 장점이나 규모면에서 금천구의 중심이 될 수밖에 없는 사업이었습니다. 과거 금천구의 업무시설과 상업시설이 지하철 1호선 라인인 가산동을 중심으로 개발되어 있지만, 롯데캐슬골드파크 완공으로 주도권이 독산동 쪽으로 이동했기 때문입니다. 만약 우시장까지 정비된다면 독산동은 가장 부각되는 명품 주거지가 될 것입니다.

🔍 동네에 큰 산이 있다는 것의 의미!

한강 이남 지역에 있는 대부분의 학교 교가에는 관악산이 들어갑니다. 그만큼 관악산은 알게 모르게 지역에 심적으로 의지가 되는 자연환경입니다. 이렇게 큰 자연환경이 있다는 것은 좋은 입지를 구성하는 요인을 하나 더 가지고 있는 것입니다. 물론 상업시설이나 업무시설로 개발하기에는 어려울 수 있지만 쾌적한 주거환경에는 무엇보다 유리한 조건이거든요. 그래서 단점을 보완하고 장점을 살리는 시설들로 자연환경을 활용해야 합니다.

📍 **부동산의 부가가치를 높일 스토리를 찾아보자고요!**

지역은 부가가치가 있다는 말씀을 드렸습니다. 이것은 지역 차원의 대규모가 아니더라도 작은 부동산에도 충분히 적용해 볼 수 있습니다. 주거시설에는 교통과 교육이 중요하지만, 상업시설은 스토리가 있으면 어떻게든 찾아가는 일들이 비일비재하기 때문입니다. 오히려 이것이 경쟁력이 되기도 하고요. 관악산과 시흥 행궁만 가지고도 여러 가지 금천구 홍보 프로젝트가 떠오르지 않으시나요? 지자체 차원에서 이 스토리를 개발하고 홍보한다면, 또 다른 부가가치와 프리미엄을 만들어낼 수 있습니다.

주목해야 할 재개발·재건축 레시피

1980년에 639가구로 지어진 시흥동의 무지개아파트는 현재 노후도가 심해 주민들이 불편을 지속적으로 호소한 지역입니다. 재건축은 임대주택 128가구를 포함해 933가구 규모로 계획 중에 있습니다.

무지개아파트는 주변 대규모 고밀개발 예정 필지 및 주변 저층 주거 상업지역과의 연계성 강화, 유니버설디자인(UD) 설계 검토 등을 반영하는 방향으로 재건축될 예정입니다. 시흥대로변에 위치하고 금천구청역(1호선) 및 시흥사거리역(신안산선 예정)에 근접해 있어 미래가치가 있는 곳입니다.

동	재건축단지명	준공연월	총세대수	예정세대수	시공사	현재 단계 (19년 6월 기준)
시흥동	무지개	1979.12	639			조합설립인가

〈금천구 재개발·재건축 진행 상황〉

시흥동 무지개아파트 재건축 조감도

일곱 번째 이야기.

대한민국 부동산의 바로미터
강남구 이야기

강남구를 나타내던 세 가지
서울55·제3한강교·영동지역

옛날 자동차 번호판 기억하시나요? '서울○○ 머○○○○'라는 형식으로 지역명과 두 자리 시작번호가 있었습니다. 시작번호만 보고도 그 차량의 등록지역을 유추할 수 있었지요. 서울55, 서울52는 강남구에서 등록된 자동차의 시작번호로, 사람들이 선호하는 번호판이기도 했습니다. 제3한강교는 용산과 강남을 연결하는 한남대교의 과거 명칭이었으며, 영동이란 지명은 문자 그대로 영등포의 동쪽이라는 뜻으로 1980년대까지 강남을 지칭하던 용어입니다.

이번 글의 주인공인 강남을 이렇게 세 가지 단어로 표현해 보았는데요. 불과 30년 전만 하더라도 영등포의 동쪽이라 불리던 이곳이, 지금은 대한민국 부동산의 바로미터이자 핵심 지역이 되었습니다. 대한민국 모든 국민이 알고 있는 지역이며, 지금보다 앞으로 더 어마어마한 위상을 가지게 될 지역입니다.

1980년대 은마아파트 앞 초가집

한강 변 맨션의 모습

그만큼 강남은 아주 오랜 역사를 지닌 지역이 아니랍니다. 역사도 짧은 이 지역이 어떻게 대한민국 최고의 지역이 되었는지, 동네 하나하나를 살펴보면서 생각해 보기로 하겠습니다.

동네 이야기 1. | 강남구의 시작 신사동

용산구에서 강남 방향으로 한남대교를 건너자마자 만나는 곳이 바로 신사동입니다. '신사동' 하면 가장 먼저 뭐가 생각나시나요?

도산공원을 떠올리신 분도 계실 거고, 가로수길을 떠올리셨다면 트렌드에 민감한 젊은 분이실 겁니다.

제 예상이 맞았나요? 그만큼 주목받는 곳이 신사동 가로수길입니다. 각종 방송 촬영도 많고 연예인들도 자주 마주칠 수 있고요. 고급 카페와 음식점, 유흥업소들로 유명합니다.

강남구 신사동

지금도 상업시설이 많은 이곳은 과거에도 사평원이라는 유명한 주막이 있었습니다. 이괄의 난 당시 이 지역으로 피난을 온 인조가 사평원에서 식사했다는 기록이 전해지고 있

신사동 도산공원

신사동 가로수길의 모습

거든요. 왕도 이곳 유흥업소를 이용했다는 건데, 이렇게 묘하게 닮은 과거와 현재를 보면 참 재미있고 오묘합니다.

신사동은 상업시설 위주의 동네입니다. 이처럼 강남구가 지가가 높은 상업시설로 시작한다는 것은, 강남구의 부동산 가치를 알려주는 하나의 상징적인 의미가 된답니다.

동네 이야기 2. | Real 강남스타일 압구정동

압구정은 강남구의 강남입니다. 태생부터 가장 강남스타일인 동네죠. 풍수지리 관점에서 하회마을을 한반도 최고의 주거입지 중 한 곳으로 꼽을 수 있는데, 압구정동 주변으로 강물이 휘돌아나가는 모습이 하회마을과 꼭 닮아 있습니다. 뿐만 아니라 명당수인 청계천과 한강에서 만나는 지점이기도 하죠.

이런 명당자리를 일찍이 알아본 이가 있었으니, 바로 조선시대 불세출의 귀족이었던 한명회입니다. 수양대군을 왕으로 만들고 조선 전기를 쥐시웅지했던 훈구파의 핵심으로, 조선 지배세력 형성에 가장 큰 역할을 했다고 평가받는 인물입니다. 압구정(狎鷗亭)이란 지명도 한명회가 지은 정자 이름에서 유래됐다고 전해지지요.

강남구 압구정동

압구정현대아파트

이를 통해 유추해 보면 압구정은 과거에도, 또 현재에도 이른바 한 나라의 중심세력들이 장악(?)하고 있다는 공통점을 찾을 수 있겠죠? 역사는 계속 되풀이됩니다. 정말 신기하게도 말이죠!

압구정에 있는 현대백화점과 갤러리아백화점   압구정 로데오거리의 모습

압구정동의 대표 건물로는 아마 압구정현대아파트를 많이 떠올리실 겁니다. 1975년부터 1987년까지 지어진 현대아파트에는 일반적으로 상류층이라 일컫는 고위공무원, 기업인, 법조인, 의사, 유명 연예인들이 많이 살고 있는데요. 그만큼 압구정 현대아파트는 강남 부동산을 대표하고 있습니다. 40년이 넘은 지금도 말이죠.

압구정현대는 당시 민간주도로 이루어진 최초의 대규모 사업이었습니다. 같은 시대의 반포, 잠실, 개포 주공의 경우에는 주로 중소형 평형으로 지어졌는데요. 이는 일시에 늘어난 서울, 특히 강남권의 수요를 충족하려는 목적이 있었기 때문입니다.

반면 압구정현대는 고급시설을 공급하려는 상업적인 목적으로 주로 중대형 평형으로 지어졌습니다. 이런 중대형 고급 주거시설이 총 6,000세대가 넘게 들어서면서 자연스레 상류층들의 주거지가 될 수밖에 없었던 것이지요.

이런 압구정현대의 성공을 바탕으로 한양 등의 시공사에서도 인근에 양질의 민간아파트를 공급하게 되었고, 덕분에 압구정동이 대한민국 최고의 주거지가 된 것입니다. 지금은 그 명성을 도곡동타워팰리스, 삼성동아이파크, 반포동아크로리버파크, 래미안퍼스티지에 나누어주긴 했지만요.

압구정동은 주거지역만 유명한 것이 아닙니다. 현대백화점, 갤러리아백화점, 로데오거리로 대표되는 상업지역 역시 대한민국 최고 입지 중 한 곳입니다. 그만큼 압구정동은 향후 강남 주거개발의 핵심이라 할 수 있습니다. 지금은 새로운 상품으로 가치 상승(Value-up)을 준비하는 중으로, 압구정동의 미래 가치는 기대하셔도 좋습니다.

| 동네 이야기 3. | # 연예인처럼 화려한 청담동 |

청담동에는 화려하고 개성 넘치는 고가 주택들이 많습니다. 그래서인지 연예인들이 가장 선호하는 동네 중 하나이기도 한데요. 최지우, 한채영, 조영남씨가 사는 곳으로 알려진 상지카일룸2차는 청담에서도 손꼽히는 고급 빌라로, 그 명성에 맞게 개성 있는 외관과 수준 높은 시설은 물론 아주 철저한 보안을 자랑합니다.

강남구 청담동

그런가 하면 청담동 거리에는 고급스러운 인테리어의 명품 브랜드 단독매장들이 즐비하게 늘어서 있습니다. 마치 연예인처럼 화려한 청담의 이미지와 잘 들어맞는 곳이죠. 이 고급 빌라와 청담동 거리는 청담동 중에서도 한강과 도산대로 사이에 있습니다.

반면 도산대로와 삼성동 사이의 청담동 남쪽 주택들은 고급 빌라촌인 청담동 북쪽과는 사뭇 다른 분위기입니다. 상업시설들과 다세대주택들이 많아 상대적으로 저렴하게 강

명품 매장들이 즐비하게 늘어선 거리

청담동 상지카일룸2차

남 프리미엄을 누릴 수 있는 지역 중 한 곳으로, 강남구청역과 청담역, 압구정역을 이용할 수 있어 교통이 아주 편리합니다.

동네 이야기 4. 구획정리의 정석을 보여준 논현동

논현동은 정사각형 모양입니다. 강남개발의 특징이었던 구획정리를 제대로 보여주는 지역이지요. 북쪽 도산대로, 남쪽 봉은사로, 서쪽 강남대로, 동쪽 선릉로를 네 변으로 한 정사각형 중앙을 남북으로는 논현로가, 동서로는 학동로가 선물 포장 모양으로 가로 지르고 있습니다.

이들 도로 사이사이에는 강남 클럽의 지존인 옥타곤을 비롯한 유명한 유흥업소들과 다양한 맛집들이 있습니다. 가구거리로 이름난 학동로도 있고요. 원룸, 다세대주택들과 경복아파트 등 유명한 나홀로 아

강남구 논현동

논현동 가구거리의 모습

옥타곤 클럽

파트들도 많아서 강남구 내에서 소형주택 수요가 가장 많은 곳입니다. 지하철로는 7호선의 논현역, 학동역, 강남구청역과 9호선 신논현역, 언주역, 선정릉역이 이미 개통되어 있으며 2022년까지 신분당선 신논현역, 논현역, 신사역이 추가로 개통될 예정으로 최고의 교통 요지가 될 곳입니다.

1960년대까지 강남구는 대부분 논밭이었습니다. 논현동이라는 지명도 과거 논고개라는 말에서 유래가 되었는데요. 이런 논밭이 지금의 모습이 될 수 있었던 데에는 정부정책의 역할이 매우 큽니다.

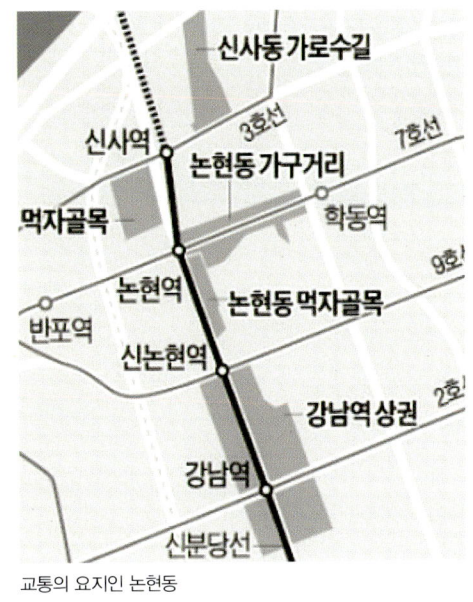
교통의 요지인 논현동

그게 아니었으면 강남은 지금 모습이 아니었을 테죠. 그래서 정부정책은 경기와 관계없이 반드시 주시하고 있어야 하는 것입니다.

| 동네 이야기 5. | ## 대한민국 최고의 업무지역 삼성동 |

삼성동 하면 왠지 삼성그룹이 떠오르지만, 실은 전혀 관련이 없습니다. 그 지명은 옛날 3개의 자연부락을 합쳐 부른데서 유래했기 때문이죠.

이곳은 우리나라의 업무시설로는 단언컨대 최고의 지역으로, 각 분야에서 내로라하는 쟁쟁한 시설들이 많습니다.

우선 국제회의가 많은 코엑스와 무역

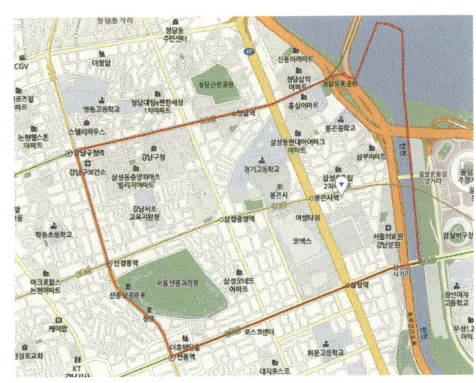
강남구 삼성동

센터 아셈타워가 있고요. SM타운도 들어와 있고요. 인터컨티넨탈호텔과 오크우드호텔 등 고급 호텔들과 현대백화점이 있습니다. 곧 대한민국 최고의 금싸라기 땅이 될 현대자동차그룹의 글로벌비지니스센터(2023년 완공 예정)와 지자체 중 가장 돈이 많은 강남구청도 있습니다.

대한민국 최고급 아파트 중 한 곳인 삼성아이파크도 있는데요. 현재 삼성동에서 가장 비싼 아파트로, 정·재계 유명 인사들과 연예인들이 살고 있습니다. 맞은편에는 비평준화 시절 최고 명문이었던 경기고등학교가 있습

무역센터

왼쪽 상단부터 시계방향으로
경기고등학교, 봉은사, 선릉(성종대왕릉), 정릉(중종대왕릉)

니다. 서울에서 가장 유명한 절인 봉은사도 있고요. 세계문화유산 왕릉인 선정릉이 있습니다.

삼성역부터 서초역까지 테헤란로를 중심으로 하는 가로축과 신사역부터 양재역까지 강남대로를 중심으로 하는 세로축이 대한민국의 업무 지역을 대표한다고 해도 과언이 아닙니다. 앞으로는 글로벌비지니스센터 개발이 삼성동의 미래를 완전히 바꿔놓을 텐데요.
지금도 업무지구로 최고, 최대의 지역이지만 아마 준공 시점에 동쪽은 잠실역까지, 서쪽으로는 이수역까지 연장되면 명실공히 대한민국 최고의 입지가 되어있을 겁니다. 공시지가 1등 명동이 삼성동으로 그 왕관을 물려줄 때가 머지않은 것이지요. 아마도 GTX 삼성역 개통 시점이 그날이 되지 않을까 합니다.

동네 이야기 6. | 업무와 주거의 오묘한 조화 역삼동

역삼동이라는 지명은 역촌이었던 마을 3개를 통합하여 불렀던 데서 그 유래를 찾을 수 있습니다. 과거에도 다른 지역의 연계 역할을 하던 역삼동은 지금도 그런 역할을 하고 있습니다.

동서로는 2호선 강남역부터 선릉역까지, 남북으로는 강남차병원에서 강남세브란스병원까지 업무시설과 주거시설이 조화를 이루고 있는 지역입니다.

주거시설로는 과거 유명했던 개나리아

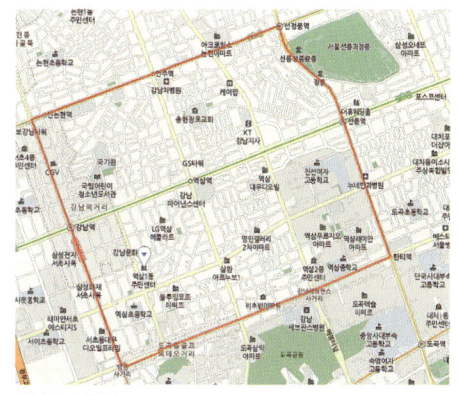

강남구 역삼동

파트가 현재 대부분 재건축되어 고급 주거지로 탈바꿈되었고, 테헤란로의 오피스 빌딩 사이사이에 주거용 오피스텔들이 빼곡하게 들어서 있습니다.

예전에는 약속장소로 '강남역 10번 출구 뉴욕제과 앞'이 대명사처럼 불릴 만큼, 유흥으로 가장 유명한 곳이었습니다. 그 강남역이 역삼동에 있는데요. 맞은편 서초구 서초동에 삼성타운이 입주한 이후로 강남역 상권은 더 활성화되었습니다. 지금은 위워크나 패

대부분 재건축된 과거 개나리아파트촌의 모습

강남역에서 본 교보로

공유 오피스 위워크

공유 오피스 패스트파이브

스트파이브, 아임워크스페이스 등의 공유 오피스도 점점 더 많아지고 있고, 업무시설로는 크고 작은 기업들이 이곳에 본사를 두고 있습니다.

삼성타운이 입성하고 신분당선 강남역이 개통되면서 강남역을 중심으로 하는 입지가 더욱 강화되었으며, 바로 옆 부지에 삼성보다 더 큰 규모로 롯데타운이 들어설 예정입니다. 완공 이후에는 아마 업무시설 지역으로 가장 조명을 받지 않을까 싶습니다.

다만 역삼동은 너무 촘촘하게 오피스 등 업무시설 건물이 들어서 있다 보니, 녹지공간을 거의 찾을 수 없는 점이 조금 아쉬운 지역입니다.

동네 이야기 7. | 대한민국 최고의 학군 대치동

대치동을 대표하는 두 가지 부동산 아이템은 바로 대치동 학원가와 은마아파트입니다.

JTBC에서 방영한 화제의 드라마 <아내의 자격>과 <스카이 캐슬>을 보셨나요? 그 배경이 바로 대치동인데요. 드라마에서 그려놓았듯이 이 지역의 교육열은 상상을 초월합니다. 목동과 중계동에도 유명한 학원가가 있지만, 이곳과는 비교가 불가능합니다.

강남구 대치동

학원가의 영향력이 전국구라 지방에서도 원정을 오며, 대한민국 입시제도에 관한 모든 것이 있는 학군입니다. 대치동 학원가 주변 아파트들은 40년 차가 되었지만, 평당 5,000만 원이 넘어가도 수요가 대기해 있습니다. 모든 종류의 주거와 상가시설에 대해 수요가 있는 교육 프리미엄의 최고봉을 보여줍니다.

부동산 관련 뉴스에서 재건축 아파트 시세 추이를 살펴볼 때마다 기준이 되는 은마아파트도 있습니다. 현재 아파트 재건축 사업 중 가장 핵심 단지인 은마아파트는, 단일 규모 4,400세대가 넘는

은마아파트

명문고로 손꼽히는 휘문고

대치동 동부센트레빌 단지

매머드급 단지로써 가장 많은 언론의 관심을 받고 있는 곳입니다. 그 외에도 재건축을 준비 중인 선경, 미도, 우성아파트 등이 있고요.

2000년대 이후에 들어선 래미안대치팰리스, 대치아이파크, 대치포스코더샵 등 브랜드 아파트도 골고루 있습니다. 이렇듯 많은 아파트들이 몰려있는 것은 주거지로 좋은 입지이기 때문입니다.

과거에도 동쪽의 탄천과 남쪽의 양재천에서 취수가 용이했고, 대부분 평지로 이루어져 농사짓기에도 안성맞춤이었기에 자연부락이 많았습니다.

무엇보다도 대치동은 땅의 기운이 매우 좋은 동네입니다. 강남 자체가 좋은 입지이긴 하지만 주거환경만 놓고 평가하자면, 대치동부터 설명드릴 동네가 주거지역으로는 더 인기가 많다고 말씀드리고 싶습니다.

동네 이야기 8. | 타워팰리스로 대표되는 도곡동

도곡동하면 연상되는 것들이 몇 가지 있죠.

타워팰리스, 그리고 이명박 전 대통령이 기사화될 때마다 언급되는 도곡동 땅입니다. 타워팰리스 부지는 원래 삼성에서 삼성타운을 짓기 위해 확보해 둔 땅이었습니다. 그러다 IMF 당시 기업 내 자금 사정으로 부지에 투자된 돈을 회수하기 위해 업무시설이 아닌 소비자 상품으로 변경하여 공급한 것이 타워팰리스입니다.

강남구 도곡동

기존과는 차원이 다른 높이와 수준을 제공한 최초의 성과물로 대한민국 주택사의 한 획을 그었다고 해도 과언이 아닙니다. 이를 시초로 주상복합과 고급 주거시설에 대한 수요가 폭발적으로 증가했으니까요. 도곡동은 타워팰리스 마케팅 덕에 고급 주거지라는 반

도곡동 타워팰리스

사 이익을 얻게 되었습니다. 지금 타워팰리스1, 2차는 리모델링 최소 연한(준공 15년)을 충족해 내부에서 논의를 하는 상황입니다.

참고로, 주상복합은 일반 아파트 대비 절대 수요가 적은 것은 사실이지만, 나름의 수요는 분명히 있으며, 실거주든 투자든 가치가 있습니다. 상업지역에 만든 주거시설이기 때문에 비싸게 시공될 수밖에 없고, 확실한 교통망을 가지고 있어야 한다는 점을 기억해두세요.

한편 이명박 전 대통령과 관련이 있다고 회자되는 땅들은 객관적으로도 좋은 땅입니다. 현재 사저가 있는 논현동, 내곡동 부지, 그리고 도곡동도 말이죠. 과거 독, 옹기, 도자기를 굽는 가마터가 있었던 도곡동은 특히나 토질이 매우 좋습니다.

도곡공원과 양재천이 있어 강남구 지역에서는 양호한 자연환경을 갖추고 있으며, 지하철 3호선 양재역, 매봉역, 도곡역과 분당선 한티역, 도곡역, 그리고 요즘 가장 인기 있는 신분당선 양재역을 이용할 수 있습니다.

| 동네 이야기 9. | **재건축을 통해 명품 주거지로 떠오른 개포동** |

개포동은 남쪽으로는 대모산과 구룡산이, 북쪽으로는 양재천이 흐릅니다.

이러한 자연환경을 바탕으로 선사시대부터 많은 사람들이 살아온 주거지역입니다.

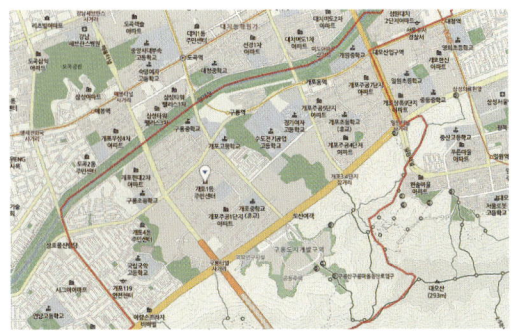

강남구 개포동

현재 진행 중인 강남 재건축단지 밀집 지역 중 가장 먼저 시작하였고, 2단지를 재건축한 래미안블레스티지가 입주했고 3단지를 재건축한 디에이치아너힐스가 2019년 8월 입주합니다.

이 외에도 재건축 중이거나 추진될 아파트들이 많고, 추진될 아파트들은 평당 1억 3,000만 원 전후로 거래되는 상황입니다.

개포지구 재건축단지 위치도

주변 재건축단지들까지 모두 완료 후에는 강남구를 대표하는 명품 주거지역이 되어있을 곳입니다. 지금은 대부분 저층

개포동 대모산

개포주공과 뒤로 보이는 타워팰리스

아파트로 이루어져 있지만 재건축 후에는 고층아파트가 들어서고, 상업시설들도 개발될 것이기 때문입니다.

과거 개포동은 강남구에서도 차별받는 입지였습니다. 그래서 개포동을 '개도 포기한 동네'라고 비하하기도 했었지요. 하지만 이제 개포동은 최고 인기 주거지가 되었습니다. 대한민국 아파트 시세의 정점을 찍고 있어 이제는 '개도 포르쉐 타는 동네'라고 합니다.

공원 등 생활편의시설들도 필요한 정도만 적당히 있고, 살고 계신 분들도 여유가 있어서 번잡스러운 환경을 싫어하시는 분들께는 이만한 주거지가 또 없는 것 같습니다. 지하철로는 분당선 구룡역, 개포동역, 대모산입구역, 대청역을 이용할 수 있습니다.

동네이야기 10. 개포동과 함께 가치 상승 중인 일원동

일원동(逸院洞)이라는 지명은 숨어있는 마을이라는 뜻이라 합니다.

실제 위치적으로도 북쪽의 탄천, 남쪽의 대모산이 포근히 에워싸고 있어 편안해 보입니다.

이런 자연환경 때문에 강남구에서는 유일하게 확장 가능성이 없는 고립(?)된 지역입니다. 그런

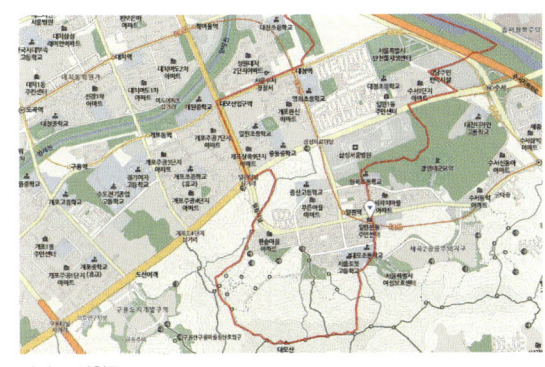

강남구 일원동

점 덕분에 빽빽한 강남에서 벗어난 것처럼 느껴져, 분위기 자체도 다른 강남권 지역과 뭔가 다른 느낌이 있는 동네입니다.

호텔식 고객서비스라는 개념을 처음으로 적용한 국내 병원 중 1, 2위를 다투는 삼성서울병원이 일원동에 있습니다. 그 외에도 문화재 등 선호 시설들을 두루 갖추고 있으니, 실제 있을 건 다 있는 지역이라고 할 수 있겠네요. 지하철로는 3호선 대청역, 일원역과 분당선 대모산입구역, 대청역을 이용할 수 있습니다.

삼성서울병원

강남 탄생의 비하인드 스토리

모든 상품에는 브랜드가 있습니다. 그 브랜드의 가치가 상품 자체의 가치로 인식되곤 하지요. 부동산을 상품으로 보자면 그 가치는 해당 부동산이 속한 곳으로 판단이 될 터이고, 강남구는 동 하나하나의 가치가 높기 때문에 우리나라 대표지역이 된 것이 아닐까 합니다. 타 지역에 거주하는 분들도 동 이름 정도는 대부분 알고 있을 정도니까요.

탄생한 이래로 늘 최고의 프리미엄을 누려 온 강남은 업무시설, 교통 편리성, 상업시설, 한강 선호도 측면에서 부동산의 모든 것을 갖춘 지역이며, 삼성동 종합개발계획만으로도 꾸준히 가장 주목받는 지역이 될 것입니다.

그러나 강남이 지금의 위치에 있기까지는 그리 긴 시간이 소요되지 않았습니다. 1960년대까지 사람들은 서울 강북에 집중되어 있었고, 강남은 그야말로 허허벌판이었으니까요. 1970년대의 박정희 정부가 강남개발을 시작했지만, 개발 초기에는 기득권을 가진 세력들이 꿈쩍도 하지 않았습니다. 모든 것이 다 갖추어져 있던 강북을 떠날 이유가 없었으니까요.

그래서 정부는 여러 가지 유인책을 활용하게 되는데, 먼저 강북의 경기고·중동고·휘문고·서울고 등 유명 학교들을 강남으로 강제 이전했습니다. 강남을 개발하는 동안 강북에는 신규 업무, 상업, 주거시설 개발을 법으로 막기도 했고요. 심지어는 강남의 유흥업소에 세금면제 혜택을 주는 기발한 정책까지 사용했습니다. 그야말로 채찍과 당근을 적절히 사용한 덕분에 오늘날의 강남이 만들어진 것입니다.

이처럼 정부든 기업이든 어떤 목적을 가지고 정책을 펼친다면 반드시 일관적인 노력이 전제되어야 합니다. 강남개발의 성공사례를 통해 알 수 있듯이 무엇이든지 꾸준히 한 방향으로 추진하다 보면 결국에는 변화가 온다는 것을 배우게 됩니다.

그런 관점에서 보면, 정권마다 방향이 달랐던 정책은 부동산 시장을 더 혼란스럽게 할 수도 있습니다. 정권의 이익보다 시장과 시민들의 이익이 먼저 고려되는 방향성 있는 정책이 추진되길 기대해 봅니다.

강남 투자, 아직 늦지 않았다

1960년대의 강남은 농사짓는 사람 외에는 전혀 관심이 없는 땅이었습니다. 1970년대 들어 강남 개발을 시작했지만, 정부의 강압적인 추진으로 대부분의 서울 시민들도 반발했었습니다. 1980년대는 신사, 압구정, 대치, 역삼동을 제외하고는 개발 중인 땅이 대부분이었고, 1990년대에는 몇몇 유명 아파트 단지와 상업시설들만 관심을 받았습니다. 더군다나 IMF도 겪었고요.

그 대폭락 시기에 우리는 과연 무엇을 하고 있었을까 생각하게 됩니다. 2000년대에 들어시며 강남이 황금기를 맞이하고 우리나라 최고의 지역으로 인정받게 됐지만, 당시만 해도 강남엔 평당 1,000만 원이 안 되는 아파트가 수두룩했습니다.

지금은 이런 사실을 알고 있으니 '과거로 돌아가면 당연히 기회를 잡겠다'라고 하시겠지만, 그 당시 강남에 투자하기는 그리 쉽지 않았습니다. 그러나 재밌는 것은 자의든 타의든 간에 어쨌든 정부정책을 따라 강남에 투자하신 분들이 결국 오늘날의 부를 이루었다는 것이죠. 우리는 과거를 통해 교훈을 얻습니다. 강남 진출을 희망하면서도 지금은 이미 늦었다고 생각하신다면, 이 부분을 다시 한번 곰곰이 생각해 보시길 바랍니다.

'강남불패'는 그냥 생긴 말이 아닙니다. 앞으로도 계속 굴곡이 있겠지만 여러 단계 도약할 수 있는 저력이 있는 곳이고요. 철저한 수익분석을 통해 접근한다면 강남만큼 확실한 곳은 없습니다. 결코 늦었다고 후회할 필요가 없습니다. 그렇다고 묻지마 투자를 하라는 이야기는 아닙니다. 5년 후, 10년 후의 청사진을 보며 의사결정을 해야 한다는 것이지요.

강남의 혜택을 받을 수 있는 지역이 어디인가에 대해서도 눈여겨봐야 합니다. 서울의 교통망 체계는 결국 강남과 얼마나 닿을 수 있느냐 하는 노력의 결과입니다. GTX 3개 노선 중 2개 노선이 삼성동을 지날 예정이며, 서울 경전철 중 위례신사선이 추가될 예정입니다.

풍수 이야기

강남의 주 도로인 테헤란로는 빽빽한 빌딩 숲으로 이루어져 있습니다. 포장도로와 많은 자동차들로 공기가 탁할 수밖에 없는 이곳에 도시의 허파 역할을 하는 선정릉이 있습니다.

선정릉의 선릉은 성종, 정릉은 중종의 능입니다. 두 분 모두 조선 전기 황금기를 이어간 임금들로 지금까지도 좋은 영향을 미치고 계십니다. 선정릉에서 뿜어져 나오는 맑은 공기와 기운이 이 지역을 활성화하는데 큰 역할을 하고 있다고 보거든요.

그렇기에 무조건적인 개발보다는 주변 환경을 고려한 개발계획이 우선적으로 고려되어야 하는 것입니다. 특히나 앞으로 도심재생이 많아질 서울은 녹지공원 확보가 반드시 이루어져야 하고요. 이런 환경적인 고려가 되어있는 부동산을 선택하는 것이 바람직하다 하겠습니다.

도심 한가운데의 선정릉

지역분석 레시피

📍 인근에 하천이 있다면 주목하세요!

강남구의 북쪽으로는 한강이, 서쪽으로는 탄천이, 남쪽으로는 양재천이 있습니다. 한강 프리미엄은 더 말씀드리지 않아도 될 것 같고요. 탄천과 양재천도 함께 고려해 보시기 바랍니다. 특히 양재천은 과거엔 매우 더러운 하천으로 유명했습니다.

그러다 1990년대 중반부터 생태형 하천으로 복원공사를 하면서 현재처럼 보기에도 아름답고, 주민 만족도가 매우 높은 지역의 자랑거리로 재탄생하게 된 것이지요. 대치동과 도곡동, 개포동이 주거지로 인기가 많은 이유 중 하나가 바로 양재천입니다.

📍 정부가 작정하고 추진하는 정책은 꼭 눈여겨보세요!

대부분의 정부정책은 정권이 바뀔 때마다 수시로 변경됩니다. 임기 중에도 시장의 반응이나 여론을 고려하여 정부정책을 수정하기도 하죠. 그러나 그중에서 정부가 사활을 걸고 추진하는 정책은 변경하지 않고 그대로 추진되는 경향이 있습니다.

이명박 정부의 4대강 사업이나 보금자리주택 사업의 경우도 이러한 케이스였죠. 정부가 자존심을 걸고 추진한 정책이었기 때문에 국민적인 반대에도 불구하고 강행했던 것입니다.

문재인 정부에서도 적극 추진하는 정책들은 반드시 실현될 것이라는 점을 예측할 수 있겠죠? 3기 신도시, 광역교통망, 예비타당성조사 면제 사업 등은 100% 추진이 되지는 않겠지만 틀림없이 참고는 해야 합니다.

양재천과 뒤로 보이는 우면산

주목해야 할 재개발 · 재건축 레시피

2018년 집값 상승을 이끌던 강남권 재건축 시장은 재건축 초과이익 환수제가 부활된 가운데 종합부동산세 산정 기준인 공시가격도 인상된 국면에 처해 있습니다. 더욱이 박원순 서울시장이 강남권 재건축 아파트에 대해 당분간 인허가를 내주기 어렵다고 언급하면서 사업 초기 단계인 강남권 노후 아파트 사업 속도는 더딜 것으로 예상됩니다.

하지만 언제까지 재건축에 대한 규제를 막을 수만 없을 테지요. 따라서 옥죄고 있는 재건축 규제가 해제되면 다시 집값이 오를 가능성이 매우 크다고 볼 수 있습니다.

동	재건축단지명	준공연월	총세대수	예정세대수	시공사	현재 단계 (19년 6월 기준)
개포동	경남1차	1984.03	408			기본계획
개포동	우성3차	1984.12	405			기본계획
개포동	주공1단지	1982.06	5,040	6,642	현대건설(주) HDC현대산업개발(주)	이주/철거
개포동	주공4단지	1982.11	2,840	3,256	GS건설(주)	이주/철거
개포동	주공고층5단지	1983.12	940	1,336		구역지정
개포동	주공고층6단지	1983.11	1,060			구역지정
개포동	주공고층7단지	1983.12	900			구역지정
개포동	현대1차	1984.04	416	823		구역지정
대치동	개포우성1차	1983.12	690			안전진단
대치동	개포우성2차	1984.12	450			안전진단
대치동	선경1,2차	1983.12	1,034			안전진단
대치동	쌍용1차	1983.03	630	1,155		사업시행인가
대치동	쌍용2차	1986.12	364	620	현대건설(주)	사업시행인가
대치동	우성1차	1984.01	476	755		조합설립인가
대치동	은마	1979.07	4,424		삼성물산(주) GS건설(주)	구역지정
대치동	한보미도맨션1차	1983.01	1,204	3,861		안전진단
대치동	한보미도맨션2차	1984.11	1,232			안전진단
도곡동	개포럭키	1986.01	128	157		추진위

도곡동	개포우성4차	1985.12	459			안전진단
도곡동	개포한신	1985.12	620	910		조합설립인가
도곡동	삼익	1983.06	247		삼성물산(주)	추진위
도곡동	삼호	1984.01	144	340		조합설립인가
삼성동	상아2차	1981.11	478	679	삼성물산(주)	착공
삼성동	진흥	1984.07	255			기본계획
삼성동	홍실	1981.08	384	419	대림산업(주)	관리처분계획
압구정동	구현대1차	1976.06	480	4,536		추진위
압구정동	구현대2차	1976.06	480	4,536		추진위
압구정동	구현대3차	1976.11	432	4,536		안전진단
압구정동	구현대4차	1977.05	170	4,536		안전진단
압구정동	구현대5차	1977.12	224	4,536		추진위
압구정동	구현대6차	1978.01	728	4,536		추진위
압구정동	구현대7차	1979.05	560	4,536		추진위
압구정동	대림아크로빌	2004.02	56	4,536		추진위
압구정동	미성1차	1982.07	322	3,712		안전진단
압구정동	미성2차	1987.12	911	3,712		안전진단
압구정동	신현대	1982	1,924	3,712		안전진단
압구정동	한양1차	1977.12	936	3,576		추진위
압구정동	한양2차	1977	296	3,576		안전진단
압구정동	한양3차	1978.12	312	3,576		안전진단
압구정동	한양4차	1978.12	286	3,576		안전진단
압구정동	한양5차	1980.06	351	3,576		안전진단
압구정동	한양6차	1981.01	228	3,576		안전진단
압구정동	한양7차	1981.06	239	3,576	삼성물산(주)	조합설립인가
압구정동	한양8차	1984.04	90	3,576		안전진단
압구정동	현대8차	1981.04	515	3,576		안전진단
압구정동	현대빌라트	1996	19	4,536		추진위
압구정동	현대사원(10차,13차,14차)	1983	766	4,536		안전진단
역삼동	개나리4차	1979.02	264	499	HDC현대산업개발(주)	관리처분계획
일원동	개포한신	1985	364	534		조합설립인가
일원동	대우	1983.12	110	173	현대건설(주)	이주/철거
청담동	삼익	1980.05	888	1,090	롯데건설(주)	관리처분계획
청담동	진흥	1984.07	375			기본계획

〈강남구 재개발·재건축 진행 상황〉

MEMO

| 여덟 번째 이야기.

강북이었다가
섬이 되었다가
강남이 된 송파구

강남권이 아닌 강남권

보통 강남권이라고 하면 어디를 지칭하는 것일까요? 지역별로 저마다의 의견들이 있지만 매스컴에서 보통 강남구, 서초구, 송파구를 강남 3구라고 일컫는 것을 보면, 이 3개 구가 강남권으로 인식되는 것 같습니다.

그러나 일부 강남구민들은 강남권에 송파구가 포함되지 않는다고 주장합니다. 송파는 그 태생부터 강남이 아니었고, 생활 수준도 많이 다르다면서 말이죠. 하지만 송파구가 강남권에 포함되는지 아닌지를 떠나, 최근 이곳에서 일어나는 변화의 모습들을 살펴보면 송파는 이제 진정한 강남권이라 해도 충분합니다.

송파구는 서울시 25개 구 중에서 인구가 가장 많습니다. 2018년 통계 기준으로 66만 명 정도로 2위인 강서구에 비해 7만 명이 더 많으며, 종로구, 중구 대비 4배 정도가 됩니다. 인구가 많다는 것은 면적도 넓지만 그만큼 수요가 많다는 뜻이기도 합니다. 이는 강남 3구에 대한 열망이 얼마나 높은지를 보여줍니다.

잠실은 원래 강북에 있었다?

송파구 탄생의 비밀을 하나 알려드릴게요. 송파구의 대표지역인 잠실은 사실 불과 30여 년 전까지만 하더라도 강남이 아닌 강북지역에 속해있었습니다. 앞서 '송파는 강남이 아니다'는 주장을 뒷받침하는 근거가 되는 부분이죠.

「조선지형도」속 잠실

이게 끝이 아닙니다. 조선시대 후기 고종 때의 기록을 살피면, 잠실은 지금의 광진구 자양동에 붙어있는 육지였다는 내용이 있습니다. 그러던 1900년 즈음의 어느 날, 큰 홍수로 인해 잠실이 강 한가운데 있는 섬이 되어버리게 됩니다.

일제강점기 시절에 제작된 『조선지형도』에서도 이 사실을 확인할 수 있는데요. 지도를 보시면, 신천리와 잠실리를 에워싸고 있는 모래사장이 있습니다. 그림의 한강 폭도 매우 좁고요. 이렇게 잠실은 북쪽은 한강, 서쪽은 탄천, 동쪽은 성내천이 흐르는 섬이 되어버렸는데, 그나마 시간이 흐르면서 북쪽이 서서히 침식되어갑니다.

그러다 결국 1970년대 초반에 아예 남쪽 물길을 막아 육지화를 해버리고, 한강정비사업을 통해 모래사장을 다 걷어내며 강폭을 넓히게 되었습니다. 그 덕분에 잠실도, 그리고 한강도 지금의 모습을 갖추게 된 것입니다.

한편 그때 막은 탄천의 물길 중 하나가 석촌호수인데요. 육지화공사 초기에는 쓰레기가 버려지고 물이 썩어가던, 버려진 호수에 불과했습니다. 그러던 곳이 1980년대의 대대적인 정비와 롯데월드의 완공을 거치며 완벽한 호수공원으로 탈바꿈이 된 것이죠.

원래 강북이었다가 섬이 되었고, 섬이었다가 다시 강남이 된 잠실.
우리 후대에도 이런 변화를 보이는 지역이 또 있을지 문득 궁금해집니다.

송파구의 연혁

이런 우여곡절을 겪은 잠실은 결국 송파의 품에 안기게 되는데요. 사실 송파는 강남이 한 수 아래로 볼 정도로 만만한 지역이 아닙니다. 역사로만 보아도 서울에서 가장 오랜 연혁을 가진 지역이니까요.

약 2,000여 년 전 백제의 도읍지였으며 그 증거로 송파구 풍납동, 방이동, 석촌동 등에는 아직도 백제유적지가 많이 남아있습니다. 송파구는 이런 역사를 매우 자랑스럽게 여기고 있으며, 대외적으로 알리기 위해 매년 백제문화제를 대규모로 성대하게 치르고 있습니다.

이렇게 송파는 강남 3구 중 가장 오래되기도 했지만 가장 젊은 곳이기도 합니다. 1988년 강동구에서 분리되면서 생긴, 서울의 25개 구 중 막내이니까요. 이 당시 한국이 비약적으로 발전하는 계기가 된 서울올림픽을 거치며 송파도 함께 눈에 띄는 성장을 보여주게 됩니다.

송파의 기폭제, 롯데월드

그러나 현재의 송파가 있기까지는 올림픽보다 1989년의 롯데월드 완공이 더 큰 역할을 했다고 평가하고 싶습니다. 많은 사람이 찾는 곳의 부동산 가치는 지속적으로 상승하기 마련입니다. 그 부동산의 높아진 가치는 당연히 가격에 반영이 될 것이고요. 그래서 부동산 가격을 통해 해당 지역의 집객력을 가늠할 수 있는 것입니다. 롯데월드 완공 당시 이 지역 부동산 가격이 순식간에 최소 평당 100만 원 이상 올랐으니, 롯데월드가 올림픽보다 더 큰 역할을 했다고 해도 되지 않을까 싶네요.

롯데월드 모습

잠실개발지역

또한 집객력을 평가하는 간접 척도로 교통혼잡을 유발하는 시설물에 대해 부과하는 교통유발부담금이 있는데요. 현재는 영등포 타임스퀘어와 서초동 센트럴시티가 각각 1, 2등을 하고 있지만, 이들이 완공되기 전까지는 거의 20년 동안 롯데월드가 압도적으로 1위를 차지했었습니다. 그만큼 집객 효과가 컸다는 것입니다. 이렇게 활성화된 상업시설이 있는 지역은 대부분 시세가 높게 형성되어 있습니다. 주거든 상업시설이든 말이죠.

송파에 살고 있는 지인이 있는데, 롯데 신격호 회장님을 보게 되면 꼭 고맙다고 말씀드리라고 가끔 우스갯소리를 합니다. 123층 롯데월드타워가 준공된 지금, 잠실주공5단지가 복합단지로 밸류 업이 되고 장미, 진주, 크로바, 미성, 우성1·2·3·4차, 아시아선수촌 아파트들이 재건축을 완료할 때마다 또다시 잠실은 물론 송파구의 가치가 올라갈 테니까요.

동네 이야기 1. | 시대를 앞서간 기획 잠실동

송파의 동네 이야기는 롯데월드가 있는 잠실부터 시작하도록 하겠습니다. 잠실에는 반포지구와 함께 1970년대 주거문화를 이끌던 잠실주공 1~5단지가 있습니다.

이 잠실주공은 최초로 단지 내 생활편의시설을 함께 공급했습니다. 단지 사이사이에는 관공서, 학교, 상가, 병원 등을 배치하고, 중앙에는 대형 중앙공원을 배치하는 당시로써는 굉장히 파격적인 기획이었습니다. 기가 막힌 입지에 현대적으로 시공된, 시대를 앞서간 단지로 반포지구와 함께 1970년대 주거문화를 이끌었지요.

지금은 1단지부터 4단지까지 엘스, 리센츠, 트리지움, 레이크팰리스라는 브랜드로 재

주공1단지가 재건축된 엘스

주공3단지가 재건축된 트리지움

주공4단지가 재건축된 레이크팰리스

주공5단지의 모습

건축되어 모두 입주를 마친 상태입니다. 이 4개 단지는 전세가 급등의 사례로 매스컴에 종종 언급되곤 합니다. 강남구나 서초구의 인기 아파트 시세와도 유사합니다. 한편 유일하게 원형 그대로 남아있는 5단지도 이제 곧 재건축이 시행될 예정입니다.

송파구 잠실동

특히 잠실주공5단지는 일반 주거지로만 개발된 1~4단지와 다르게 상업지로도 활용할 수 있는 복합 형태로 개발될 것이기에, 훨씬 높은 부가가치가 기대되는 단지입니다. 5단지 대각선 방향에 운영 중인 123층 롯데월드타워가 서로 시너지 효과를 내며 송파를 넘어 서울의 대표적인 랜드마크가 될 곳입니다.

주공2단지가 재건축된 리센츠

트리지움과 레이크팰리스 야경

아울러 아시아선수촌과 우성1·2·3·4차 아파트도 재건축을 준비하고 있구요. 1986년에 치러진 아시안게임의 선수촌으로 활용되다가 일반에 분양된 곳으로, 국제공모전을 통해 당선된 작품으로 설계되었다는 독특한 이력을 갖고 있습니다. 설계 내용은 인도와 차도를 구분 배치하고 1층을 비우는 필로티 구조로 건설하는 것으로써, 요즘 짓는 아파트들의 초기모델인 셈입니다.

송파구에서도 압도적 1위인 잠실은 평당 3,000만 원을 넘은 지 오래되었습니다. 교통 부분에서는 2호선과 8호선 더블역세권으로 잠실 환승센터와 광역 버스망이 잘 갖춰져 있습니다. 상권으로는 롯데월드타워가 있어 대한민국 최고의 유통단지이며 강남역 못지않게 지하상가 역시 매우 활성화되어 있습니다. 교육환경은 강남구에는 못 미치지만, 대한민국 최고 위상의 학교들이 모여 있고 삼전동 학원가와 대치동 학원가를 가까이 이용할 수 있습니다. 한강 둔치와 석촌호수로 환경 쾌적성도 손에 꼽힙니다.

미래 잠실은 대한민국에서도 독특한 위상을 갖게 될 겁니다. 거대한 스케일의 롯데타운과 명품 주거시설, 그리고 종합운동장과 야구장을 갖춘 종합 스포츠타운으로 대표될 테니까요. 그것도 그리 머지않은 미래에 기대되는 일들입니다.

| 동네 이야기 2. | **잠실학원사거리가 있는 삼전동**

삼전도의 굴욕, 역사 시간에 들어보신 적이 있으시죠? 1636년 병자호란 당시 청나라에 쫓겨 남한산성으로 피난한 인조가 이듬해 청나라 태조에게 무릎 꿇고 항복한 사건입니다.

이 삼전도가 현재의 송파구 삼전동 지역이지요. 이후 이를 설욕하기 위해 조선 선비들이 열심히 학문에 매진했다고 전해집니다.

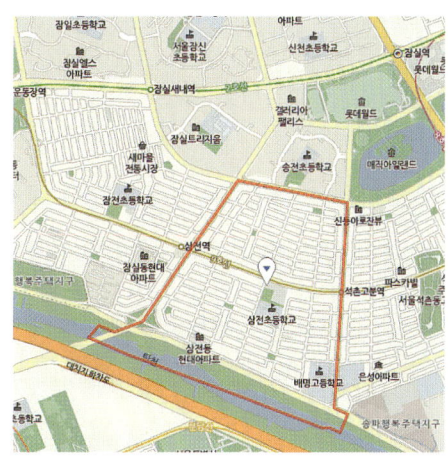

송파구 삼전동

그래서인지 묘하게도 현재 삼전로 주변에는 대치동만큼 활성화된 학원가가 있습니다. 특히 건너편에 3·4단지를 재건축한 트리지움과 레이크팰리스가 있는데, 이들의 입주시점과 동시에 집중적으로 학원가가 형성되었습니다. 도로 이름도 잠실학원사거리입니다.

삼전동에서 주로 볼 수 있는 다세대주택

삼전동은 대부분 4층 이하의 상가주택과 다세대로 빼곡히 구성된 곳인데요. 그래서 소형 생활편의시설들과 업무시설이 많습니다.

● 삼전도는 한강나루의 이름이었는데, 이를 통해 잠실이 섬이었다는 것을 다시 한번 확인하게 되네요.

| 동네 이야기 3. | # 백제유적지의 천국 석촌동과 송파구의 중앙 송파동 |

송파구 석촌동   송파구 송파동

풍수적으로 보자면 당시 지배층들의 무덤은 명당에 자리 잡았습니다.

한 지역에서 그런 무덤 유적이 89개나 발견되었다면, 그 지역은 충분히 명당이라 할 수 있겠죠? 바로 석촌동이 그렇습니다. 한마디로 백제유적지의 천국이라 할 수 있는데요.

북쪽에는 석촌호수가, 중앙에는 고대 적석총 유적지가 있습니다. 분위기는 대체로 삼전

적석총 유적지

일반 주택이 많은 송파동의 모습

동과 비슷하며 지하철 8·9호선 석촌역과 9호선 석촌고분역을 이용할 수 있습니다. 특히 9호선 개통 이후 지역이 활성화되어 이전과는 완전 달라지기도 했습니다.

송파동은 송파구의 중앙에 있습니다. 과거에는 송파나루터가 있던 곳으로 잠실 매립 이전에 메인 나루터 역할을 했었고, 우시장 상권이 크게 형성되기도 했습니다.

현재 북쪽으로는 석촌호수가 있으며 다세대주택과 소형빌딩의 중소주거시설과 업무시설들이 집중되어 있습니다. 반면 남쪽으로는 아파트 단지와 교육시설들이 집중되어 있고요. 지하철로는 8호선의 석촌역과 송파역을 이용할 수 있습니다. 석촌동과 송파동은 유난히 단독주택, 연립주택, 다가구, 다세대가 많은 송파의 대표적인 중소주거지입니다. 특히 9호선이 개통된 이후 인기 주거지로 변신하고 있죠.

| 동네 이야기 4. | **국내 최대 아파트 단지가 있는 신천동** |

잠실동과 잠실대교를 바로 마주 보고 있는 신천동은 그냥 잠실동과 같은 권역이라고 봐도 무리가 없습니다. 잠실처럼 강북 태생이고요. 잠실주공만큼 유명한 진주아파트, 장미아파트 등이 있습니다. 평당 3,000만 원이 넘는 단지들이 계속 생겨나고 있으며 곧 재건축이 진행될 예정이고요. 이전과는 완전 다른 위상의 지역이 될 것입니다.

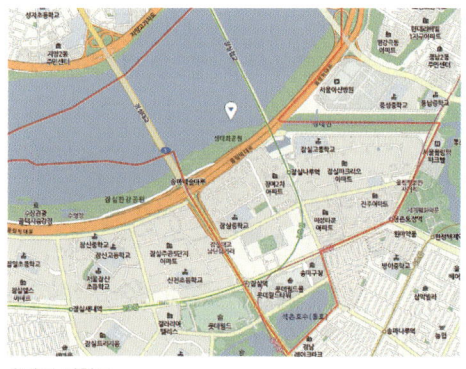

송파구 신천동

그러나 현재 신천에서 가장 유명한 단지는 잠실시영아파트를 재건축한 파크리오입니다. 단일 단지로는 국내 최대 6,864세대 규모로 대형할인점과 삼성SDS 등의 좋은 기업체들이 있고, 한강시민공원과 올림픽공원이 지척에 있어 이용이 매우 편리합니다. 무엇보다 2호선의 잠실역과 잠실나루역, 8호선의 잠실역과 몽촌토성역이 이용 가능하며 주거지역으로는 좋은 조건을 갖추었다고 평가됩니다.

신천동 진주아파트

파크리오아파트

| 동네 이야기 5. | ## 초기 백제의 거주지 풍납동 |

송파구 풍납동

송파의 북쪽은 잠실, 신천, 풍납동의 3개 동으로 구분할 수 있습니다. 그중 풍납동은 나머지 두 지역과 다른 특성이 나타나는 곳입니다.

원래 강 위의 섬이였던 잠실과 신천은 모래 위주의 토양이지만, 태생이 육지인 풍납동은 진흙과 찰흙 위주로 매우 뛰어난 토질을 자랑합니다. 그래서 초기 백제의 거주지로 활용되었고 도자기, 기와, 옹기들이 많이 생산되었습니다.

이렇게 토질이 좋은 곳에서는 양질의 기운이 뿜어 나오기 때문에, 좋은 공기 등 환경에 민감한 아토피가 있는 분들에게 특히 추천해 드리는 지역입니다.

뿐만 아니라 우리나라 세 손가락 안에 드는 서울아산병원도 풍납동에 있습니다. 울산대학교 부속병원으로 모기업 현대의 지원 덕에 규모나 의료시술, 첨단시설 수준이 뛰어납니다.

이렇게 유명한 대형병원은 그 지역에 큰 프리미엄을 안겨주게 되는데요. 특히나 경제적으로 여유롭고 연세 있으신 분들에게는 무엇보다 병원이 가장 필요한 생활편의 시설이기 때문입니다. 지하철로는 8호선의 강동구청역과 천호역, 5호선의 천호역을 이용할 수 있습니다.

서울아산병원

동네이야기 6. 올림픽 공원만으로도 명품 방이동

방이동, 참 좋은 동네죠. 개인적으로 실거주를 검토했던 동네 중 한 곳이기도 합니다.

아침에는 올림픽공원에서 가볍게 산책을 하며 하루를 시작하고요. 일정이 여유로운 날에는 성내천을 따라 한강시민공원까지 유유히 걷거나, 올림픽공원이 보이는 카페에서 커피를 음미하며 마음껏 독서를 하는 거죠.

송파구 방이동

주말에는 아이들과 함께 올림픽공원에서 맘껏 뛰어 놀고, 햇빛 쨍쨍한 날에는 아이들과 손잡고 한성백제문화관에 가서 역사 공부를 하고요. 상상만 해도 흐뭇한 미소가 지어지는 참 좋은 동네입니다.

게다가 5,000세대가 넘어 향후 10년간 관심을 받을 올림픽선수촌아파트를 비롯하여 주상복합, 단독주택, 다세대, 다가구, 원룸, 오피스텔에 이르기까지 그야말로 모든 주거형태가 다 갖춰져 원하는 대로 골라 살 수 있습니다. 또한 북쪽으로는 숙박촌이 형성되어 있고, 바로 옆엔 대규모 먹자골목도 갖추어져 있어서 관광지로도 활용도가 높은 지역이기도 합니다.

올림픽공원의 정문과 토성길 모습

한편 잘 알려지지 않은 명소인 성내천도 있는데요. 바로 이 성내천이 청계천 복원에 영감을 준 곳입니다. 하지만 형만 한 아우 없듯이, 청계천과 비교도 되지 않을 만큼 제대로 복원되어 있어 여름에는 아이들과 함께 물장구치면서 놀 수도 있습니다.

5호선의 방이역과 올림픽공원역, 8호선의 잠실역과 몽촌토성역, 2호선의 잠실역이 있어 교통편도 아주 좋습니다. 9호선 3개 역이 개통되어 방이동의 접근성을 더 좋게 해주었습니다.

성내천을 즐기는 시민들의 모습

| 동네 이야기 7. | # 송파구의 숨은 강자 가락동 |

가락동은 '가히 살기 좋은 땅'이라는 의미를 지니고 있습니다. 그만큼 이곳은 매우 좋은 입지입니다. 옛날 윗동네 송파동에 홍수 피해가 잦아, 그곳에 살던 사람들이 가락동으로 내려와 정착해서 살았다고 전해지는데요.

신석기, 청동기시대의 유적까지 많이 발견되는 것으로 미루어보면 기원전에 이 땅에 살던 선조들도 그 가치를 인정했을 만큼 좋은 거주지역이 아니었을까 추측하게 됩니다.

송파구 가락동

현재 송파에서 가장 뜨거운 잠실동만큼이나 만만찮은 관심을 받는 곳으로, 가락시영아파트가 재건축된 헬리오시티와 농수산물종합유통센터가 있는 동네입니다.

헬리오시티

먼저 헬리오시티는 강남권 재건축을 대표하는 주요 단지 중 하나입니다. 최근 몇 년 동안 송파구 지역의 아파트 매매가가 상승한 주된 이유가 바로 헬리오시티의 파급력 때문이었습니다. 송파구뿐만 아니라 성동구와 광진구에까지 그 여파가 미쳤습니다. 앞으로도 송파구 가격의 지침이 될 것으로 예상합니다. 그만큼 1만 세대급 아파트의 탄생과 입주는 부동산 시장에 영향력이 막대합니다.

리뉴얼이 진행 중인 농수산물종합유통센터는 대한민국 최대 규모를 자랑하는 곳입니다. 과거 낙후된 농수산물유통시설의 근대화와 유통체계의 구조를 개선하기 위해서는 대규모 농수산물유통센터가 필요했습니다. 따라서 송파동의 전통 우시장 상권과 연계하여 당시에 개발이 많이 되어 있지 않았던 가락동에 종합농수산물유통시설을 설치하게

리뉴얼 중인 농수산물종합유통센터

오피스타운의 모습

된 것입니다.

　가락동의 가장 큰 입지적 장점은 근방에 지하철역이 매우 많다는 것입니다. 3호선의 가락시장역과 경찰병원역, 오금역 그리고 5호선의 오금역과 개롱역, 8호선의 송파역과 가락시장역까지 이용 가능하니까요. 편리한 교통을 이용하는 오피스타운도 대거 들어선 상태입니다.

동네 이야기 8. | 동서로 개발되는 문정동

　문정동에는 문정로데오거리가 있고, 과거 올림픽선수촌아파트로 활용했던 대단지 훼밀리아파트도 있습니다. 한때 잠실을 제외하면 최초로 평당 2,000만 원을 넘은 문정래미안도 있고요.

　문정동은 동서로 개발 방향이 양분되어 있습니다. 동쪽은 이미 주거단지 위주로 개발이 꽤 이루어져 있고, 서쪽은 문정도시개발지역으로 여러 복합시설이 들어서 있으며, 업무지구에는 첨단기업들이, 법조단지에는 동부지방법원과 관련 기관들이 이전해 왔습니다.

송파구 문정동

훼밀리아파트 전경

문정래미안아파트

동남아유통단지 개발지

가든파이브

게다가 남쪽으로는 동남권 유통단지의 개발이 되어 가든파이브와 다양한 입무시설들이 입주를 마친 상태입니다.

서울에서 보기 드문 대규모 개발 호재가 문정동에 몰린 것은 위례신도시 등 미개발 택지 부지가 있는, 몇 안 되는 준강남권 입지이기 때문입니다. 사실상 서울에서 대규모 택지개발이 가능한 마지막 부지인 덕분에 가장 활기찬 지역으로 개발될 수 있었던 것입니다.

문정동 개발 계획

| 동네 이야기 9. | **송파구의 끝자락 거여동과 마천동** |

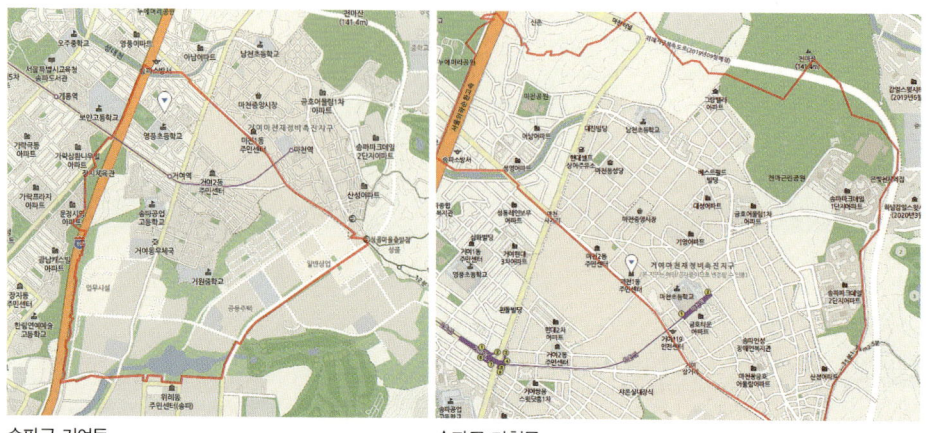

송파구 거여동   송파구 마천동

　송파구의 끝자락에 거여동과 마천동이 있습니다. 이곳은 외곽순환도로로 인해 송파구와 단절되어 강동구로 오인하는 분들도 많았고, 대부분 잘 모르시던 지역입니다.

　남한산성이 있는 남한산으로 막혀있어서 추가 확장 가능성도 편의시설도 별로 없고, 지역시설 수준도 평범한 지역이었죠. 그래서 강남권이라고는 할 수 없을 정도로 부동산 시세가 많이 낮았습니다.

　그러던 중 뉴타운으로 지정이 되며 일순간 사람들의 관심이 집중되는데요. 얼마 지나지 않아 지분 시세가 평당 6,000만 원을 넘으며 강남권 지역다운 위력을 보여주었습니다. 그러다 사람들의 관심이 재개발보다는 위례신도시로 쏠리면서, 거여마천뉴타운은 시세가 하락하기도 했습니다.

　하지만 거여동 몇몇 단지들이 재개발 분양을 시작하면서 최근 가장 이목이 쏠린 위례신도시와 선의의 경쟁을 펼치고 있기도 합니다. 재개발이 되면 송파구다운 가격대가 형성될 것으로 기대됩니다.

마천역 인근   거여역 인근

서울의 마지막이자 출발점인 송파구

송파구는 교통의 요지입니다.

도로 교통을 통해서 서울은 물론, 하남시, 성남시, 광주시, 남양주, 구리, 춘천까지도 1시간 이내에 갈 수 있고요. 지하철 교통여건도 아주 좋습니다. 특히 송파구에는 전철노선의 종점역이 많은데요. 오금역은 3호선의, 마천역은 5호선의 종점역입니다. 그래서인지 과거에는 송파구가 서울의 끝이라고 생각되곤 했는데, 최근 몇 년 동안에는 이제 완연한 중심지가 되었다는 느낌을 받습니다.

이러한 변화에는 서울, 그중에서도 특히 강남에 살고 싶어 하는 사람들의 바람이 반영되었을 것입니다. 그 희망이 강남의 확장 선상에 있던 송파의 개발을 불러왔고 결과적으로 공급을 창출하게 된 것이죠. 물론 서울에, 그것도 강남에 꼭 살아야 하는 것인가에 대해서는 다양한 의견이 있겠지만요. 많은 사람들이 그 지역을 희망하는 데에는 뭔가 이유가 있습니다. 그런 의미에서 송파구의 발전이 기존 강남권의 위상에 어떤 변화를 불러일으킬지 앞으로 그 모습을 지켜보는 것도 매우 재미있을 것입니다.

풍수 이야기

과거에는 국가의 수도를 보호하는 성이 있었습니다. 조선시대에는 사대문과 서울 성곽이, 백제는 몽촌토성과 풍납토성이 그 역할을 했는데요. 몽촌토성은 현재 올림픽공원이고, 풍납토성은 천호대교에서 올림픽대교에 이르는 한강 변이라고 생각하시면 됩니다. 이 두 토성이 발견되기 전까지 백제의 첫 수도가 정확히 어디쯤이었는지 알 수가 없었습니다. 학자들도 대략 하남시나 광주시 정도가 되지 않겠느냐 하고 예상했으니까요.

그러나 이 토성들의 발굴이 본격화되면서 백제의 수도가 송파구 지역이었음이 증명되었고, 이를 통해 방이동에 한성백제박물관을 만들게 되었습니다. 이 사실은 서울의 기원을 조선시대가 아닌 삼국시대로 앞당기게 되어 역사적으로도 매우 중요한 의미를 지닙니다. 무려 1,500여 년의 차이가 나니까요. 또한 송파가 한 나라의 도읍지였고, 내공이 상당한 땅이라는 것을 알 수 있게 됩니다.

송파구, 앞으로의 화려한 비상이 정말 기대되는 곳입니다.

몽촌토성

한성백제박물관

지역분석 레시피

📍 재건축, 재개발이 되는 지역의 인근 지역을 눈여겨보세요.
대한민국에 아파트 문화가 본격적으로 시작된 것은 1970년대입니다. 1970년대의 아파트 대부분은 재건축이 되었고, 1980년대 초반에 준공된 아파트들이 재건축을 추진하고 있는 상태죠. 당시 아파트들은 대부분 국가 주도로 진행된 대단지였다는 특징이 있는데요. 이런 대단지가 재건축으로 인해 집단 이주를 한다면, 당연히 그 주변의 시세가 출렁거릴 수밖에 없겠죠? 이런 현상은 재개발에도 마찬가지로 적용되므로, 공통적인 요소를 활용하여 부동산에 접근하는 것도 좋은 방법이 되겠습니다.

📍 롯데월드타워를 주목하자!
현재 국내에서 100층 이상 건물은 롯데월드타워밖에 없습니다. 현대자동차그룹의 글로벌비지니스센터 준공 전까지 당분간 우리나라의 최고 마천루가 될 이곳은 업무시설과 상업시설이기 때문에 집객효과가 큽니다. 핵심 시설 주변의 변화들을 상상해보세요.

📍 정부 정책에 대해 민감하게 반응하세요.
송파구 문정동의 가든파이브는 실패한 디벨로퍼 사례입니다. 청계천 복원 시 정부에서는 주변 공구상가들을 가든파이브로 옮기려 했습니다. 그러나 초기 기획과는 다르게 분양가가 높게 책정되어 청계천 상가의 임차인들이 거의 이주해오지 못했습니다.

정부 정책이 시장 상황과 여론에 따라 변경될 여지가 많다는 것을 최근 사주 경험하셨을 겁니다. 따라서 정책을 맹목적으로 받아들이면 나중에 큰 혼란을 맞이할 수 있다는 것을 기억하세요. 항상 사실관계를 파악하고, 변화의 가능성을 따져가며 호재에 보수적으로 접근하시기 바랍니다.

📍 확장 가능한 지역을 찾아보자고요!
송파구가 서울 내 유일한 확장 가능지역이었다고 말씀드렸습니다. 논밭 등의 미개발택지가 대규모로 있던 덕분에 유통단지, 법조단지 등의 동시개발이 가능했던 것입니다. 서울은 이미 포화상태로 이런 택지개발은 앞으로 거의 불가능하지만, 서울과 유사하면서도 이런 대규모 개발이 가능한 도시가 있지 않을까요? 확장이 가능한 지역의 부동산은 늘 잠재가치를 지니고 있어 훌륭한 기회가 될 것입니다.

현대자동차그룹 글로벌비즈니스센터   롯데월드타워

주목해야 할 재개발 · 재건축 레시피

강남의 유일한 뉴타운 지역인 거여·마천 뉴타운은 역세권에 위치하고 북위례 신도시와 인접해 있어 풍부한 미래가치로 주목받고 있습니다. 현재 이주 철거 중인 거여 2-1지구 재개발 사업지구와 거여·마천 재정비촉진지구는 5호선 거여역과 마천역이 가까운 역세권 지역인 만큼 높은 기대치가 형성되어 있습니다. 차량으로 서울외곽순환도로 진입이 수월해 서울, 수도권역 접근성도 아주 좋습니다.

동	구역	대지면적 (m²)	예정 세대수	사업유형구분	시공사	현재 단계 (19년 6월 기준)
거여동	거여2-1지구	98,454	1,945	주택재개발	롯데건설(주) 현대건설(주)	이주/철거
마천동	마천4구역	53,398	1,135	주택재개발		조합설립인가
마천동	마천3구역	133,830	2,367	주택재개발		추진위
마천동	마천1구역	171,798	2,685	주택재개발		추진위

재건축 아파트가 몰린 강남 4구(강남, 서초, 송파, 강동구) 중 송파구에서는 재건축 대장주로 꼽히는 잠실주공5단지를 특히 주목해서 볼 필요가 있습니다.

동	재건축단지명	준공연월	총세대수	예정세대수	시공사	현재 단계 (19년 6월 기준)
가락동	극동	1984.12	555	555		구역지정
가락동	삼환	1985.06	648	1,082		구역지정
가락동	프라자	1985.08	672	158		추진위
문정동	현대1차	1984.11	514	756		추진위
송파동	삼익	1984.12	936	1,650		추진위
송파동	한양2차	1984.11	744			추진위
신천동	미성	1980.02	1,230	1,888	롯데건설(주)	관리처분계획
신천동	장미1차	1979.01	2,100	4,100		추진위
신천동	장미2차	1979.01	1,302			추진위
신천동	장미3차	1984.08	120	4,010		추진위
신천동	진주	1980.04	1,507	2,670	삼성물산(주) HDC현대산업개발(주)	관리처분계획

신천동	크로바	1983.06	120	1,888	롯데건설(주)	관리처분계획
오금동	상아1차	1984.12	226			구역지정
잠실동	우성1,2,3차	1981.12	1,842	2,716		구역지정
잠실동	우성4차	1983.08	555	896		조합설립인가
잠실동	주공5단지	1978.12	3,930	7,198	삼성물산(주) HDC현대산업개발(주) GS건설(주)	조합설립인가

〈송파구 재개발·재건축 진행 상황〉

MEMO

Inch

국제도시로
변화 중인

Part.2

원조 대도시
인천

첫
번째
이야기.

인천 Intro편

원조 대도시 인천 이야기

어떤 지역이든지 몇 번 방문하게 되면 그 지역 동네들의 공통점이 대략적으로 파악되기 마련인데, 오히려 인천은 갈 때마다 차이점만 더욱 느끼게 됩니다.

같은 인천임에도 어떻게 이렇게 다를 수 있을까 싶을 정도로 동네마다 분위기가 다양하고 발전 속도도 천차만별입니다. 육지와 섬으로 분리되어 자연환경 자체가 다른 것은 논외로 치더라도, 인천에서 가장 앞선 양대 상권인 송도와 부평역에서도 공통점을 찾기가 어려웠으니까요.

딱 한 가지 공통점은 있습니다. 현재 인천의 위상은 서울이나 경기도보다 좋지 않다는 것이죠. 서울과 경기도 지역에 비해 더 위축된 느낌도 받았습니다. 특히 소위 인천지역 전문가라고 언급되는 분들이 더 그런 입장을 취하고 있었습니다. 오히려 일반 시민들이 내년은 올해보다 나을 것이라는 기대를 가지고 있었고요.

저는 어떤 지역이든 전문가의 전망보다는 그 지역에서 오랫동안 거주해 온 주민들의 체감경기를 더 신뢰하는 편입니다. 그런 의미에서 저는 인천의 미래를 지금보다 더 희망적으로 보고 있습니다.

인천의 역사

인천을 소개하며 그 제목을 '원조 대도시'라 지은 이유는 아주 간단합니다.

인천이 광역시 중 역사적으로 가장 오래된 형님이기 때문이죠. 이 지역이 우리나라 역사에 처음 등장하는 시점은 기원전으로 거슬러 올라갑니다.

인기 드라마였던 〈주몽〉의 마지막 편을 보면, 주몽의 친아들 유리왕에게 태자 자리를 양보한 비류와 온조가 엄마 소서노와 함께 새로운 제국을 꿈꾸며 한반도 남쪽 지역으로 떠나는 장면이 나오는데, 그때 비류와 온조가 처음 정착한 곳이 지금의 수도권입니다.

더 정확히는 온조는 지금의 서울 남동부인 위례성(현재 송파구)에, 비류는 지금의 인천에 정착을 해서 나라를 세우게 된 것이죠. 그 당시 인천의 명칭이 '미추홀'이었는데요. 이후 고구려의 지배를 받을 때는 '매소홀현', 신라가 지배할 땐 '소성현', 고려시대에는 '인주' 등으로 불리다가 조선시대에 인천이란 지명으로 바뀌어 지금까지 쓰게 되었답니다.

결국 서울에 정착한 온조는 백제의 시조왕으로 역사책에도 등장하게 되었지만, 비류는 인천 정착에 실패하여 변방에 머물게 되었습니다. 역사에 '만약'은 없지만 비류가 미추홀 정착에 성공했다면 인천 역사도 완전히 바뀌었을 겁니다. 지금도 미추홀민주공화국이란 나라가 있었을지도 모르고요. 물론 인천은 비류의 실패 이후에도 우리 역사에 끊임없이 등장했습니다. 대한민국의 중심지로서가 아닌 대부분 서울지역의 출입구 역할로 말입니다.

비록 한반도의 중심은 아니었지만 역사적으로 인천만큼 많이 언급된 지역도 드뭅니다. 삼국시대에는 고구려와 백제가 서울을 포함한 이 지역을 놓고 심한 쟁탈전을 벌였으며, 막판에는 신라까지 가세했습니다. 고려시대에도 강화를 중심으로 한 역사적인 사건들이 많았는데, 특히 국제교류는 인천을 빼고는 이야기할 내용이 거의 없을 정도입니다.

이때 인천을 경유하던 외국 무역상들에 의해 고려가 '꼬레아'라는 이름으로 세계역사에 등장하게 되기도 했지요. 이 말을 해외에 처음 전달한 것은 이슬람 국가들인데요. 당시 인천에는 지금의 차이나타운 같은 이슬람 자치 거주지도 있었습니다.

조선시대에는 군사적 요충지로서 큰 역할을 하며 국제적·정치적인 사건의 배경으로 역사책에 많이 등장합니다. 강화도조약, 제물포조약 등이

맥아더 장군 동상

이곳에서 체결되었으며, 우리나라의 개항도 이곳을 통해 이루어졌죠.

일제강점기에는 우리나라의 많은 자원이 유출되는 통로이기도 했으며, 많은 독립운동이 일어난 지역입니다. 해방 이후 한국전쟁의 향방을 바꾼 맥아더 장군의 인천상륙작전이 있기도 했습니다.

1970년 전후의 고속성장 시기에는 경인공단에서 우리나라 수출품 대부분이 만들어졌으며, 지금도 남동공단에서 수출되는 물량이 연간 20조 원이 넘습니다. 최근에는 인천항과 인천국제공항으로 우리나라 대표 교통도시가 되었고요. 송도·청라·영종 국제도시가 본격적으로 활성화될 때쯤에는 아마 서울만큼이나 유명한 국제도시가 되어있을 것입니다.

국제 허브 도시

정말 간단하게 인천의 역사를 쭉 훑어보았습니다.
한 지역에서 일어난 역사적인 사건들을 아시게 되면 그 지역의 현재를 이해하고 미래를 예측하는 데 큰 도움이 됩니다. 특히 인천은 역사를 통해 이 지역의 역할을 추적해 보는 것이 반드시 필요한 지역입니다.

한편 지금의 인천을 들어, 인천국제공항의 건설 이전은 특별히 평가할 필요가 없다는 전문가들이 있습니다. 물론 인천공항 운행 즈음에서 송도국제도시가 함께 개발되었고, 청라라는 신도시 개발도 추진됩니다. 그러나 이러한 논점의 근거는 인천이 인천국제공항으로 인해 비로소 국제적인 허브 역할을 하는 도시가 되었다는 것인데, 이는 옳지 않은 해석입니다.
앞서 살펴본 것처럼 이미 고려시대에도 국제무역의 장으로 활용되었기 때문입니다. 발전할 수밖에 없었던 입지이기에 공항이 들어서며 더욱 중요한 역할을 하게 된 것입니다.

인천의 신규개발지와 기존지역

인천만큼 역동적인 자연환경과 유수한 역사, 비약적인 발전을 경험한 지역은 없을 겁니다. 그래서 서울, 부산 다음으로 꼽히는 대도시가 될 수 있었던 것이죠. 하지만 참 이상하게도 인천은 물론 대구, 대전에 비해 주목을 받지 못할 뿐 아니라 다른 광역시들과 다르게 서울과 맞닿아 있는 입지임에도 불구하고, 부동산 가격이 상대적으로 저렴합니다.

이는 과거부터 쭉 그래왔습니다. 물론 송도국제도시 같은 특별한 지역은 논외로 하고요. 저는 그 이유가 인천이 삼국시대 이후로 단 한 번도 주도권을 가지지 못하고, 단지 서울로의 물류 운송을 위한 보조적 역할에 그쳤던 역사 때문이 아닐까 합니다.

지금까지 인천에서는 서울과의 연계성이 강한 지역만 상대적으로 부각을 받아왔습니다. 그러다 최근 여러 신규개발지역이 등장하게 된 것이죠. 이 신생지들은 기존 지역과는 다른 평가를 받고 있긴 하지만, 유구한 역사를 지닌 인천이란 도시 전체를 좌지우지할 정도로 영향력은 없습니다. 또한 인천은 서울을 보조하는 역할이 매우 크기 때문에, 기존 지역들도 꼭 눈여겨보셔야 한다는 것이 제 생각입니다.

송도국제도시 조감도

인천국제공항 조감도

　현재 인천은 신규개발지역과 기존 인천지역, 크게 두 개의 권역으로 나뉘어 있습니다. 이 두 개 권역의 경쟁 구도로 인천 이야기를 엮어갈 텐데요. 지역별로 워낙 역사가 다양하기 때문에 인천을 어떻게 보셔야 할지, 그 결론부터 먼저 말씀드릴까 합니다.

　먼저 신규개발지역입니다. 인천경제자유구역이라고도 통칭되는 송도·청라·영종 3개 지역으로, 그중 송도가 가장 먼저 주목을 받았습니다. 국제업무지구로 대표되며, 다양한 기업체의 입주뿐 아니라 대학교, 행정기관, 레저스포츠 관련 기관, 그리고 신항만이라는 대규모 시설의 개발이 예정되어 있습니다. 현재 인천 최고의 랜드마크 지역으로 독야청청하고 있으며, 앞으로 인천 내 타 지역과의 격차는 더 벌어질 것입니다.

　두 번째는 청라지구입니다. 금융·레저의 메카를 목표로 다양한 시설이 개발되고 있는데요. 특히 서울에 계신 분들이 많은 관심을 보였습니다. 아직은 아파트 위주로 개발되어 있지만, 일산 호수공원보다 더 큰 중앙공원을 중심으로 주거, 상업, 업무시설이 큰 규모로 들어서 있습니다.

송도더샵퍼스트월드

청라 중앙공원 조감도

마지막으로 우리나라의 항공물류를 전담하고 있는 영종하늘도시가 있습니다. 인천공항 관련시설 이외에도 디자인시티, 카지노 등 여러 개발이 지속적으로 추진되어 있으나 개발 속도가 가장 늦습니다. 영종하늘도시의 경우, 여전히 미분양이 있고 학교, 학원 등 기반시설들도 활성화되어 있지 않은 상태입니다. 더 많은 기반시설이 들어오고 영종도와 청라신도시를 연결하는 제3연륙교가 개통이 되어야 본격적으로 활성화될 것입니다.

이 3개의 신규개발지역은 인천시의 기존 개발방식과는 완전히 다른 형태로 개발되고 있습니다. 국제라는 단어 그대로 국가적인 차원에서 개발되고 있으며, 인천 구도심과의 연계성은 거의 고려되지 않고 추진되었습니다.

초기에는 성공하는 듯했습니다. 특히 송도신도시는 '송도 광풍'이라는 말이 있을 정도로 잘 나갔습니다. 포스코건설에서 시공한 송도더샵퍼스트월드의 경우는 평당 1,300~1,600만 원에 분양해도 프리미엄이 붙을 정도였습니다.

그 당시 인천에서 가장 잘 나가는 아파트의 시세가 그 절반 가격 수준이었던 것을 감안하면, 엄청나게 높은 분양가였죠. 이후 퍼스트월드 급은 아니어도 센트럴파크, 하버뷰 등도 대부분 분양이 순조로웠습니다. 그러다 최근에 와서야 힘에 부치는 모습을 보이게 된 것입니다.

2009년 전후로 청라신도시의 분양이 시작되었습니다. 초기에는 서울분들이 많은 관심을 보였지만, 후반에 들어서며 미분양이 발생하기 시작했고요. 영종하늘도시는 청라신도시보다 더 어려운 조건으로 분양을 시작했고, 청라는 이제 입주가 거의 마무리되어 가지만 영종은 2019년 기준으로 아직도 공급할 물량이 남아있는 상태입니다.

이렇게 잘 나가던 신규개발지역이 현재 고전을 면치 못하는 이유는, 초기 붐업이 인천 자체 수요로 인해 발생한 것이 아니기 때문입니다. 만약 이 3개 지구의 개발이 서울에서 진행되었다면 벌써 마무리되었을지도 모릅니다. 서울이란 시장은 자체 수용 능력이 되니까요.

결국 인천 자체적인 능력으로 수용하기에는 너무 큰 임무를 받은 것입니다. 그래서 이런 문제들이 해결되려면 송도에는 외국기업이든 국내기업이든 기업들이 더 많이 입주해야 하고요. 청라는 더 많은 서울분들이 관심을 가져야 합니다. 아마 영종은 송도와 청라가 안정된 후에라야 탄력이 붙을 겁니다.

자, 이제 인천의 구도심은 어떤지 살펴볼까요? 지금 송도는 경제적 여유가 있는 인천 분들과, 서울·경기 분들이 주로 진출했다고 알려져 있지요. 그렇다면 이분들이 계시던 빈자리를 과연 누가 메꾸게 될지, 인천 구도심은 바로 그 질문에 대한 답을 찾는 과정으로 접근하셔야 합니다.

그에 앞서 인천의 역사에 대해 말씀드려야 할 것 같네요. 역사적으로 인천이 인기가 많았던 이유는 인천 그 자체에 있는 것이 아니라 인천이 서울의 관문이었기 때문입니다. 삼국시대의 인천 쟁탈전도 그 본질은 인천이 아닌 서울 쟁탈전이었던 것이죠. 이 역할은 지금도 중요합니다. 그래서 인천의 개발들이 서울 눈치를 보며 이루어질 수밖에 없었고, 그래서 상대적으로 서울에서 가까운 인천 구도심이 완전히 난개발된 것입니다.

재미있는 것은 현재 구도심에도 무려 20개가 넘는 개발계획이 있다는 사실입니다. 난개발이 되었으니 이제 정비해야만 하는 상황이긴 한데요. 과연 이 20여개의 개발이 모두 계획대로 시행될 수 있을까요? 인천 스스로도 이 개발이 경쟁력이 있다고 생각하고 있을까요?

이 개발이 경쟁력을 갖추려면 해답은 인천 주택의 수요를 끌어들이는 데 있습니다. 기존 인천 분들도 새 아파트에 살고 싶어 하시기 때문에 수요는 확실히 있습니다. 문제는 너무 비싸다고 인식한다는 것이죠. 따라서 그 수요를 끌어오기 위한 해결책은 타 지역 대비 저렴한 시세로 공급하는 방법밖에는 없습니다.

결국 현재 인천에서 성공한 부동산 개발사례를 분석해 보면 비싼 부동산은 외부 투자

수요를 끌어온 것이고, 저렴한 부동산은 인천 내부의 수요층에게 어필이 된 것입니다. 그것이 가격이든, 서울과의 접근성이든 말이죠. 이렇듯 인천 부동산은 신도심과 구도심을 각각 다른 전략과 전술로 접근하셔야 합니다.

또한 인천을 분석하고 접근하실 때에는 반드시 이 두 가지는 기억하셔야 합니다.

1. 송도 등 개발 호재가 확실한 곳
2. 지하철 개통·연장, 고속도로 개통 등 교통 환경이 확실하게 좋아지는 곳

인천 분들은 타 지역으로 전출을 잘 하지 않는 특성이 있습니다. 인천에 생활기반을 둔 분들에게는 인천이 거의 영원한 삶의 터전인 것이죠. 이런 분들이 지금도 300여만 명이 넘게 있고요. 광역시 중에서는 유일하게 인구가 지속적으로 늘어나고 있습니다. 인천의 가치는 계속해서 높아지고 있는 것이지요.

따라서 인천 내에서 꾸준히 관심을 받을 곳과 인천 외부지역과 편리하게 연계된 곳이 주목을 받을 수밖에 없습니다. 이것이 인천이란 지역을 바라보는 기본입니다.

[인천 행정 연혁 간단 정리]

1968년	중구, 남구, 동북, 북구 4개 구로 분리
1988년	남구를 남구와 남동구로 분리 / 북구를 북구와 서구로 분리
1989년	옹진군이 인천으로 편입 / 김포군 계양면이 인천 북구로 편입
1995년	북구가 부평구와 계양구로 분리되고, 북구는 없어짐 / 남구는 남구와 연수구로 분리 / 강화군이 인천으로 편입

풍수 이야기

2011년, 경인아라뱃길이 개통되었습니다. 우리가 알고 있는 운하 사업의 유일한 성공 사례죠. 그러나 놀라운 것은 이 경인 운하 사업이 이미 고려시대부터 시도되었다는 사실입니다. 지금은 남북한으로 나뉘어 한강 하구 쪽을 수로로 사용할 수 없지만, 분단 이전의 한강은 황해에서 서울로의 물류 운송으로 활용되었습니다. 그러나 강화도와 한강 사이 지점의 센 물살로 인해 많은 사고가 발생하였고, 조선왕조실록에도 한 번에 77척의 배가 침몰했던 사고 등의 기록이 남아있습니다.

이러한 조난 사고를 방지하기 위해 물살이 거센 강화도 앞이 아닌 다른 안전한 수로를 한강에 연결하려 했습니다. 그 첫 시도는 몽골 항쟁기였던 고려 고종 때 있었지만 운하 공사가 한창 진행되던 중에 현재 서구 가좌동 지역의 큰 암반층에 걸려, 중도에 포기할 수밖에 없었다고 합니다. 그 이후 조선 전기와 후기에도 지속적으로 이 지역에 운하 건설을 시도했으나 기술력의 부족으로 실패를 반복했고요. 지금도 서구의 주요 논이나 습지 지역에 가면, 이 당시 운하 공사의 흔적들을 찾아볼 수 있습니다.

경인 운하 이야기를 풍수 이야기에 실어내는 이유가 있습니다. 풍수의 기본은 바람과 물입니다. 바람은 산을 통해 땅의 기운을 전달하는 역할을 하지요. 반대로 물은 이러한 기운의 흐름을 막는 역할을 합니다. 많은 환경단체들이 대운하를 반대했던 이유는 환경 훼손의 우려 때문이었으나, 풍수학자들의 반대 이유는 지기의 자연스런 흐름이 변동되는 것이 우려되었기 때문입니다.

경인 운하의 건설은 인천 서구와 계양구 지역의 지기의 흐름을 분명히 바꿨습니다. 지기 흐름의 변동이 어떻게 작용할지는 그 누구도 예상할 수 없습니다. 그러나 분명한 사실은 사람이 찾지 않던 지역을 사람이 찾는 지역으로 만든 주목할 만한 효과가 있었다는 것이죠.

풍수의 기본은 사람이 많이 모일만한 장소를 찾는 것으로, 좋은 부동산 입지 선정과 같은 논리입니다. 앞으로 경인아라뱃길이 이들 지역에 어떤 영향을 줄지 지켜봅시다. 평가 방법은 간단합니다. 그 지역에 사람들이 모일 수 있을지, 반대일지만 지켜보시면 되니까요.

경인아라뱃길 조감도

두 번째 이야기.

인천을 넘어서 연수구 이야기

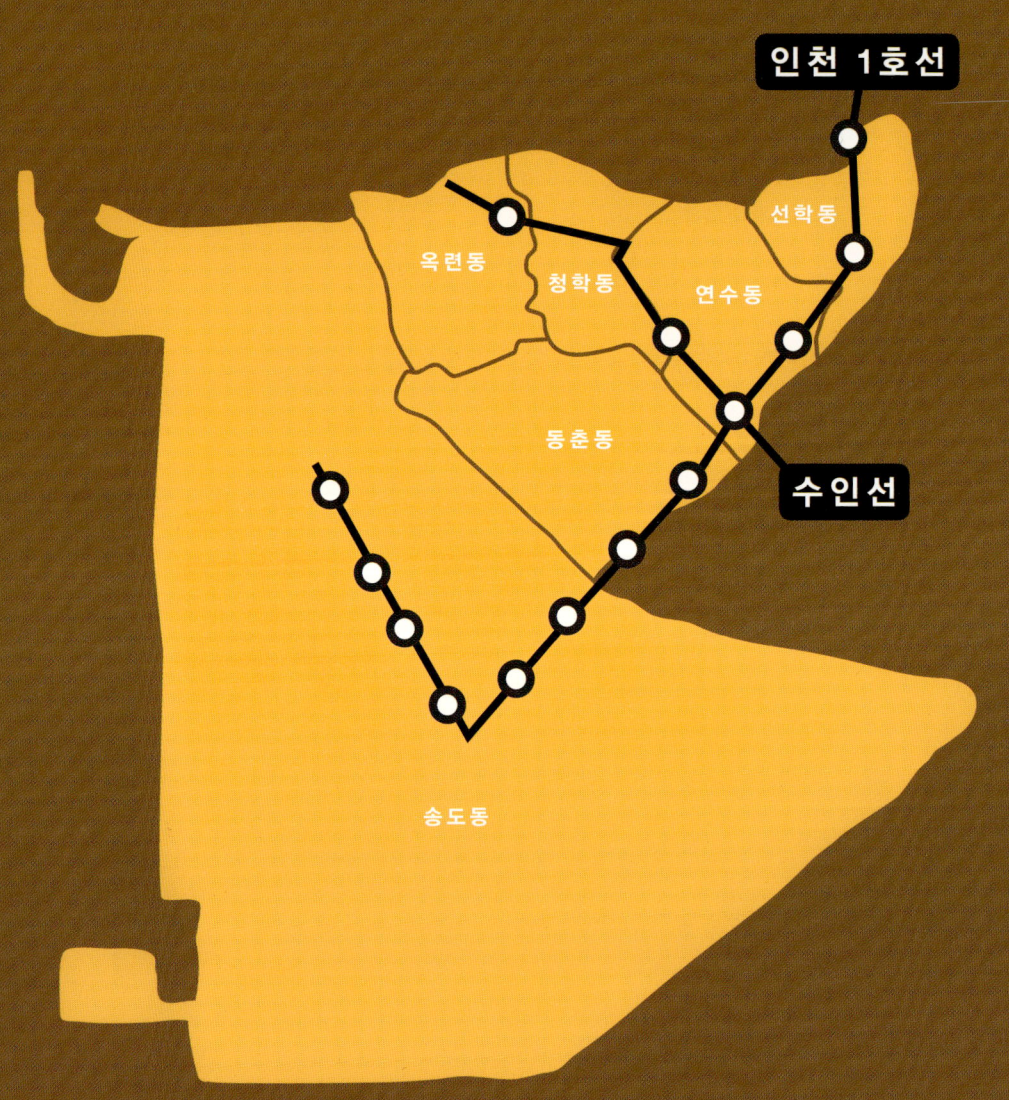

연수구의 행정동과 연혁

연수구에는 가나다순으로, 동춘동, 선학동, 송도동, 연수동, 옥련동, 청학동의 6개 행정동이 있습니다.

이 지역들의 2019년 3월 KB부동산 기준 아파트 평당 시세는 송도동이 1,411만 원, 동춘동이 879만 원, 연수동이 836만 원, 옥련동이 831만 원, 선학동이 726만 원, 청학동이 725만 원인데요. 송도동과 2위 동춘동의 시세가 큰 격차(평당 532만 원)를 나타내고, 가장 낮은 청학동의 경우 송도동의 51.4% 수준입니다.

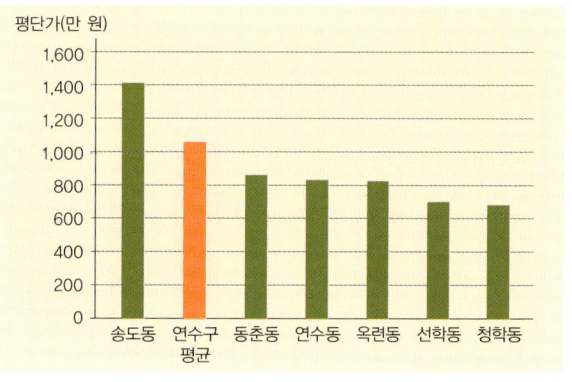

(2019년 3월 KB부동산 기준)

보통 일자리 지역에 가까울수록 부동산 시세가 높습니다. 인천의 경우 주요 일자리 지역은 부평구와 남동구로 구별 시세 2, 3위 지역입니다. 연수구의 아파트 시세가 가장 높은 것은 일자리는 적지만 미래가치가 있기 때문입니다. 그중에서도 송도동이 압도적으로 높고

제2경인고속도로

승기천

나머지는 연수구 평균보다 낮습니다. 이는 송도국제도시에 미래가치가 반영되어서입니다.

이 연수구의 동별 시세 차이는 비단 연수구뿐만 아니라, 다른 인천지역들의 부동산 실태를 그대로 보여주고 있습니다. 부익부 빈익빈의 전형적인 모습을 말이죠. 개발 정도로도 지역을 구분할 수 있는데, 잘 정비된 신개발지와 정비가 필요한 구도심과의 차이라고도 할 수 있습니다. 따라서 인천 내 어느 지역과도 비교할 수 없을 정도로 높은 위상을 지닌 송도는 같은 연수구라 하여도 다른 동네와 갭이 크게 나타나고 있는 것입니다.

연수구 이야기를 행정동 소개와 시세를 비교하며 시작한 이유가 여기에 있습니다. 낙후된 지역과 개발된 지역, 이 구분이 인천의 부동산을 제대로 이해하는 방법이고 특히 송도의 현재와 미래를 전망하는 데 있어 가장 필요한 열쇠가 될 것이기 때문입니다.

연수구는 1988년 인천 남구가 남구와 남동구로 분구가 된 이후, 1995년에 다시 남구가 남구와 연수구로 분구가 되며 현재의 모습을 갖추게 되었습니다. 잘 구획된 아파트 단지들이 대표적인 모습일 정도로 주거 기능이 강하며, 지리적으로 남구와는 제2경인고속도로로, 남동구와는 승기천으로 구분이 되고 있습니다. 연수구만큼 주거지역이 밀집된 남구와 비교하자면 연수구는 아파트 위주, 남구는 다세대와 단독주택 등 소규모 주택 위주로 구성된 점이 다릅니다. 당연히 시세 차이도 나고요.

미추홀의 도읍지였던 연수구

연수구 북쪽에는 문학산이 있습니다. 서쪽으로는 황해에 접하고, 남동쪽은 승기천이 있어 자연환경이 사방을 에워싸고 있는 배산임수 입지입니다. 주거지역으로는 자연환경만으로도 괜찮은 땅인 것이죠. 과거 고구려에서 남하한 비류도 미추홀이란 국가를 세우며, 이 연수구 지역을 도읍지로 택할 만큼 좋은 환경이었던 것입니다.

연수구 옥련동 능허대 터

삼국시대 당시 백제와 중국은 해로를 통해서만 교역이 이루어졌습니다. 백제 북쪽에 있는 고구려가 유일한 육로를 막고 있었기 때문이었죠. 이 당시 중국과의 교류를 전담하던 항구가 있던 곳이 현재 연수구 옥련동에 있는 능허대입니다. 능허대를 통해 중국과 왕래를 했고, 백제와 중국의 사신들이 머물기도 했습니다. 이런 역사적 사실들을 통해 연수구가 이미 삼국시대에도 국제항구도시 역할을 했으며, 현재 송도가 국제도시로 개발될 수밖에 없었다는 배경을 알게 됩니다.

한편 연수구의 북쪽으로는 제2경인고속도로가, 남쪽으로는 77번 국도가 위치해 있으며, 인천지하철 1호선과 수인선이 연수구를 관통하여 지나고 있습니다. 서울을 중심으로 보면 가장 먼, 인천의 가장 안쪽에 위치한 지역이지만 대중교통을 통한 외부지역으로의 이동은 오히려 편리한 편입니다.

연수구의 미래, 송도

연수구에는 인천의 미래이자 희망인 송도가 있습니다. 사실 송도는 간척사업을 통해 탄생한 매립지인데요. 대한민국의 대표 국제 허브로 활용하고자 개발이 활발히 진행 중입니다.

한편 송도를 중심으로 중구의 영종도와 서구의 청라지구, 이 세 지역이 인천경제자유구역으로 설정되었습니다. 그러나 현재까지의 경과 사항을 중간평가하면, 마냥 밝지만은 않아 보입니다. 생각보다 국외 자본의 투자가 많지 않았고, 금융위기라는 장벽을 만나 개발이 계획보다 느리게 진행되고 있기 때문이죠. 그러나 송도는 연수구의 미래이자 인천의 희망임이 분명합니다. 이를 다시 한번 새기시고, 구체적으로 연수구의 주요 지역들을 살펴보도록 하겠습니다.

동네 이야기 1. | 오리지널 국제도시 옥련동

옥련동의 지명은 옥돌 같은 돌이 많았다는 사실에서 유래했습니다.

앞서 말씀드린 것처럼 이곳에는 능허대라는 국제항구가 있었습니다. 과거부터 국제도시로 가장 번화했던 이곳은 지금도 다른 지역에 비해 상업시설이 많습니다.

특히 인천의 대표적인 휴양지였던 송도 유원지가 있습니다. 인천만 아니라 서울, 경기에 계신 분들도 한번쯤은 방문하셨을 곳입니다. 바이킹, 회전목마 등 놀이기구도

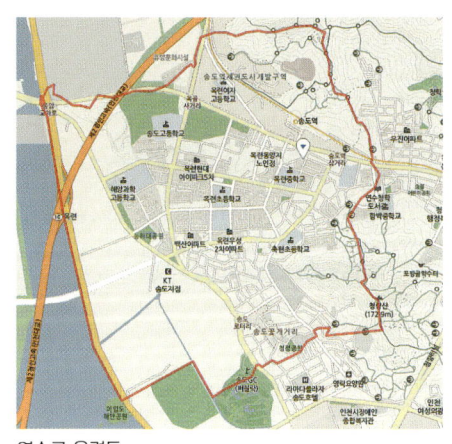

연수구 옥련동

있고, 보트도 있고, 산책할 수 있는 공원이 있었습니다. 바다가 있어서 공원 내에서도 해수욕이 가능했고요. 각종 체육대회가 가능한 운동장도 개방되어 있었습니다. 지금의 대형 테마파크들과는 사뭇 다른 콘셉트였지만, 많은 사람이 애용하던 지역 명소였습니다. 아마도 롯데월드와 에버랜드가 오픈하기 전까지는 수도권 최고·최대의 테마파크가 아니었을까 싶은데요. 지금은 워낙 시설이 낙후된 관계로 폐쇄된 상태입니다.

옥련동에는 이런 상업, 레저시설과 함께 호텔, 여관, 음식점들이 굉장히 많습니다. 또한

송도유원지 리뉴얼 조감도

송도유원지

대규모 자동차 물류센터가 있어 대부분의 중고 수출차들이 집결되기도 하지요. 이렇게 정돈되지 않은 업무시설들이 많아 주변 분위기는 좀 어수선한 편입니다.

그러나 송도유원지가 정비되고 주택정비 사업들이 계획대로만 진행된다면, 연수구 내에서도 업무·상업·주거 기능이 모두 어우러진 특별한 지역이 될 것으로 예상합니다. 지하철 수인선 송도역이 있으며, 옥련동 중앙에 아파트 단지가 밀집되어 있습니다.

동네 이야기 2. | 명산 사이에 위치한 청학동

문학산과 청량산, 두 명산 사이에 위치한 청학동은 지리산 청학동을 연상케 하는 지명을 갖고 있습니다. 문학산터널을 통해 남구지역으로, 청량터널을 통해 송도로 연결이 됩니다. 이름만큼이나 청량한 환경을 가지고 있어 청정 주거지로 매우 인기가 좋은 지역입니다.

이곳에는 특별한 공원묘지가 하나 있는데요, 바로 외국인 묘지입니다. 1883년 인천이 개항된 이후로 우리나라에서 활동 중

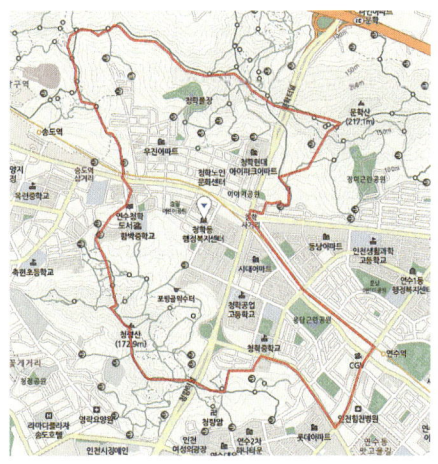
연수구 청학동

다양한 무덤 양식을 엿볼 수 있는 외국인 묘지

사망한 외국인들을 안장하여 다양한 외국 묘 양식을 볼 수 있으며, 문화적으로도 의미가 있는 인천의 명물입니다.

동네 이야기 3. 연수구의 허파 연수동

인천에는 산이 많지 않습니다. 그래서 공기가 얼마나 쾌적하냐에 따라 주거지의 수준이 결정됩니다. 연수동은 뒤로 문학산, 앞으로 승기천을 두고 있는 전형적인 배산임수 지형의 동네입니다. 연수구의 허파라 불릴 정도로 쾌적한 공기를 풍부하게 만들어내고 있고요. 문학산 이외에도 곳곳에 근린공원이 많아 거주지로 참 좋은 동네입니다.

연수동의 역사적인 인물로는 인천 이씨의 중시조가 되는 이허겸이라는 분이 계십니다. 이분 묘 앞에 원인재라는 건물이 있는데요. 원인재가 이곳에 있다는 사실은, 연수동이 과거부터 주목받던 입지라는 증거입니다. 그만큼 풍수적으로 아주 기운이 좋은 곳입니다.
이허겸으로 대표되는 인천 이씨 집안은

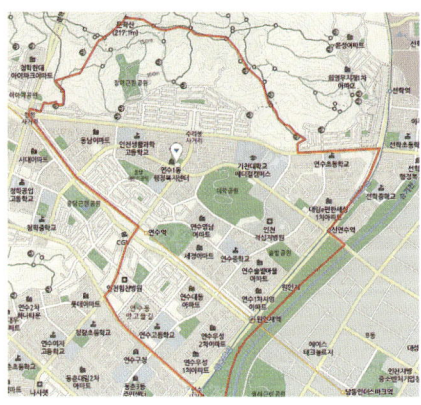
연수구 연수동

원인재

206 수도권 알짜 부동산 답사기

고려 문종에서 인종까지 7대 왕에 걸쳐 인척 관계를 유지했던, 무려 100년 이상 고려 최고의 권력 가문이었습니다. 이 대단했던 집안이 선택하여 자리 잡고 살았던 곳이 바로 연수동이었다는 겁니다. 대한민국 최고의 주거 명당인 안동 하회마을이 조선시대 최고 명문가(家) 풍산 류씨의 집성촌인 것과 비교해 보시면, 원인재의 입지적 가치를 이해하실 수 있을 겁니다.

현재 연수동에는 가천대학교 메디컬캠퍼스와 병원이 있으며, 적십자병원도 있습니다. 인천지하철 1호선의 신연수역과 원인재역, 수인선의 원인재역과 연수역을 이용할 수 있으며, 송도를 제외하고 연수구 내 가장 많은 아파트 단지와 학교가 있는 곳입니다. 그만큼 주거지역으로의 생활편의시설이 잘 갖추어진 곳이지요.

| 동네 이야기 4. | 인천아시안게임을 통해 거듭난 선학동 |

인천의 진산인 문학산의 능선을 가장 제대로 누릴 수 있는 곳입니다. 북쪽으로는 남구 문학동과 접하고 있는데요. 문학동에는 인천에서 가장 좋은 경기장인 문학경기장, 월드컵경기장, 그리고 문학구장이 있습니다.

이 시설들은 문학동에 소재히고 있지만, 사실 선학동 생활권 내에 있습니다. 그 외에도 선학동에는 인천아시안게임 경기장이 대규모로 건설되어 있습니다.

서쪽의 문학산, 동쪽의 승기천, 북쪽으

연수구 선학동

로 대규모 경기장을 끼고 있어 잠실을 연상케 하는데요. 지자체에서 지속적으로 경기장 활용도를 높이려 노력해야 한다고 봅니다. 지하철로는 인천 1호선 문학경기장역과 선학역 이용이 가능합니다.

문학경기장

인천아시안게임 경기장 조감도

| 동네 이야기 5. | ## 송도의 배후 주거지 동춘동 |

동춘동에는 연수구청이 있습니다. 이 구청 주변으로 아파트 단지들과 중소상업시설들이 밀집되어 있습니다. 송도 개발 이전에는 연수구에서 가장 신도시 분위기가 나던 지역입니다.

넓은 도로와 구획된 단지들이 제대로 정비된 택지개발지구의 면모를 보여주며, 좋은 학교들과 학원들이 있어 교육환경이 좋은 지역입니다. 인천지하철 1호선의 동춘역과 동막역을 이용할 수 있으며 대형마트와 극장을 갖춘 복합쇼핑몰 스퀘어원이 있습니다.

한편, 송도와 마주하고 있는 동춘동 서쪽 야산 지역에는 대규모 테마파크 조성이 예정되어 있습니다. 약 7,200억 원의 사업비가 투자된 이 '송도 테마파크'는 계획 추진 과정에서 여러 어려움도 많았으

연수구 동춘동

복합쇼핑몰 스퀘어원

송도 테마파크 조감도

나 지금은 2023년 5월 개장을 목표로 하고 있습니다.

송도 테마파크가 완공되어 운영된다면 송도국제도시와의 시너지 효과가 극대화 될 것이고, 이로써 동춘동은 신흥 명품 지역으로 한 단계 더 도약할 것입니다.

송도 테마파크 위치

| 동네 이야기 6. | # 연수구의 플러스알파(+@) 송도

예로부터 이 지역은 소나무가 울창하여 소나무 숲이라는 의미로 그 지명을 송도라고 했다고 합니다. 소나무는 한국인들이 가장 좋아하는 나무이며 풍수적으로도 가장 선호되는 나무입니다. 그런 의미에서 송도는 이름 자체만으로도 풍수적인 의미가 많이 포함된 지명이지요.

연수구 송도동

사실 우리가 알고 있는 송도는 매립지입니다. 과거에는 없었던 땅이죠. 지도를 보면 부가적으로 생긴 땅이라는 것을 쉽게 알 수 있습니다. 그렇기에 송도는 기존 연수구 지역이라기보다는 별도의 지역으로 분석하는 것이 좋습니다. 연수구의 다른 지역들과 다르게 부동산 시세도 서울 시세와 비슷하니까요. 따라서 송도는 기대하지 않았던 플러스알파 지역으로 어떤 결과가 나오던 인천에는 선물이 될 수밖에 없을 것입니다.

인천의 희망, 송도국제도시의 최초 계획

송도국제도시는 인천을 동북아시아의 중심지로 발전시키겠다는 목표를 세우고, 2000년대 초반부터 개발이 시작되어 현재도 진행 중인 인천 최고의 신도시입니다. 대한민국 최고의 국제도시 개발 프로젝트라 하여도 과언이 아닙니다. 단순히 바다를 개척해 면적만 넓힌 것이 아니라, 그 광활한 땅에 세밀한 개발계획이 꼼꼼하게 부여된 최첨단 개발지구입니다.

송도는 최초 개발계획부터 다른 택지개발지구와 달랐습니다. 업무시설을 위주로 그 외 연구시설, 학교시설, 상업시설, 레저시설 등의 비주거시설이 주로 계획되었습니다. 주거시설은 이곳에서 근무하는 사람들의 거주지로, 업무시설들을 보조하는 정도로 들어설 계획이었습니다. 애초에 국제도시로 기획되었기 때문에 외국기업들이 입주할 공간적인 배려도 많이 엿보였습니다. 최초 계획에는 말이죠.

송도 커넬워크 쇼핑센터

좌충우돌 중인 송도

그러나 현재는 최초 계획과 달리, 국내용 시설들만이 개발을 이끌어가는 모습입니다. 그것도 업무시설이 아닌 주거시설 위주로요. 대체 왜 이렇게 되었을까요?

현재까지 송도와 관련하여 보도되었던 기사들은 주거시설과 관련된 기사가 대부분이었습니다. 2000년대 초중반까지는 송도 광풍이라 할 정도로 분양도 잘되었고, 어마어마한 프리미엄이 붙었다는 기사들만 언론에 노출되었습니다.

송도더프라우 주상복합의 경우엔 분양경쟁률이 평균 4,000대 1, 최고 10,000대 1에 육박할 정도로 경이로운 관심을 받기도 했습니다. 그러나 송도의 순풍 시대는 여기서 막을 내리고 맙니다. 이후로는 몇몇 사업이 무산되었다는 기사와 외국자본의 투자가 전무하다는 기사, 상업시설이 대규모로 미분양되었다는 부정적인 기사들만 나오기 시작했습니다.

실제 금융위기 이후에는 송도에 미분양의 칼바람이 불었습니다. 평당 1,500만 원이 넘던 아파트는 현재 1,200만 원 전후로 시세가 형성되어 있으며, 광풍의 주인공 더프라우는 마이너스 프리미엄으로 하락하기도 했습니다. 심지어 이미 분양된 아파트 계약을 건설사가 자발적으로 철회하는 전대미문의 사건까지 벌어지기도 했는데요. 그 주인공인 송도웰카운티5단지는 중대형 위주로 분양을 했다가 계약률이 2%밖에 되지 않자, 건설사

송도힐스테이트

송도더프라우

측이 설계를 변경해 재분양하기로 결단을 내리기도 했습니다. 결국 기계약자들에게 위약금까지 물어주는 분양 사상 초유의 사건이 발생했던 것입니다.

물론 2012년 GCF(녹색기후기금) 유치 등 송도를 활성화하기 위한 노력들이 꾸준히 누적되고는 있습니다. 그러나 개발 초기만큼의 뜨거운 열기를 내뿜지는 못했습니다. 매립지 허허벌판에 건물이 올라갈 당시 사람들이 지녔던 기대와 감동은 이제 없습니다.

이렇게 되어 버린 데에는 금융위기라는 전 세계적인 불황의 영향도 있지만, 그보다는 외국자본을 적극적으로 유치하지 못한 데에서 오는 개발 추진세력의 미비가 더 크다는 생각이 듭니다. 그만큼 개발 동력이 너무 미약한 것입니다.

외국기업 대신 국내기업들이 진입하다

외국기업들이 예상만큼 많이 입주하지 않자 오히려 국내기업들이 관심을 갖기 시작했습니다. 많은 기업들이 속속 입주하거나 입주를 검토 중입니다.

특히 포스코의 경우, 송도개발의 주체이기 때문에 그룹사의 대부분이 이미 입주를 했거나 추가 입주를 계획하고 있고요. 송도의 랜드마크인 동북아트레이드타워에는 다양한 기업들이 이전해 왔습니다. 이 동북아트레이드타워는 68층, 높이 305m로 한국에서 가장 높은 업무용 건물입니다.

코오롱의 몇몇 계열사도, 효성그룹의 주요 부문도 송도로 이주해 왔습니다. 이랜드는 명품 쇼핑몰 개발 등으로, 롯데쇼핑은 대규모 상업시설을 개발하여 입주했고요. 현대백화점 프리미엄아울렛도 입점해 있습니다.

삼성 바이오로직스도 송도를 대표하는 기업입니다. 그 외에도 셀트리온, 엠코테크놀로지코리아, 송도스마트밸리, 만도헬라일렉트로닉스 등의 기업들이 입주해 있습니다.

처음 기대처럼 해외기업의 입주는 이뤄지지 않았지만, 국내 대기업들의 입주는 분명히 송도가 활성화되는 데 있어 매우 긍정적으로 작용하고 있습니다. 마치 강남의 삼성동, 역삼동처럼 말이죠.

코오롱더샵퍼스트월드　　　　국립 인천대학교

이처럼 좋은 업무시설들도 속속 들어왔고요, 그 외 대학교들도 많습니다. 먼저 연세대학교 송도캠퍼스가 있습니다. 앞으로 연세대에 입학하는 학생들은 무조건 송도에서 1년을 보내야 합니다. 인천의 상징이던 국립 인천대학교도 남구 도화를 떠나 이곳에 터를 잡았습니다. 인천가톨릭대학교도 있으며 인하대학교도 들어올 예정입니다.

외국의 대학들도 송도에 캠퍼스를 만들었습니다. 미국의 뉴욕주립대학교, 조지메이슨대학교, 유타대학교와 벨기에의 겐트대학교가 있습니다. 그리고 많은 학부형들의 관심을 받는 채드윅송도국제학교도 있는데요. LA의 명문사학으로, 그 커리큘럼 그대로 교육을 한다고 하여 조기유학에 관심 있는 분들에게 그야말로 선망의 대상인 학교입니다.

연세대학교 송도캠퍼스　　　　한국 뉴욕주립대학교

조금씩 보이기 시작한 송도의 미래

그러나 내로라하는 시설들이 입주했음에도 불구하고, 여전히 진행 중이라는 느낌을 지울 수가 없습니다. 제대로 모습을 갖추려면 좀 더 시간이 필요할 듯 합니다. 향후 10년 동안 기업, 병원, 학교가 더 많이 들어올 예정이고, 이와 함께 대규모 주거시설들이 입주할 예정입니다.

GTX B노선도

송도에는 IBD라는 용어가 정말 많이 등장합니다. IBD는 국제업무지구(International Business District)라는 뜻입니다. 하지만 지금은 이 IBD 안에 국제 관련 업무시설이 거의 없고 채드윅국제학교만이 덩그러니 있을 뿐이죠. 2012년 말에 유치된 녹색기후기금은 인천에서 대규모 컨벤션 공간이 제공되는 기회를 주었다는 데 의미가 있습니다. 이를 통해 전 세계에 송도의 좋은 시설들과 호텔을 홍보할 수 있는 계기가 되었으니까요.

인천에서도 서울에서 가장 멀리 떨어져 있기 때문에 무엇보다 서울과의 접근성을 높이는 것이 우선 추진되어야만 할 것입니다. 송도를 국제화하는 데 있어 서울과의 연계만큼 중요한 것은 또 없기 때문입니다. 이 차원에서 GTX B노선(청량리~송도)이 다시 예비타당성 조사 검토에 착수한 것은 상당히 반가운 호재입니다.

송도가 짊어질 숙명

송도의 강점은 국제신도시라는 것입니다. 물론 송도 이외의 지역에서도 경제자유구역이란 이름으로 개발사업들이 진행되고 있지만, 송도만큼 인지도가 높은 곳은 없습니다. 하지만 아직은 국제라는 수식어가 무색할 만큼 외국자본의 진입이 많지 않으며, 주거시설 이외에는 이렇다 할 성과를 나타내는 부동산개발이 없었다는 것은 송도의 미래를 우려하게 합니다. 이는 송도에 진출하고 싶어 하던 사람들의 마음을 꺾어 놓기에 충분했습니다.

우려를 해소하기 위해서는 먼저 국제적인 관심을 높이는 작업이 필요합니다. 녹색기후기금 유치나 인천아시안게임 개최는 국제적인 화제가 되었습니다. 여기에 송도의 개발 주체인 포스코의 적극적인 노력이 더 필요할 것 같습니다. 이윤 추구를 넘어, 나라를 위해 외자를 유치하는 차원에서 말입니다. 우리 정부의 적극적인 제도적 지원과 독려도 필요하고요.

장기적으로 보았을 때 송도는 더 많은 외부의 시선을 받을 수밖에 없는 지역입니다. 그 최종 개발 모습이 처음 기획과는 다를지라도, 타 신도시와는 차원이 다른 수준의 시설들이 갖추어질 것입니다. 송도에 직접적인 연고가 없다 할지라도 늘 관심을 갖고 지켜보시길 바랍니다. 이 지역을 통해 다른 지역의 미래를 전망하는 데에도 도움이 될 테니 말입니다.

2020년까지 인구 26만 명이 거주하게 될 곳. 분명 송도는 국제도시로서 대한민국의 위상을 높일 중요한 무대가 될 곳입니다. 송도는 더 이상 인천만의 송도가 아닙니다. 송도가 살아야 청라도 살고 영종도 삽니다. 그리고 나서야 인천 구도심도 활기를 띄게 될 것입니다. 이것이 바로 송도가 짊어지고 갈 숙명인 것입니다.

인천의 운명은 송도, 너에게 달렸다!

인천 송도 전경

지역분석 레시피

📍 랜드마크를 찾으세요!

풍수지리의 대가, 최창조 교수님은 대한민국의 배꼽 역할을 할 지역으로 송도를 지목했습니다. 풍수지리적으로 배꼽 위치는 가장 중요한 위치 중 한 곳인데, 그중에서도 동북아트레이드타워를 가장 중요한 건물이라 하였습니다. 향후 150층으로 설계된 인천타워가 들어서도 랜드마크 역할을 할 곳은 바로 이 68층 동북아트레이드타워라고 평가한 것인데, 실제 송도의 주요 업무시설들과 상업시설들은 이 빌딩을 중심으로 배치되어 있습니다.

따라서 앞으로도 이 빌딩이 가장 비싼 오피스 빌딩이 될 확률이 높고, 이를 원심으로 부동산 시세가 결정될 것으로 예상합니다. 이런 연유 때문에 지역 내 랜드마크 부동산을 찾는 것이 중요한 것입니다.

📍 인근에 진산이 있다는 사실 하나만으로도 좋은 입지입니다.

인천의 진산인 문학산은, 일명 배꼽산이라 불렸다고 합니다. 연수구가 지리적으로는 서울에서 멀리 떨어져 있음에도 불구하고 현재의 위상을 가질 수 있었던 데는 문학산의 역할이 크다 할 수 있습니다. 문학산은 앞으로도 송도와는 또 다른 역할로 항상 함께 회자될 확률이 높은데요. 명칭의 노출이 많은 부동산은 그만큼 높은 가치가 있는 것이니, 문학산과의 연계성을 충분히 활용할 필요가 있겠습니다.

68층 동북아트레이드타워

문학산 정상에서 본 연수구

◉ 부동산 시세 차이가 많다면!

같은 지자체 내에서도 시세 차이가 큰 곳이 있고, 비슷한 곳이 있습니다. 부산 해운대구 좌동과 반여동의 경우, 같은 구에 있어도 시세 차이가 크죠. 반면 서울 강남구의 경우에는 약간의 차이는 있어도 그리 큰 차이 없이 대부분 비싸게 시세가 형성되어 있습니다. 인천의 경우 연수구의 송도동와 선학동의 시세가 무려 2배 차이가 납니다. 이렇게 같은 권역 내에서 시세 차이가 꽤 나는 부동산이 있다면, 핵심 권역과의 연계성을 꼭 따져보시기 바랍니다. 연계성이 높음에도 불구하고 현재 저렴한 곳은 분명 향후 상승할 확률이 높고요. 반대로 연계성이 낮거나 아예 없다면 향후에도 이 시세의 간격은 유지되거나 점차 더 벌어질 확률이 높습니다.

◉ 호재는 호재일 뿐입니다.

송도더프라우의 청약 경쟁률과 현재 모습, 녹색기후기금 유치에 대한 전후 변화도 말씀드렸습니다. 요즘처럼 부동산 경기를 예측하기 어려운 시기에는 이런 호재의 영향을 더 정확히 판단해야 합니다. 호재는 호재일 뿐, 확대해석하지 않도록 주의하세요. 호재의 실현 가능성과 가시화되는 시점을 꼭 따져보시고, 가시화되었을 때의 모습을 구체적으로 그려보셔야 합니다. GTX의 개통은 당연히 송도에 호재로 작용할 테지만, GTX가 아직 확정된 것이 아니라는 점을 꼭 염두하세요!

세 번째 이야기.

인천 서구 이야기

청라 vs 검단 vs 서구

제가 가졌던 인천 서구의 첫인상은 왠지 인천이 아닌 것 같다는 느낌이었습니다.
'인천'하면 남동구의 남동공단, 남구의 주안역, 연수구의 송도유원지 정도가 떠올랐습니다. 부평역 인근에 빼곡한 상업지와 중구의 월미도, 차이나타운도 떠오르네요. 그런데 유독 인천 서구는 딱히 이 지역을 대표할 만한 것들이 떠오르지 않습니다. 이 때문에 인천이 아닌 다른 지역 같다는 느낌이 든 것이 아닌가 싶네요.

아마 많은 분들이 서구에 유명한 곳이 뭐가 있나 싶으실 테지만, 나름 지명도 높은 곳들이 많습니다. 대표적으로 청라신도시가 있고요. 검단신도시라는 대규모 택지개발지구도 있습니다. 수도권 부동산 시장을 한동안 뜨겁게 달구었던 이 두 지역이 모두 인천 서구에 있습니다. 청라신도시는 애초에 인천의 한 지역이 아닌 송도, 영종도와 관련 있는 별도의 특별개발지구로 알고 계시기도 할 것이며, 검단신도시는 김포가 아니었냐고 반문하시는 분들도 분명 계실 것입니다.

결론부터 말씀드리면 청라는 기존 인천지역을 재편성한 것이 아닌, 새롭게 조성한 신도시입니다. 그것도 간척사업을 통해 만들어진 땅으로 원조 인천 땅이 아닙니다. 마치 연수구의 송도처럼 말이죠.
검단도 인천이 된 이유가 조금 다릅니다. 예전에 경기도 김포에 소속되어 있다가 인천시가 광역화되면서 통합·흡수된 지역입니다. 결국 청라와 검단은 기존의 인천 서구와 그 생성이 매우 다른 지역인 것이죠. 이렇게 다른 출신들이 한 공간에 모여 있으니, 왠지 다른 인천 지역과는 색다른 느낌을 받을 수밖에 없었던 것입니다.

서구 이야기는 청라, 검단, 기존 서구지역으로 나누어 말씀드리도록 하겠습니다. 세 지역을 비교해 가면서 보시면 더 재미있으실 겁니다.

서구의 연혁과 환경

서구는 인천에서 가장 북쪽에 위치해 있어, 김포와의 경계 역할을 하고 있습니다. 1988년에 북구에서 분리가 되며 서구가 탄생하게 되었는데요. 반면, 북구는 1995년에 계양구와 부평구로 분리가 되며 아예 없어져 버렸습니다. 그래서 현재 인천의 가장 북쪽에 위치해 있으며, 북쪽으로 김포시를, 동쪽으로는 계양구와 부평구를, 남쪽으로는 중구와 동구를, 그리고 서쪽에는 멋진 서해를 두고 있습니다.

또한 서구라는 지명은 '인천의 서쪽'이라는 단순한 의미가 아니라, 과거 이 지역 명칭이던 '서곶'에서 유래되었습니다. 오히려 인천 서구보다 동구, 중구가 더 서쪽에 있지요. '서곶'은 서쪽으로 길게 뻗은 반도식 해안이라는 뜻으로 실제 한강 하구에 있는 서구는 바다를 향해 길게 뻗은 형태입니다.

서구는 서로 다른 지역들이 조합되어 권역별로 특징이 좀 다른데요. 총 4개 권역으로 구분해 볼 수 있습니다. 공업시설이 발달한 주거지역인 남부, 업무·주거·상업시설이 어우러진 중부, 농업지역이었으나 현재 대규모로 개발 진행 중인 북부, 마지막으로 해안지역의 서부로 나뉩니다. 서부의 경우는 수도권 매립지와 명품 신도시 지역으로 또 구분할 수 있고요. 그래서 서구는 이 4가지 권역별로 동네 이야기를 풀어갈까 합니다.

동네 이야기 1. | 도심의 중심 남부권

남부 권역에는 가좌동, 석남동, 신현동, 가정동이 있습니다. 서구에서 가장 먼저 도시화된 지역으로, 대규모 공장 단지와 아파트 단지들이 많으며 이를 위한 생활편의시설도 잘 갖추어져 있습니다.

서울에서 인천 방향으로 경인고속도로를 타면 서인천IC부터 가좌IC 사이를 중심으로 우측으로는 대규모 공장들이, 좌측으로는 아파트들이 밀집되어 있는 모습을 볼 수 있는데, 바로 이곳이 가좌동과 석남동입니다. 아마 타 지역 분들이 인천을 연상할 때, 가장 먼저 떠올리게 되는 이미지가 바로 이곳의 모습과 유사할 겁니다.

루원시티 개발지역

한편 서울에서 인천 방향으로 가다가 보면, 서인천IC 인근에서 경인고속도로가 90도로 크게 꺾이는 지역이 있는데요. 바로 이곳이 가정동과 신현동입니다. 가정동과 신현동에는 업무시설보다 주거시설이 더 많습니다.

이곳은 낙후된 주거시설이 많아 여러 재개발 계획이 세워졌었습니다. 특히 가정동은 '루원시티'라는 복합개발이 계획되어 있었습니다. 루원시

루원시티 조감도

티는 84층 랜드마크 타워 2동, 지상 1층~지하 4층의 총 5개 동을 경인고속도로, 인천도시철도, 상업시설, 문화시설 등의 시설을 입체적으로 구성하는 국내 최고의 첨단입체복합도시 개발계획이었습니다만, 높은 원가와 부동산 경기 침체로 사업이 계속 연기되다가 최근에 다시 추진되고 있습니다.

2018년 루원시티프라디움, 루원호벤베르디움더센트럴, 루원제일풍경채가 입주를 했고, 같은 해 분양한 루원시티SK리더스뷰는 큰 성공을 거두기도 했습니다. 루원시티는 향후 5년 후가 매우 기대되는 곳이지요.

| 동네 이야기 2. | # 행정의 중심지 중부권 |

서구 심곡동

서구 연희동

　중부 권역은 남부 권역과는 북망산으로, 북부 권역과는 공촌천으로 지역이 구분됩니다.

　중부 권역의 행정동으로는 연희동과 심곡동이 있는데요. 특히 심곡동은 서구의 행정 중심지로 서구청, 소방서, 경찰서, 보건소, 인재개발원 등의 공공기관들이 집중적으로 모여 있습니다.

인천 서구청

　이 일대는 공공기관들을 중심으로 중소 상업시설들이 밀집해 있어 혼잡하지만, 심곡동 동쪽에 천마산이 있어 공기가 쾌적한 편입니다. 연희동은 봉수대로를 중심으로 동쪽에는 아시안게임 주경기장이, 서쪽에는 청라지구가 있습니다.

| 동네 이야기 3. | # 개발이 가장 활발하게 진행 중인 검암과 검단 |

인천 검암동　　　　　　　　　　　　인천 검단동

검단신도시 위치도

　북부 권역에는 검암동과 검단지역이 있습니다. 검암동은 검단신도시 개발 이전까지 서구 북부의 중심지였습니다. 동쪽에는 인천 최고의 명산인 계양산이 있고, 북쪽으로는 아라뱃길이 있어 주변 환경이 참 좋습니다. 서구에서는 유일하게 전철을 통해 접근할 수 있고요. 공항철도 검암역을 통해 인천공항, 서울까지도 연결이 됩니다. 이러한 교통 편리성 때문에 검단신도시의 개발 완료 후에도 경쟁력 있는 지역으로 지속적인 관심을 받을 것입니다.

　하지만 향후 이 지역의 중심이 될 곳은 검단입니다. 검단신도시는 유치 예정 인구가 23만 명에 달하는 대규모 신도시로서, 청라보다도 훨씬 큰 송도 급입니다. 남쪽으로는 경인아라뱃길을, 북쪽으로는 김포와 한강을 인근에 두고 있습니다. 특히 마전동과 불로동은 검단1신도시의 주요 지역으로, 많은 아파트 단지가 개발되어 쾌적한 주거환경이 조성되어 있으며 거주민들의 만족도가 높은 지역입니다.

　검단신도시는 경제자유구역의 보조도시 역할과 인근 대규모 산업단지의 배후도시 역할을 합니다. 그러나 현재까지는 전철은 아예 없고, 광역버스도 적고, 도로망도 취약해서 서울까지의 접근성이 매우 떨어진다는 커다란 약점이 있습니다. 김포시의 약점과도 같죠.

하지만 인천지하철 2호선 확장 구간을 검단까지 연장하는 계획과 도로망을 추가로 구축하려는 계획이 함께 추진되는 중입니다. 최근 검단신도시 내 분양 결과가 성공적인 이유가 여기에 있겠지요. 검단신도시호반베르디움, 검단금호어울림센트럴, 검단신도시한신더휴, 검단신도시푸르지오 등이 입주할 2021년, 2022년 즈음이면 또 다른 지역이 되어있겠지요.

동네 이야기 4. | 인천의 서부권

우리나라 서해의 해안선은 이리저리 꾸불꾸불 매우 복잡한 모양새입니다. 이를 리아스식 해안이라 하죠. 그런데 최근 서해안 지도를 보면, 꽤 여러 지역이 직선 혹은 사각형 모양으로 쭉 직선으로 처리된 모습이 보입니다. 이들 대부분은 간척사업을 한 곳으로, 특히 인천 송도나 시흥시 시화지역의 경우 간척사업을 통해 해안선이 매끄럽게 성형되어 있는 모습이 두드러집니다.

이런 간척사업 덕분에 한국의 국토 면적도 꽤 넓어졌습니다. 넓어진 국토를 활용하여 여러 사업들을 진행할 수 있으니 당연히 경제적으로도 이득이 됩니다. 더군다나 이런 간척사업으로 생긴 부지는 평평한 지형이기 때문에 다양한 부동산개발이 가능합니다. 실

상암디지털미디어시티 조감도

수도권 매립지를 개발한 드림파크CC

정서진 야경

제로도 다양하게 개발이 되고 있고요. 가장 대표적으로는 영종국제도시를 꼽을 수 있습니다.

20년 전만 해도, 배 타고 버스 타고 MT 가던 곳이었는데요. 그 촌 동네 영종도와 용유도 사이를 흙으로 메워서 거대한 국제도시의 기반부지로 조성을 했습니다. 세계 1등의 인천국제공항도 이곳 영종국제도시의 일부 부지일 뿐입니다. 그만큼 엄청나게 넓은 국토가 생겨난 것이죠.

이렇게 간척사업을 통해 탄생한 서구의 서부권역 부지는 크게 두 가지 형태로 개발이 되었습니다. 청라국제도시 부지와 수도권 쓰레기 매립지 부지로 말입니다. 두 부지의 성격이 아주 다르죠? 하나는 어디서든 환영받는 곳이지만, 나머지 하나는 외면받는 곳이니까요. 청라는 따로 말씀드리기로 하고, 여기선 쓰레기 매립지 이야기를 하겠습니다.

쓰레기 매립지로는 서울 마포구 상암동의 난지도가 가장 유명했습니다. 30년 가까이 강서구와 양천구에 살면서, 한강 변을 지날 때마다 난지도에 쓰레기가 점점 높게 쌓여가는 모습을 보곤 했지요. '도대체 얼마나 높게 쌓을 수 있을까?' 궁금해했던 기억이 납니다. 결국 난지도가 포화상태에 이르자, 매립지를 현재 서구 백석동 부지로 옮겨 4개의 매립장을 개발했습니다. 지금 제1매립장은 쓰레기가 꽉 차서 매립이 완료되었고요. 제2매립장에 쓰레기를 차곡차곡 매립하는 중입니다.

과거 쓰레기 매립장은 혐오의 대상이었습니다. 근처에도 가기 싫어하는, 그저 쓰레기 수송차량들만 드나드는 곳이었으니까요. 당시 난지도는 바로 그런 공간이었습니다.

그랬던 곳이 현재는 하늘공원, 노을공원으로 꾸며져 많은 사람들이 즐겨 찾는 명소가 되었습니다. 인근에 월드컵경기장과 대형 호수공원도 있고, 바로 옆엔 상암디지털미디어시티라는 첨단도시가 개발되었습니다. 20대 이하 분들은 이곳이 과거에 쓰레기매립장이었다고 하면 깜짝 놀랄 겁니다. 그만큼 환골탈태가 된 것이죠.

서구 매립장은 난지도의 성공과 실패 사례를 적극적으로 분석하여 벤치마킹을 했습니다. 덕분에 지역민들의 자랑거리가 되었을 정도로, 무척이나 효과적으로 개발이 되었습니다. 야생화가 피는 멋진 생태공원이기도 하고, 친환경 에너지를 생산해 내는 기능도 하고 있고요. 특히 매립 완료된 제1매립장의 경우, 36홀 골프장으로 탈바꿈하여 인천아시안게임의 골프 경기장으로 활용되기도 하였습니다. 부정적으로 인식되는 시설을 긍정적으로 변화시킨 매우 성공적인 부동산 디벨로퍼 사례입니다.

한편 또 다른 디벨로퍼 사례로 정서진이 있는데요. 서울 광화문 사거리를 기준으로 정서 쪽 방향에 있는 명소입니다. 정동쪽에 있는 정동진은 이미 많은 사람이 찾는 관광명소가 되었지만, 정서진은 접근성 문제로 아예 관심을 받지 못한 지역이었습니다. 아직도 주변 공사가 진행 중이긴 하지만요. 아라뱃길 하구의 정서진 광장에서 바라보는 낙조는 매우 아름답니다. 낙조가 아니더라도 이곳에서 바라보는 바다 풍경 자체가 꽤 근사하고요.

정동진보다 접근성이 매우 뛰어나기 때문에 아라뱃길 하구 공사가 마무리되고 지자체적인 홍보가 본격화되면서 많은 분들이 찾는 지역명소가 되었습니다. 정동진과는 접근성 측면에서 비교가 안 될 정도로 좋은 곳이니까요. 관광과 관련된 부동산 상품들도 지속적으로 개발될 예정이구요. 이렇게 부동산에 스토리를 입히는 능력도 부동산 디벨로퍼들이 반드시 활용해야 할 측면이라 생각됩니다.

청라국제도시 이야기

수도권 쓰레기 매립지처럼 부정적으로 인식되던 시설을 긍정적으로 변화시킨 사례도 있지만, 그 반대의 사례도 있습니다. 현재 청라가 그런 오해(?)를 받는 지역이라 여겨집니다.

청라는 한국의 베네치아를 만들겠다는 취지의 명품 해양도시로 설계되었습니다. 단순

청라국제도시 조감도

청라아파트 단지 내 모습

한 베드타운을 지양하고 국제금융, 관광·레저 산업의 수준 높은 자급자족 도시를 만들겠다는 야심 찬 취지로 개발이 시작되었습니다. 당시 송도와 쌍두마차 역할을 할 것이라며 온갖 기대를 받았죠. 3개의 경제자유구역 중에서는 서울에 가장 가깝고, 공원과 골프장도 꽤 여러 개 들어서 있어 좋은 주변 환경을 갖추고 있습니다.

그러나 현재는 국제금융·레저 도시라는 슬로건이 무색할 정도로 관련 시설들이 전무하고, 주거시설들만 찾아볼 수 있는 상태입니다. 게다가 서울에서 가까운 위치임에도 불구하고 서울과의 연계교통편이 좋지 않았습니다. 입주 초기에는 광역버스도 없었습니다. 그나마 강서구 가양역까지 BRT(Bus Rapid Transit, 간선급행버스)가 개통되었을 뿐입니다. 학교와 학원 등 교육환경도 만족스럽지 못하고 대형유통시설도 없었습니다. 이렇게 기반시설 자체가 부족하다 보니 주거지로서 만족스럽지 못한 상태였던 것입니다.

이는 청라 주민들의 집단소송사건을 보면 확실하게 알 수 있습니다. 초기 분양 당시에는 청약 경쟁률이 300대 1에 육박했지만 2011년부터 계약무효 소송과 분양대금할인 소송 등 여러 가지 소송이 줄을 잇기도 했습니다. 이렇게 입주민들조차 지속적으로 불만을 표출하고 있는 상황이다 보니, 외부인들은 청라를 당연히 부정적인 시각으로 바라볼 수밖에 없었던 것이죠.

하지만 최근 이런 불만은 찾아볼 수가 없습니다. BRT 노선의 추가 개통과 인천공항고속도로 청라나들목의 개방으로 도로 접근성도 개선되어 교통망도 활기를 띠게 되었습니다. 아울러 학교, 상권 등의 기반시설도 매우 좋아졌습니다. 이런 변화로 인해 최근 몇 년간 청라지구 내 인구도 급증했습니다. 현재 거주 인구가 약 9만 3,000명 정도로, 매년 증

로봇랜드 조감도   청라수변공원

가하고 있는 것이죠.

물론 늘 비교의 대상인 송도를 역전할 수는 없을 겁니다. 송도는 30만 명을 수용하기 위한 도시이고, 청라는 10만 명 수용이 목표라 규모 자체가 다르기 때문입니다. 따라서 이 두 도시를 비교하는 것은 의미가 없으며, 오히려 공생관계로 함께 분석해야 합니다. 다만 이미 수용인구가 목표 대비 90%에 달하고 있으므로, 예정되었던 기반시설과 업무시설, 그리고 관련기관들의 입주가 시작되면 송도보다 좀 더 빠른 기간 내에 정착될 수도 있습니다. 국제금융도시로 가기 위한 첫걸음인 하나금융타운도 들어와 있구요.

일부 개방된 로봇랜드가 최종 완공되면 태권브이를 좋아하는 분들은 이곳을 더 많이 방문할 테고요. 북한 개성까지 보인다는 450m 높이의 청라호수공원 내 시티타워가 완성되면 전 세계적인 이슈가 될 것입니다.

인천은 쓰레기 매립장도 청정지역으로 승화를 시킨 내공이 있습니다. 입지 자체가 훨씬 좋은 청라는 그보다 더 쉽게 활성화될 곳이며, 현재 부동산 경기의 재가동도 어느 정도 시작된 상태입니다. 청라에게 남은 건 호재밖에 없습니다. 7호선이 추가 연장돼 공항철도와 연계되면 청라신도시는 종로구, 중구, 그리고 강남권까지 환승 없이 출퇴근이 가능한 지역입니다.

송도의 발화점, 청라

국제도시로 계획된 송도가 살아나려면, 국제적 기업들의 관심을 받아야 한다고 말씀드렸습니다. 국내기업들의 진출만으로는 반쪽짜리 개발일 수밖에 없다고도 했고요. 따라서 아직까지도 해외 투자가 미진한 송도는 당초 계획보다 시간이 더 걸릴 수밖에 없을 것입니다.

그러나 청라는 조금 다릅니다. 송도와 마찬가지로 국제도시로 계획되긴 했지만, 서울 접근성이 뛰어나기 때문에 반드시 국제 자본이 아니더라도 서울권에서도 충분히 관심을 가질만한 지역입니다. 따라서 다시 서울권의 관심을 받을 수만 있다면 단번에 분위기가 살아날 수 있습니다.

이렇게 청라가 활성화되면 송도와 영종에도 더 많은 에너지를 줄 수 있으니, 오히려 전략적으로 우선순위로 밀어주기도 좋은 지역입니다. 부분적으로는 이미 그런 방향으로 진행되고 있고요. 그래서 청라의 활성화가 매우 중요합니다. 송도라는 거대 화산의 에너지를 터뜨리기 위한 발화점이 되는 지역이니까요.

서구의 미래가 기대되는 이유

지금까지 서구의 주요 지역들을 말씀드렸습니다. 청라와 검단을 위주로 말씀드렸지만, 서구는 이 두 개 지역을 제외하고서도 꽤 매력 있는 지역입니다. 이미 일거리와 생활여건이 잘 갖추어

청라중앙호수공원 조감도

진 서구의 남부는 지금처럼 업무와 주거의 구심역할을 꾸준히 할 것이며, 서구의 중부 권역은 업무와 상업의 중심지로 서구의 중심을 잡아 줄 것입니다. 루원시티의 개발이 완성되면 정말 볼만한 지역이 될 것입니다.

북부 권역은 검단신도시를 통해 체계적으로 발전해 나가며, 김포와 파주, 고양과의 연대를 통해 일거리가 많이 창출되는 신도시가 될 겁니다. 교통편이 보강되는 시점에는 일

산이나 분당 같은 또 하나의 명품 택지개발지구가 될 것입니다. 청라는 한국의 베네치아로, 송도와 함께 인천의 미래를 이끌어 갈 곳이고요.

이렇듯 서구에는 어느 곳 하나 버릴 곳이 없습니다.
이것이 바로 서구의 미래가 기대되는 이유입니다.
청라중앙호수공원의 시티타워가 완공되는 날, 함께 인천의 미래를 감상하시죠.

풍수 이야기

많은 분들이 서해안보다는 동해안을 선호합니다.
넓고 깨끗한 모래사장이 있는 동해안이 진흙이 가득한 갯벌이 있는 서해안보다 보기에도 좋고, 수영하기에도 좋기 때문이죠. 이렇게 서해안은 갯벌에 대한 부정적인 인식으로 인해 동해안에 비해 소외되었던 것이 사실입니다. 그리고 이러한 무관심과 비호감을 바탕으로 간척사업도 큰 저항 없이 꾸준히 진행될 수 있었습니다.

간척사업의 가장 대표적인 예로 시화호, 새만금을 들 수 있습니다. 하지만 이 밖에도 우리가 모르는 많은 갯벌들이 지속적으로 흙으로 메워져 왔습니다. 무분별하게 말이죠. 그나마 최근에야 갯벌의 중요성이 전 세계적으로 부각되어 무분별한 간척사업에 대한 반성이 시작되었습니다. 특히 시화호의 개발 실패가 결정적인 역할을 했습니다.

담수호를 만들어서 농업용수 등으로 이용하려던 계획은, 치명적인 환경오염이라는 오점을 남기고 현재 원상복구 작업이 진행 중입니다. 원상복구에 든 추가 비용을 제외하고도 6,000억이 넘게 투입된 대규모 사업이었음에도 말입니다. 그러나 이것은 단순히 공사비 문제가 아닙니다.
갯벌의 정화작용, 해산물의 서식지 역할 등은 우리가 흉내 낼 수도 없는 능력입니다. 말 그대로

새만금 전경

신의 영역입니다. 이렇게 수천만 년 동안 생긴 자연을 한순간에 없애버렸으니, 당연히 더 큰 손실로 돌아올 수밖에 없었던 겁니다.

송도와 청라를 개발하면서 이미 되돌릴 수 없는 많은 갯벌이 사라졌습니다. 물론 모든 갯벌을 유지하자는 것은 아닙니다. 다만 아직 개발되지 않은 지역에 대해서는 이제라도 신중을 다하자는 겁니다. 이것이 우리가 후손들에게 남겨줄, 몇 안 되는 진짜 유산일 테니까요.

지역분석 레시피

◉ M버스와 BRT가 있는지 확인해 보세요.

서울과의 연계성은 매우 중요합니다. 그래서 수도권에서 가장 중요한 교통수단이 지하철이라고 여러 번 강조 드리기도 했죠. 모든 지역에 지하철이 설치되어 혜택을 누리면 참 좋겠지만, 이는 꿈같은 이야기입니다. 지하철 공사는 설치하는데 투입되는 기간과 비용이 어마어마해서, 단기간에 혜택을 기대하기가 어려운 사업입니다. 결국 그 대안으로 버스가 필요하게 된 것입니다.

특히, M버스와 BRT의 지역 내 운행 여부가 매우 중요합니다. M버스는 수도권 광역급행버스로 경기, 인천권의 주요 지역에서 서울로 이동하는 버스입니다. BRT는 주로 도심과 서울 외곽지역을 연결하며 M버스와 유사한 역할을 하는 간선급행버스로 버스전용차선을 주로 이용하고요. 만약 관심 지역에 지하철이 없다면 이 두 개 버스 노선이 있는지를 확인하세요.

연세대 국제캠퍼스와 서울역을 연결하는 M6724버스 노선

◉ 북구에서 분리된 3개 구, 부평구·계양구·서구의 쓰임새를 정확히 구분하세요.

구(舊) 북구 지역의 중심지는 부평구입니다. 부평구는 업무·상업·주거의 중심지로, 지금도 가장 많은 사람들이 살고 있는 지역입니다. 계양구는 서울에 가장 인접해 있어, 서울의 보조 역할을 하고 있고요. 그래서 인천지역임에도 불구하고 서울의 영향력을 받고 있습니다. 반면, 서구는 새롭게 만들어지고 있는 지역이지요. 이런 지역적 특성을 잘 고려하셔서 세 개 지역의 접근 전략을 다르게 세우시기 바랍니다.

📍 인천아시안게임의 주인공은 인천 서구!

송파구가 강남권으로 도약한 것은 1986년 서울아시안게임 이후입니다. 이런 국제적인 행사가 열리게 되면, 행사를 준비하는 동안 그 지역에 내공이라는 것이 생기게 됩니다. 2014년 아시안게임 개최 후 서구 역시 한층 업그레이드되었습니다.

📍 동일 지명에 대한 단상!

서구에는 유독 다른 지자체에 있는 지명과 동일한 지명이 많습니다. 서구 자체도 이미 부산, 대구, 대전, 광주 등의 광역시에는 모두 있는 지명이고요. 동별로 살펴봐도 검단신도시의 오류동, 원당동, 대곡동은 각각 서울 구로구 오류동과 고양시 덕양구 원당동, 대구광역시 달서구 대곡동과 동일한 지명입니다. 중부 권역에 있는 연희동은 서대문구 연희동과, 남부 권역에 있는 가좌동은 서대문구 가좌동과 지명이 같습니다.

더 재미있는 것은, 이렇게 지명이 같은 곳들은 각각 지역 내 역할도 유사하다는 사실입니다. 이것은 지명의 유래가 보통 과거의 자연환경, 건물, 사건 등에 있기 때문인데요. 따라서 같은 지명을 지녔다는 것은 과거에 환경이나 특징이 같았다고 유추할 수 있는 것입니다. 새로 관심을 갖게 되는 지역에 동일한 지명이 있다고 할 때, 동일 지명이 있는 다른 지자체를 함께 공부해 보는 것도 재미있는 지역분석 방법이 될 것입니다.

2014년 인천아시안게임 주경기장 조감도

MEMO

| 네
| 번째
| 이야기.

인천 경제의 숨은 주역
남동구 이야기

인천 경제의 중심, 남동산업공단

제3경인고속도로를 타고 송도 쪽으로 가다보면, 도로 오른쪽으로 셀 수 없이 많은 대형공장들이 들어서 있는 모습이 보입니다. 또 인천공항이나 김포공항에서 비행기 이착륙 시 아래를 내려다보면 몇 개의 섬과 인천 앞바다, 그리고 인천대교가 멋지게 펼쳐져 있는데요. 그 인천대교를 따라가다 보면 대규모의 공장단지가 눈에 들어옵니다. 이 대형공장 단지가 바로 인천 남동구의 남동산업공단입니다.

남동공단에는 6,500여 개나 되는 대형, 중형, 소형 공장들이 입주해 있습니다. 이 공단에서 근무하는 근로자 수가 8만 명이 훨씬 넘는다고 하니, 남동구에 거주하는 꽤 많은 분들이 이 공단과 연관이 있을 것이라는 예측이 가능합니다.

또한 이곳에서 만들어 내는 제조품이 연간 20조 원이 넘는다고 하는데요. 인천시가 1년 동안 운영할 수 있는 전체 예산이 8조 원 정도니까, 인천 전체 1년 예산의 약 3배 정도 규모가 생산되는 실로 엄청난 곳입니다.

남동구는 이 남동공단 하나만으로도 인천시에서 충분히 할 일을 다 하는 것입니다.

인천대교에서 바라본 남동산업공단

● 제3경인고속도로: 경기도 시흥시 논곡동에서 인천 연수구 송도동을 잇는 고속화도로

인천대공원 가을 전경 　　　　　　소래포구 어시장

인천의 숨은 주인공, 남동구

남동구는 남동공단을 제외하고도 부동산 이슈가 많은 지역입니다. 우선 인천시청이 있는 행정의 중심지이기도 하고요. 구월동에는 대한민국 최대 규모의 재건축단지도 있습니다. 인천의 유일한 테마파크인 인천대공원이 있으며, 송도 다음으로 손꼽히는 명품 주거지인 논현지구도 멋지게 들어서 있습니다. 수도권 사람들은 다 아는 소래포구라는 독특한 항구도 있고요. 습지공원도 잘 조성되어 있습니다. 남동경기장도 있고, 인천아시안게임에서 선수촌 아파트로 활용되고 나서 분양되었던 구월보금자리주택도 있습니다.

남동구의 발전원동력은 교통망 확장

그러나 남동구가 인천의 중심 중 한 곳이 된 것은 오래되지 않았습니다. 인천시청이 중구에서 남동구로 이전해 온 시점을 이 지역의 변곡점이라고 보시면 됩니다. 인천시청이 이전되면서 이 지역을 중심으로 여러 새로운 부동산들이 개발되며 발전하였고 그 바탕에는 남동구를 에워싸고 있는 탄탄한 교통망의 역할이 컸습니다.

광역철도망 계획도

인천도시철도 노선도

먼저 광역도로교통망이 매우 좋습니다. 제2·제3경인고속도로, 영동고속도로, 외곽순환도로 등은 주변 지자체와의 연결을 아주 용이하게 했고요. 철도 교통망도 지하철 1호선, 인천지하철 1호선, 2호선, 수인선 등 4개 노선이 지납니다. 수인선은 송도역부터 인천역까지 2016년 2월 27일에 개통되었습니다. 수원역까지의 완전 개통은 2020년도로 예정되어 있고요. 수인선 전 구간이 개통되면, 안산선 구간은 기존 수도권 전철 4호선과 공유할 예정이고 현재 수원역을 종점으로 하는 분당선과 직결할 예정이라고 하니 수인선의 활용도는 더욱 높아질 것입니다.

또한 인천 부평구, 계양구 지역과 송도를 잇고 있는 인천지하철 1호선, 남동구와 청라신도시와 검단신도시에 연결될 인천지하철 2호선은 이 남동구 지역이 중심지 역할을 할 수 있도록 기여하고 있고요. 현재 정부에서 검토 중인 GTX B 노선 개발이 확정된다면 남동구 교통망의 위력은 더욱 커질 것입니다. 진정한 인천의 중심지라 할 수 있게 되는 것이죠. 남동구에도 호재가 정말 많죠? 그만큼 행정·업무·상업·주거·레저시설 모두 인천에서 둘째가라면 서러워할 정도로 풍부한 지역입니다.

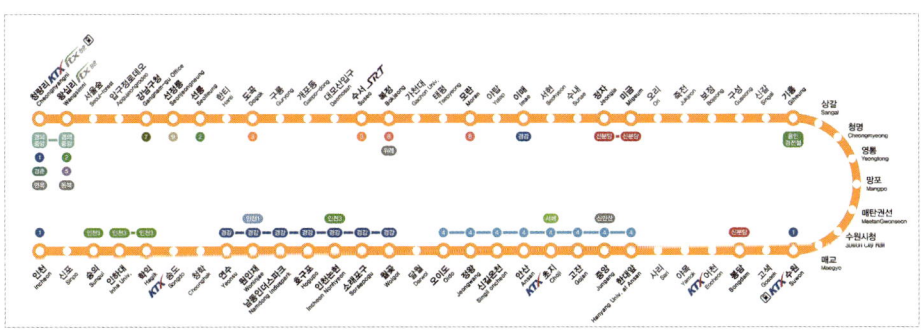

분당·수인선 노선도

인천 내 1등 자급 신도시, 남동구

자급 신도시가 되려면 먼저 행정시설을 갖추고, 그를 뒷받침하는 지원시설이 있어야 합니다. 세금이 확보될 일자리들도 필요합니다. 행정시설과 업무시설 근무자들을 위한 주거시설도 있어야 하고요. 이들이 주거생활을 제대로 영위할 수 있도록 생활편의시설도 있어야 합니다.

이 시설들이 어느 정도 안정이 되면 여가를 즐길만한 레저시설이 필요해지겠죠? 그래야만 삶이 풍요로워지니까요. 남동구에는 앞서 말씀드린 모든 시설이 제대로 갖추어져 있습니다. 이렇게 주거나 업무 등 어떤 특정 역할만이 강조된 지자체가 아니라 그 자체만으로도 충분한 자급 신도시이기 때문에, 어떤 종류의 부동산이든 관심을 가지셔도 좋습니다.

소래습지가 있는 친환경 남동구

남동구는 공단도, 주거시설도 대규모로 있습니다. 그래서 동마다 업무시설 위주의 지역, 주거시설 위주의 지역 등 각기 다른 특징을 보여주는데요. 그 외에도 녹지공간도 많습니다. 특히 인천대공원이 있는 장수동과 운연동은 녹지공간이 많아 공기가 굉장히 쾌적한 동네고요. 남동경기장이 있는 수산동과 토지구획사업이 한창 진행 중인 도림동에도 녹지공간이 참 많습니다.

남동공단이 있는 남촌동에도 아시안게임 주경기장 인근으로 녹지가 많이 형성되어 있고요. 이렇게 따져보면 남동구의 약 50% 이상이 녹지공간입니다. 공장밖에 없을 것 같은 지역인데 의외의 모습이지요.

남동공단이 있는 고잔동을 제외한 나머지 지역들은 업무시설과 주거시설들 사이사이에도 상당한 녹지공간이 조성되어 있습니다. 그중 논현동 에코메트로는 아예 친환경을 모토로 개발된 대규모 주거시설이고요. 인천 최대의 공업단지 밀집 지역임에도 칙칙하지 않은 데에는 이러한 이유가 있습니다. 산과 구릉지가 많고, 녹지공간이 넓고, 천혜의 보고(寶庫)인 소래습지까지 있으니까요.

소래습지생태공원

| 동네 이야기 1. | # 다양한 주거시설과 편의시설이 갖춰진 간석동 |

간석동은 남동구에서는 가장 북쪽에 있지만, 인천시 전체로 보았을 때는 가장 중심지에 있는 동네입니다. 주거시설들이 매우 밀집해 있고요. 특히 남동구에서는 가장 많은 아파트 단지가 있을 뿐 아니라 다세대, 다가구 형태의 중소 주택도 많습니다. 물론 이런 주거시설에 거주하는 분들을 위한 생활편의시설도 잘 갖추어져 있습니다.

남동구 간석동

이렇게 간석동에 주거시설이 많은 이유는 바로 옆 동네가 행정과 업무의 중심지인 구월동이기 때문입니다. 지하철 1호선 간석역과 인천지하철 1호선 간석오거리역, 1호선, 2호선 더블역세권인 인천시청역을 이용하여 인천뿐 아니라 서울, 부평, 부천과의 연계성이 매우 뛰어난 입지로서 자가에 거주하는 분들도 많지만, 임대수요도 매우 풍부한 곳입니다. GTX B노선이 개설된다면 더 큰 호재가 되겠지요.

인천시청 주변에는 구 주공아파트를 재건축한 자이, 래미안 등의 대단지 아파트들이 포진해 있고, 그 외에는 다세대와 다가구가 많은데요. 낙후된 주택들이 많아, 현재 주거환경개선사업도 활발하게 진행 중입니다. 이에 따라 지속적으로 공동주택들이 공급될 예정입니다.

간석래미안자이

인천 만월산

인천시청 좌측으로는 대규모 가로(중앙)공원이 있고, 간석동의 북동쪽에는 만월산이 있어 도심임에도 불구하고 자연환경이 매우 양호합니다. 이렇듯 쾌적한 자연환경과 편리한 대중교통, 다양한 주거시설과 풍부한 생활편의시설로 인해 인천 내에서 꽤 인기 있는 주거지역입니다.

동네 이야기 2. 남동구의 중심, 인천의 중심 구월동

현재 인천시청은 구월동에 있습니다. 인천교육청과 인천지방경찰청, 예술회관, 롯데백화점, 로데오거리, 농산물도매시장도 모두 구월동에 있습니다.

대한민국 최대의 아파트 단지였던 구월주공아파트를 재건축한 구월힐스테이트, 롯데캐슬골드1, 2단지도 있습니다. 아시안게임 선수촌으로 쓰였던 보금자리주택도 있고요. 주요 시설들을 별다른 설명 없이 그저 쭉 나열했음에도 이곳이 남동구 아니, 인천의 중심지라는 느낌이 오실 겁니다.

남동구 구월동

구월보금자리 조감도

인천터미널 부지 개발 조감도

인천광역시청

인천 길병원

그러나 누가 뭐라 한들 인천의 중심지인 이곳도 1970년대까지는 그저 대부분 허허벌 판에 불과했습니다. 구월주공단지가 들어서면서 어느 정도 정비가 되기 시작했고, 인천시청의 입주와 구월주공아파트 단지들의 재개발과 재건축이 완료되면서 중심지로 우뚝 서게 된 것이죠.

특히 구월주공 재건축은 인천에서 가장 성공한 도심재생사업으로 칭찬을 받았습니다. 또한 인천아시안게임 때 선수촌 아파트로 쓰였던 구월보금자리주택도 이 지역을 더욱 빛내 주었구요.

구월동은 일반버스 교통편도 좋고, 인천지하철 1호선 예술회관역과 2호선 인천시청역, 석천사거리역, 모래내시장역을 이용할 수 있으며, 인천종합터미널 고속버스를 통한 다른 지자체로의 이동도 편리합니다. 주거시설이 많아 학교시설이 좋고, 학원가도 잘 형성되어 있어 구도심 지역에서는 매우 선호되는 지역이고요. 따라서 입지의 우수성을 감안하면 오히려 송도나 청라에 비해 매우 저평가되어 있다고 할 수 있습니다. 그래서 인천 구도심 중에서는 가장 선호도가 높은 주거지역으로 평가받고 있는 것이구요.

또한 추가 발전 가능성을 기대할 수 있는 이유도 참 많습니다. 인천에서 가장 큰 병원 중 하나인 길병원 메디컬센터가 계속 확장 중이고요. 앞서 설명 드린 시청, 교육청, 경찰청, 노동청 등 많은 공공시설들과 삼성생명 등의 탄탄한 기업들이 밀집해 있기 때문입니다.

게다가 현재 교통편도 양호하지만 인근 지역의 연계 교통망도 더욱 좋아지고 있습니다. 특히 GTX B 노선 개발이 확정되면 구월동에 GTX 역사 중 한 곳이 들어설 예정입니다. 이렇게 되면 인천지역에서는 도로교통망과 철도교통망 모두 가장 좋은 동네가 될 것입니다.

얼마 전에는 신세계가 운영권을 가지고 있던 인천터미널 부지를 롯데가 인수하여 대규모 명품 상업시설로 개발하였습니다. 지금도 남동구에서는 최고지역이지만, 이런 개발 계획들이 더 가시화되는 시점이 되면 명실공히 인천 최고의 지역이 될 것은 두말할 나위가 없겠죠.

동네 이야기 3. 남동구의 쾌적한 주거지 만수동

부평에서 만월산터널을 통과해 나오거나 외곽순환도로에서 장수IC를 통해 빠져나오게 되면 가장 먼저 만나게 되는 지역이 만수동입니다. 만수동은 장수하는 분들이 많아 만수(萬壽)를 누리라는 의미로 명명을 하게 되었다 하네요.

이곳은 특히 주거환경이 쾌적한 지역입니다. 북쪽의 광학산에는 좋은 약수터가 있어 주민들이 많이 찾고 있으며, 동쪽에는 거머리산과 그 너머에는 인천대공원이 있습니다.

장수천도 동남쪽으로 흐르고 있어, 이런 깨끗한 환경 덕분에 간석동 다음으로 주거

남동구 만수동

인천 남동구청

만수동 향촌휴먼시아

시설이 많습니다. 게다가 주거시설과 생활편의시설 이외에는 혐오시설이라고 할 만한 것이 거의 없어 인천 내에서 손꼽히는 주거 선호 지역입니다. 남동구청이 있고, 영동고속도로와 제2경인고속도로를 끼고 있습니다.

동네 이야기 4. | 떠오르는 신흥주거지 서창동

서창동은 조선시대 곡식을 보관하던 창고가 있었던 데서 유래한 지명입니다.

제2경인고속도로와 영동고속도로가 만나는 서창 JC인근에 있으며, 공장시설 등 업무시설이 거의 없는 순수 농촌지역이었으나 2000년대에 들어서며 택지개발사업이 진행되었습니다. 덕분에 현재는 신흥주거지로 조금씩 관심을 받기 시작하고 있습니다.

남동구 서창동

북쪽으로는 낮은 구릉지가 형성되어 있으며 서쪽과 동쪽으로는 자연하천이 흐르고, 남쪽으로는 소래습지가 있는 전형적인 배산임수의 천연 명당 지역입니다.

서창동처럼 그리 화려하지 않아도 배산임수의 입지를 갖춘 농촌지역은 입소문을 통해 천천히 알려지는 경향이 있습니다. 실제 인천지역 분들도 이곳을 잘 모르고, 심지어 오해를 하고 계신 분들도 있습니다. 남동공단에서

서창2지구 조감도

그리 멀지 않으니 공기가 안 좋을 것이라고 추측하기도 하시니까요.

하지만 이 동네는 거주민들만이 느낄 수 있는 묘한 쾌적함이 있으며, 공해라는 말이 전혀 어울리지 않는 지역입니다. 그럼에도 이곳의 지명도가 낮은 것에는 거의 비슷한 시기에 개발된 논현 택지개발지구의 영향이 큽니다. 논현이 비교할 수 없을 정도로 워낙 대규모로 개발되다 보니, 자연스레 서창이 언론의 관심에서 빗겨나게 된 것입니다.

물론 규모나 입지 측면에서 논현과 직접 비교할 만한 정도는 아니지만, 가격 대비 만족도에서는 논현에 뒤지지 않는 입지인 것은 분명합니다. 아시안게임이 열린 남동경기장이 가까이 있으며, 또한 소래습지생태공원을 앞마당처럼 이용할 수 있고, 보기 드물게 녹지 공간 내에 택지개발지구가 있어 주거시설이 매우 쾌적합니다.

다만 자연 상태의 미개발지를 현재 개발 중이기 때문에 대중교통이 불편하고, 생활편의시설이 부족합니다. 그래서 부족한 기반시설과 편의시설들은 직통 도로망을 통해 인근의 논현동과 구월동에서 이용해야 하는 상황입니다. 아직은 말이죠.

동네 이야기 5. | 인천 최대의 친환경 명품 신도시 논현동

논현동은 마을 어른들이 중요한 일이 생길 때마다 논의하던 곳이라는 의미의 지명입니다. 과거에는 거의 인지도가 없는 지명이었다가 최근 성공적인 대규모 택지개발사업으로 서울 강남구 논현동만큼 유명해졌습니다.

이곳을 대표하는 시설은 두 가지가 있는데요. 하나는 한화에코메트로라

남동구 논현동

는 대규모 단일 브랜드 택지개발지구이고, 또 하나는 소래자연포구입니다. 영동고속도로나 수인선 전철을 타고 논현동 지역을 지나실 때 대단지가 눈에 확 띄실 텐데요. 바로 이곳이 논현동의 랜드마크, 에코메트로입니다.

한화건설이 그룹의 사활을 걸고 만든 대형 친환경 해안문화단지로서, 한화건설의 기념비적인 작품이라 할 만큼 많은 애정을 갖고 양질의 설계와 시공으로 완성한 곳입니다. 초

친환경을 모토로 시공된 한화에코메트로

기에는 미분양 등 우여곡절을 겪었지만, 현재는 많은 세대가 입주하여 안정된 주거지역으로서의 모습을 보입니다.

한편 또 하나의 명물인 소래자연포구 인근에는 과거부터 염전이 있었습니다. 수원과 인천을 오가는 수인선은 이곳에서 생산된 소금을 이송하기 위해 만들어진 철도였고요. 그러다 타 교통수단의 발달로 이용률이 급감하면서 1995년에 폐선이 되었는데요. 최근 복선철도로 재개통이 되었습니다. 이제 북인천부터 수원까지 이동이 가능하게 된 것이죠.

소래포구는 수도권에서 가장 유명한 항구로, 많은 분들이 한 번쯤은 가보셨을 곳입니다. 활어를 잡아 현장에서 바로 먹을 수도 있고요, 포장해서 집에서 먹기에도 좋습니다. 과거에는 어시장이라기보다는 각종 젓갈이 판매되던 곳으로, 저도 어렸을 적 엄마를 따라 새우젓을 사러 갔던 기억이 어렴풋이 남아있습니다. 지금은 회를 뜨는 어시장으로 유명세를 탄 후 횟집, 유흥시설을 중심으로 많은 상업시설이 들어서 있습니다.

이곳은 관광객들을 끌어들일 만큼 운치가 있습니다. 썰물 때는 어선들이 갯벌 위에 쓰러져 있는 모습이 인상적이고, 밀물 때가 되면 다시 바다로 나가는 모습도 재미있습니다. 그날 잡은 싱싱한 생선들이 판매되는 풍경들이 아주 생동감 넘치는 곳입니다.

그래서 대도시에서는 보기 어려운 장면을 연출해 주는 이 작은 포구가 인기가 많은 것 같습니다. 아직도 김장철이면 젓갈을 구입하려는 사람들로 늘 분주하며, 주말이면 회를 구입하기 위해 오는 방문객들로 인산인해가 됩니다. 과거 염전 자리에는 현재 해양생태공원이 조성되어 실제 염전 체험도 할 수 있습니다.

소래포구에 정박해 있는 어선들　　소래포구 어시장

한편 소래포구는 시흥시와도 인접해 있습니다. 같은 수인선 라인의 오이도와 함께 관광명소로 부상하면서 양쪽 상권이 발전하고 있는 중입니다. 앞으로 수인선이 확장되면 더 많은 사람들이 이곳을 찾을 가능성이 높고, 관광지이기 때문에 상업시설들도 더 많이 활성화될 것으로 예상됩니다.

인천 경제의 주축, 남동구

경제에서 가장 중요한 요소는 사람입니다. 사람이 많은 곳에서 경제 활동이 왕성해지기 때문이지요. 남동구는 인천 지자체 중에서 가장 인구 증가율이 높은 지역이며, 이는 경제 활동이 더 활성화되고 있다는 증거입니다. 인구 증가는 일거리가 많다는 의미로 이들이 생활할 주거시설이 더 필요해지고, 이들이 이용할 상업시설도 발전하고 있다고 해석할 수 있습니다. 그리고 남동구는 이 삼박자를 잘 갖추고 있는 지역입니다.

남동구의 인구 유입지역을 살펴보면 1위가 남구, 2위가 부평구입니다. 특히 이 중 2위 부평구에서의 유입이 많다는 것은 상당히 고무적인 일입니다. 부평구는 인천에서 서울 접근성이 가장 좋고, 최다 인구가 거주하는 지역이기 때문입니다. 이는 남동구의 쾌적한 환경에 대한 니즈가 높아졌으며 교통 편의성도 부평구와 크게 다르지 않다는 것을 의미합니다.

현재 남동구의 경제력은 부평구를 위협할 만큼 높아졌습니다. 앞으로의 발전 가능성도 크기 때문에 인천의 숨은 강자로, 인천을 이끌어나갈 중심지임이 분명합니다. 인천 경제의 주축으로 인천의 전형적인 모습이 될 지역이 바로 남동구라는 것이죠.

풍수 이야기

예로부터 사통팔달의 교통망은 주로 평지에 형성되었습니다.
다른 지역에서의 접근이 매우 편리하고 또 다른 지역으로의 이동도 용이하기 때문이죠. 그중에서도 오거리 교차로가 있는 곳은 해당 지역의 교통중심지일 확률이 높습니다. 또한 오거리 교차로는 풍수적으로도 이동을 원활하게 하는 의미가 있으며, 사람들이 모이기보다는 흐르는 특성을 보입니다. 따라서 이용 빈도가 높은 주거시설이나 업무시설보다는 짧게 머무르는 요식업 중심의 상권이 형성되어 있을 확률이 높습니다.

그러나 부동산개발 시의 구획편리성 측면에서 보면 오거리는 불편한 점이 많습니다. 부동산 건축 시에도 '각'이 안 나오고요, 사람들이 찾아가기도 어렵습니다. 자동차 방향 전환을 할 때에도 헷갈릴 여지가 높고요. 이러한 불편함을 제거하기 위해, 새롭게 정비되는 택지개발지구는 정십자(十)교차로로 구획이 됩니다.

따라서 아직 오거리 교차로가 남아있는 지역은 과거 도로망을 그대로 사용하는 지방도시이거나, 서울에서는 상대적으로 낙후된 지역일 가능성이 높습니다. 보통 이런 지형에 대규모 재개발이 진행되면 도로로 정비되곤 합니다. 따라서 혹시 오거리 인근에 부동산을 보유하고 있고 인근에 재개발 계획이 있다면, 항상 상권의 변화와 이동을 살피시기 바랍니다. 오거리를 살리는 택지개발은 관광지 말고는 없으니까요.

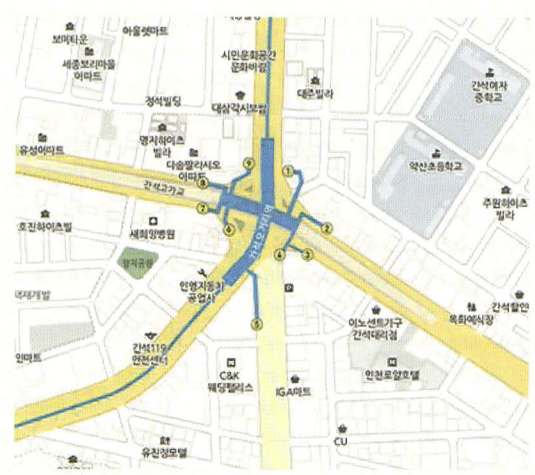

인천 1호선 간석오거리역

지역분석 레시피

◉ 확장 가능성 여부를 꼭 살피세요!

과거 농업지대, 특히 논이었던 부지의 경우 개발 시 확장성이 매우 높습니다. 대부분 평지이기 때문에 어떤 형태로든지 개발이 용이하고, 이 택지가 정착될 경우 주변으로 확장될 가능성이 높기 때문이죠. 특히 도로망까지 추가된다면 확장은 이미 진행되고 있다고 봐도 무방합니다. 만약 택지확장+도로망+전철망의 세 가지 조건에 해당한다면, 그 지역은 무조건 관심지역에 포함시키세요. 재미있는 사실은 이런 가능성이 있는 지역이 인천에는 아직도 많이 있다는 것입니다.

◉ 대형공원 인근은 무조건 좋은 입지랍니다!

가장 대표적인 지역이 송파구 잠실동입니다. 롯데월드의 완공으로 주변 부동산 시세가 평당 100만 원은 더 올랐다고 말씀드렸습니다. 특히 대도시의 대형공원 인근은 도심에 부족한 쾌적성을 해결해 준다는 측면에서 매우 인기가 많습니다. 그래서 대형공원 인근에는 각종 부동산이 발달할 수밖에 없는 것입니다. 그린벨트로 묶인 지역이 아니라면 대형공원은 인근 부동산의 가치를 높이는 데 매우 큰 역할을 합니다. 앞으로는 지역 내 대형공원의 유무도 꼭 찾아보세요.

◉ 상권 형성 속도와 방향을 눈여겨보세요!

인천에서 가장 유명한 상권은 부평역 상권이고, 구월동 상권도 계속 확장되는 중입니다. 과거에는 주안역 상권도 꽤 알아줬었죠. 그보다 더 과거에는 동인천 상권이 유명했습니다.

가장 최근에는 송도 상권이 형성되었습니다. 기존 상권들과 다른 이국적인 매력을 뽐내는 곳이죠. 이처럼 송도는 앞으로도 인천 내 다른 지역보다는 늘 한 단계 앞선 형태로 발전해갈 것입니다. 그 밖에 인천 논현동은 한화에코메트로를 중심으로 상권이 형성되고 있으며, 소래포구는 전형적인 관광지 상권으로 조금씩 달라지는 중입니다.

인천만 해도 이렇게 다양한 형태의 상권이 있습니다. 이들 모두 형성 시기와 발전 속도, 방향도 다르고요. 또한 독자적으로 형성되는 상권이기도 하지만 인근 상권의 보조 역할이나 대체 역할로 형성되기도 합니다. 메인 상권이 앞서나가게 되면, 또 다른 상권이 그 뒤를 따라가는 형태가 된다는 것이죠. 대표적인 예가 바로 송도와 논현동의 상권입니다. 송도의 경우 서울 강남권 이상으로 가장 앞서가는 트렌드를 보여주는 상권이기 때문에, 이 지역에서 성공한 사례를 벤치마킹하여 논현동 상권에 적용해 가는 전략도 상권을 예측하고 활용하는 좋은 방법이겠죠.

고속화도로 통행료를 따져 보세요!

요즘은 민자 도로가 많아지다 보니, 웬만한 고속화도로들은 모두 통행료를 받고 있습니다. 오히려 구간 대비 비싼 경우가 대부분이고요. 이 정도 가면, 얼마 정도를 낼 것인지 예측이 안 됩니다. 네비게이션이 미리 알려주지 않으면 통행료가 얼마인지 알 수 없다는 것이죠. 서울외곽순환도로의 경우 강남지역 구간보다 강북지역 구간이 훨씬 비쌉니다. 그래서인지 강남지역 구간은 늘 막히고, 강북지역 구간은 늘 쌩쌩 달릴 수 있습니다.

한편 영종대교 통행료도 다리 위로 통과하면 7,600원이고, 다리 밑으로 통과하면 3,200원(북인천의 경우), 2,500원(청라의 경우)입니다. 그 외에도 지역별로 차이가 있고요. 얼마 안 되는 100원 정도의 차이도 통행량에는 큰 영향을 미칩니다. 영종하늘도시에 미분양과 미입주가 누적된 중요한 요인 중 하나도 바로 이 통행료 때문입니다.

차종	신공항영업소 (상부도로)	북인천영업소 (하부도로)	청라영업소 (하부도로)
경차	3,300원	1,600원	1,250원
소형	6,600원	3,200원	2,500원
중형	11,300원	5,500원	4,200원
대형	14,600원	7,100원	5,500원

영종대로 차종별 통행료

혹시 분당신도시 초기에 분당 주민들이 분당 진입도로의 통행료 거부 운동을 했던 뉴스를 기억하시는지 모르겠습니다. 결국 분당 주민들은 할인을 받을 수 있었고요. 저는 이 사례를 통해 지역 파워가 강하면, 경제적 이득도 얻는다는 것을 깨달았지요.

지역 초기 정착 시기에 외부에서 진입하는 통행료가 높으면 분명 방해가 됩니다. 그래서 통행료 책정에도 지역민들의 관심이 필요한 것입니다. 곧 제3연륙교가 착공을 하겠지만 제3연륙교의 통행료는 무료이거나 대단히 저렴한 비용일 것입니다. 영종도라는 지역의 접근성을 이전과는 완전히 바꾸어 놓겠지요. 그만큼 가치가 올라가게 될 것입니다.

다섯 번째 이야기.

인천 최고 강자 부평구 이야기

부평 vs 부천, 더욱 경쟁력을 갖춘 곳은?

인천시 부평구와 경기도 부천시는 과거부터 지금까지 쭉 경쟁 관계를 유지해 오고 있습니다. 물론 1990년대 초반까지는 부평구가 부천시보다 훨씬 좋은 지역으로 평가되었습니다. 1990년대 이전의 부평은 이미 지금의 위상을 가지고 있었지만, 부천에는 작은 마을들과 논밭이 대부분이었으니 말이죠. 그러다 1990년대에 들어서면서 중동신도시가 개발되고, 또 이어서 상동신도시가 확장 개발되면서 전세가 완전히 역전이 됩니다.

부평구는 공장단지 위주로 주거와 상업시설들이 현대화되며 조금씩 발전하는 수준이었지만, 부천은 논밭에 첨단신도시가 생겼으니 완전히 천지개벽이 된 것이죠. 지적부터 정리하여 완전히 새로운 판에 최첨단 시설들이 들어서게 되면서부터 부천이 좀 더 좋게 평가되는 것입니다.

부동산을 비교 평가하는 기준은 부동산 시세를 통해서도 알 수 있습니다. 시세라는 것은 결국 사람들이 그 부동산을 얼마만큼의 가치가 있다고 평가하는지가 반영된 것이니까요. 그래서 유사한 수준과 입지를 갖춘, 같은 연식의 아파트끼리 시세를 비교해 보면 부천시의 시세가 부평구보다 약간 더 높다는 것을 알게 됩니다.

하지만 부천이 계속 앞서갈지, 아니면 앞서거니 뒤서거니 하며 팽팽한 경쟁 관계를 유지할지는 좀 더 지켜봐야 할 일입니다. 이미 부천의 도시는 숙성되었지만, 부평은 낡은 만큼 새로운 도심 정비가 진행될 수 있는 여지가 있기 때문입니다. 그 외에도 부평은 부천이 가지지 못한 다른 동력이 있는, 충분한 저력을 지닌 지역입니다.

지금도 인터넷 커뮤니티 어딘가에는 우리가 생활환경이 더 좋다, 학군이 더 좋다, 일거리가 더 많다 등등 보이지 않는 치열한 설전이 벌어지는 중입니다.

부평과 부천은 한 뿌리다

그렇다면 언제부터 이 두 지역이 경쟁 관계가 되었을까요?

이 질문에 답은 없습니다. 경쟁 관계로 보기에는 두 지역의 모습이 매우 다르면서도 동시에 매우 많은 공통점이 있으니까요. 이는 이 두 지역의 뿌리가 같아서 그렇습니다.

흥미로운 사실은 현재 부평구나 부천시에 살고 계신 분들을 제외하고는 두 지역을 정확히 구별하는 분이 많지 않다는 겁니다. 부천을 인천의 한 지역이라 알고 계신 분도 계시고 부평이 부천의 한 지역이라 생각하시는 분들도 의외로 많습니다. 옆에 누가 계시면 한번 물어보세요. 그만큼 이들을 구별할 만한 정확한 구분선이 없습니다.

조선시대 두 지역은 부평도호부라는 지자체에 함께 소속되어 있었습니다. 부평도호부는 현재 인천의 계양구와 부평구, 그리고 경기도 부천시를 포함한 지역이었습니다. 지금은 인구수나 세대수를 기준으로 분리하지만, 과거에는 산이나 하천 등 자연지형으로 지역을 분리했는데요.

구 부평도호부(계양·부평·부천)를 보면 북쪽으로는 계양산과 천마산을, 서쪽으로는 원적산과 만월산과 구르지고개를, 남쪽으로는 광학산과 거마산, 그리고 성주산을, 동쪽으로는 도당산과 춘덕산, 원미산으로 둘러싸인 완벽한 분지 지형이었습니다. 하나의 지자체로 묶이기에 안성맞춤이었던 것이죠. 그러니까 원래 인천 계양구와 부평구, 그리고 경기도 부천시는 한집안 식구였던 것입니다.

그래서 지금도 이 3개 지역에서 다른 지역으로 갈 때는 지형적으로 명확히 분리가 됩니다. 부평구에서 인천 남구나 남동구로 가려면 만월산터널을 통과해야 하고요. 서구로 가려면 원적산터널을 통과해야 합니다. 옛날에는 산으로 완벽하게 지역이 분리되었던 것이죠.

그러다 일제강점기 당시 일본의 행정관리 편의를 위하여 서쪽(현재 계양·부평)은 인천으로 통합시키고, 동쪽은 부천군으로 따로 분리를 시키며 지금의 모습에 이르게 된 것입니다.

이후 두 지역은 다른 역할을 하고 있습니다. 부평은 인천에서 엄청난 영향력을 행사 중이고, 부천

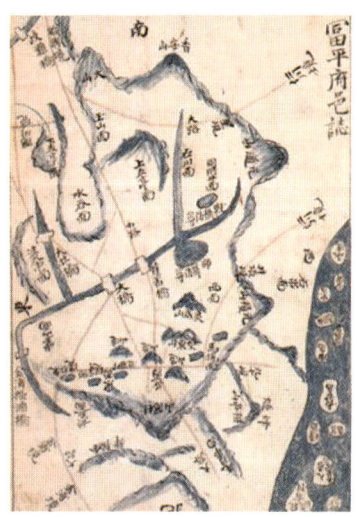

부평도호부를 나타낸 고지도

은 서울의 위성도시로서 충실히 역할을 수행하는 중입니다. 그러니 이제 둘 중 어느 곳이 더 경쟁력이 있는지에 대해 괜한 에너지를 소모하실 필요는 없을 것 같습니다. 혹시 누가 또 아나요? 계양, 부평, 부천이 조선시대처럼 재통합되어 협력해야 할 사이가 될 수도 있으니까요.

부평구의 연혁

부평구는 원래 북구에 포함된 지역이었습니다. 그러다가 1988년에 서구를, 1995년에는 계양구를 분리시켰고요. 이후 북구는 다시 과거 명칭이었던 부평구라는 지자체로 돌아가게 된 것입니다. 현재 부평구는 북쪽으로는 계양구를, 서쪽으로는 서구를, 남쪽으로는 남동구와 남구를, 마지막으로 동쪽으로는 경기도 부천시를 두고 있습니다.

서울 접근성 부문 인천 최강자

인천의 경제부문 최고 강자로는 단연 부평구를 꼽습니다. 물론 현재까지는 말입니다. 송도 개발이 활성화되면 인천의 최강자 자리는 연수구로 넘겨주어야 할 테니까요.

그러나 송도의 개발 이후에도 부평구는 지속적으로 인천의 강자로 남아있을 것입니다. 태생적으로 송도는 서울 접근성이 떨어지지만, 부평구는 서울에 근접하여 있기 때문입니다. 서울과의 인접성은 다른 어떤 지역에서든 마찬가지로 적용이 됩니다. 현시점에서 부천시가 부평구보다 좀 더 높은 가치로 인정받는 것도 부천이 부평보다 서울에 더 인접해 있기 때문이고요. 그만큼 서울과의 물리적 거리는 특히 수도권 부동산의 가치를 평가하는 데 있어 가장 중요한 요소라는 것을 기억해 두시기 바랍니다.

인천 경제의 핵심, 다양한 입지적 장점들

부평구는 서울과의 인접성뿐 아니라 자체적인 경제 생산능력이 있다는 장점도 있습니다. 수출공단4단지로 대표되는 경인산업단지는 인천 경제의 핵심입니다. 또한 한국 GM(구 대우자동차) 부평공장은 부평구가 인천의 강자 역할을 할 수 있도록 가장 큰 공헌을 하고 있는 기업체입니다. 주변의 협력업체까지 감안하면 부평 경제의 핵심시설이라고

GM부평공장

우림라이온스밸리

할 수 있습니다. 여러 대기업의 본사·지사·공장들이 위치해 있고요. 우림라이온스밸리, 남광센트렉스 등 국내 최대 규모의 아파트형 공장단지도 있습니다. 중소기업까지 포함하여 약 1,300여 개의 기업들이 부평구에서 기업 활동을 하고 있는 것입니다.

한편 현재 부평구에는 인천 최대 인구와 세대수가 살고 있습니다. 2019년 기준 인구 52만 명, 21만 세대로 면적은 인천 전체 5%밖에 되지 않지만, 인구는 인천의 17%를 차지하고 있습니다. 예상외로 업무시설보다 주거시설, 상업시설의 면적이 훨씬 넓습니다.

부평구에 일자리가 있는 분들도 있지만 인천 내부나 서울로 통근하는 분들이 많기 때문인데요. 특히 부평구의 편리한 교통편을 이용하여 서울로 출퇴근하는 분들이 상당합니다. 경인고속도로와 서울외곽순환도로가 있어 도로교통 접근이 용이하고, 지하철 1호선과 인천지하철 1호선이 부평구의 중앙을 관통합니다. 지하철 7호선 연장구간 덕분에 서울 강남권과의 연계성도 좋아졌습니다. 7호선 연장선이 2020년 석남역까지 연결되면 산곡동이나 청천동의 교통 환경도 더 편리해지겠지요.

인천에서 가장 파워풀한 전철망을 바탕으로 인천 최대의 상권이 형성되어 있습니다. 바로 부평역 상권인데요. 부평지하상가와

7호선 연장 노선도

부평역 상권의 모습

재래시장, 그리고 백화점과 로드샵 등 문화의 거리와 결합하여 인천뿐만 아니라 외부 인구도 끌어들이는 거대한 상권입니다. 하지만 최근에는 연수구 송도나 남동구 구월동 지역에 그 영향력이 많이 나누어졌습니다.

| 동네 이야기 1. | # 대한민국 자동차산업의 요람 청천동 |

청천동에는 부평구 경제의 핵심, 한국GM 부평공장이 있습니다. 이 GM 부지는 원래 일제강점기시대에 유명했던 기업인 신진공업사 부지였습니다.

그 후 새나라자동차, 새한자동차를 거쳐 대우자동차가 이 부지를 인수하면서 한국 자동차 생산의 대표적인 공장지대가 형성되었습니다.

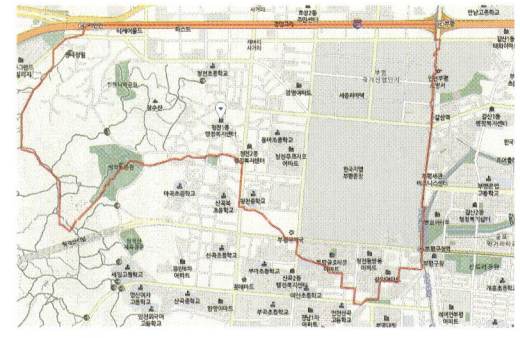

부평구 청천동

대우의 부도 사태 이후에는 GM이 인수하였고, 그 밖에도 다양한 기업들이 부평공업단지를 형성하고 있습니다.

청천동의 북동쪽은 공장단지가, 남서쪽은 장수산과 원적산 아래에 공원이 있고, 그 주변으로 다세대 위주의 주거단지가 있습니다. 공장 근로자들을 대상으로 한 월세 수요가 많은 곳이죠.

지역 명물 중 하나인 나비공원도 있으며, 인천지하철 1호선 갈산역과 부평구청역, 7호선 부평구청역을 이용할 수 있습니다. 부평구청역을 이용하면 7호선 가산디지털단지역까지 30분, 논현역까지 1시간 정도 걸리며 경인고속도로, 서울외곽순환도로 등도 이용 가능합니다. 2020년 이후로는 7호선 신규 역사가 추가될 예정입니다.

나비공원 내 물놀이장

동네 이야기 2. | 굴포천이 흐르는 갈산동

갈산동에서 본격적으로 청천천과 굴포천이 시작됩니다. 특히 굴포천은 앞서 소개해 드린 것처럼, 조선시대 경인 운하 토목사업의 결과로 인공적으로 조성된 하천입니다. 비록 운하로는 성공하지 못했지만 후손들에겐 선물이 되었습니다.

안 그래도 녹지공간이 부족한 곳에 물과 녹지가 공급되었으니, 숨통을 트이게 해 준 것과 다를 바 없으니까요.

부평구 갈산동

하지만 몇 년 전까지만 해도 굴포천은 폐수와 오염의 상징이었습니다. 인근 공단에서 무단 방출되는 공장 폐수와 인근 주거지에서 배출되는 각종 오염물질로 인해 악취가 심하게 진동했었으니까요. 그러다 인천시와 인근 주민들이 실시했던 굴포천 생태하천 복원사업 이후로 다시 살아나게 되었고, 현재는 갈산동뿐 아니라 부평구 전체에 허파 역할을 하고 있습니다. 갈산동의 주거시설들도 이 굴포천을 중심으로 건설되고 있으니, 지역의

깨끗한 굴포천의 모습　　　　　　　　　갈산물놀이공원

부가가치를 높여주는 좋은 역할을 톡톡히 하고 있는 것입니다.

한편, 갈산동의 중앙에는 청천천이 흐릅니다. 이 청천천을 기준으로 북쪽으로는 공장들과 소형주택이 밀집해 있고, 남쪽으로는 아파트 단지들이 있습니다. 인천 1호선 갈산역, 부평구청역과 7호선 부평구청역, 굴포천역을 이용할 수 있습니다. 굴포천역과 부평구청역 사이로 먹자골목이 있고 굴포천역 근처에 공원도 있어 생활 편의성이 높습니다.

동네 이야기 3. | 부평구 최고 주거지 삼산동

삼산동은 세 개의 산이 있었다는 데서 그 지명이 유래했습니다. 옛날엔 영성산 등의 참 좋은 산이 있었다고 전해지는데요. 일제강점기 국방도로를 건설하는 과정에서 산의 흙을 파내고 도로 성토작업을 거치며 산들이 없어졌다고 합니다. (국방도로는 현재 경인고속도로입니다)

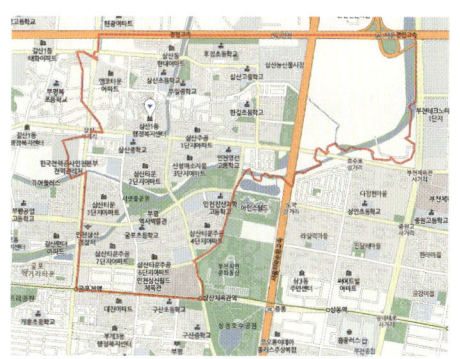

부평구 삼산동

평지지형인 삼산동은 과거에는 주변의 청천천과 굴포천을 이용하여 농사를 짓는 전형적인 농업지역이었으나, 지금은 부평구에서 가장 큰 규모로 개발된 택지개발지구입니다. 부평구에서는 주거지역으로는 가장 선호도

삼산체육관

아인스월드

가 높으며 삼산동, 부개동의 아파트 단지들은 부천 신도시와 비교될 정도로 부평구민들이 자랑스러워하는 명품 주거지역입니다. 다양한 평형의 삼산타운과 소형평형 위주의 미래타운으로 구분되어 있으며, 학군이 우수하고 유해시설이 없습니다.

지하철 7호선 굴포천역과 삼산체육관역을 이용하여 강남권으로 출퇴근이 가능하며 북쪽으로 경인고속도로, 동쪽으로 서울외곽순환도로를 이용할 수 있어 도로 이용도 용이합니다. 삼산체육공원, 부평역사박물관 등 다양한 문화·레저시설이 있으며 아인스월드, 부천시민문화동산 등 부천의 다양한 문화체육시설들도 편리하게 활용이 가능합니다.

동네 이야기 4. | 미군부대 이전으로 앞날이 유망한 산곡동

과거 산곡동은 서구 가좌동으로 넘어가던 장고개로 유명했습니다. 이 장고개가 유명했던 이유는 인천으로의 연결 역할을 했기 때문이기도 하지만, 그보다 인천지역 최초의 상수도관 설치지역이라는 더 큰 의미가 있었기 때문입니다.

1906년부터 한강 노량진 취수장에서 정수된 수돗물이 이 산곡동 장고개를 통해 인천 동구 송림배수지까지 연결이

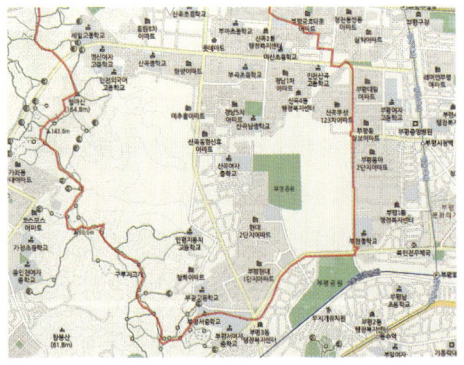
부평구 산곡동

미군부대 맞은편 현대아파트　　　　　　산곡동 내 미군부대의 모습

되었다고 합니다. 그래서 장고개 상수도관 매립도로 위로 수도길이란 도로가 생기기도 했었는데, 이 도로는 한국전쟁 이후 미군부대가 이곳에 주둔하게 되면서 없어졌다고 하네요.

　두 개의 산 사이에 위치하는 산곡동은 군부대 위치로 안성맞춤이었습니다. 그중 산과 맞닿아 있는 부지 대부분이 군부대로 활용되고 있으며 캠프마켓이라는 미군 부지도 있습니다. 보통 한 지역에 일정 규모 이상의 군부대가 들어오면 그 지역은 군부대 위주로 생활환경이 조성되게 됩니다. 산곡동 역시 군인들을 대상으로 하는 주거·상업시설이 많았으며, 특히 군부대를 대상으로 하는 유흥업소들이 많았습니다.

　그러다가 1970년대 이후 인천의 산업화가 급격하게 진행되면서 많은 군부대가 이전을 하게 되었고, 이전된 부지에 공장들과 주거시설들이 들어서기 시작했습니다. 현재는 주거시설이 훨씬 많아서 평범한 동네의 모습으로 바뀌었습니다.

　게다가 2022년에는 산곡동 미군부대도 완전 이전하게 됩니다. 앞서 용산구 편에서 살펴보았듯이, 미군이 주둔했던 입지 대부분은 해당 지자체 내에서 가장 좋은 입지인 경우가 많습니다. 따라서 미군부대가 이전하게 되면 주거밀집지역인 산곡동에는 매우 큰 호재로 작용할 것입니다.

　2020년 입주할 주거복합단지인 부평아이파크는 부평구에서 가장 높은 40층으로 조성되며 7호선 연장선의 직접적인 수혜단지입니다. 2021년 입주하게 될 쌍용더플래티넘부평은 산곡2-2구역 재개발 아파트입니다. 부평구의 유일한 사립학교인 한일초를 비롯해 산곡초, 산곡중이 있고, 인천고, 세일고, 명신여고도 걸어갈 수 있는 거리로 학군이 매우 좋습니다. 향후 미군부대 부지 개발과 맞물려 시너지를 낼 만한 좋은 호재가 되는 것이죠.

7호선 역세권이 될 부평아이파크 위치

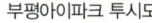

부평아이파크 투시도

산곡2-2구역 쌍용더플래티넘 위치

쌍용더플래티넘 투시도

 2004년에는 산곡동에 온 국민의 관심이 집중된 친일파-애국지사 소송사건이 있었습니다. 친일파 송병준의 자손들이, 현재 국가에 귀속된 산곡동 미군부대 부지는 원래 자신들의 땅이라는 것을 요지로 소송을 진행한 것입니다. 그러자 항일독립가셨던 민영환님의 자손들이 이는 민영환 가문의 토지였다가 일제강점기 때 송병준에게 부당하게 소유권이 넘어가고, 해방 후 국가에 귀속되었던 토지였다고 반박하며 소송에 이르렀습니다. 소송 당시 공시지가가 약 2,500억 원에 이르렀습니다.

 결국 2011년 법원은 국권침해조약 행위자 재산의 국가귀속은 위헌이 아니라 판결하여 송병준 후손의 패소를 확정지었습니다.

동네 이야기 5. | 부평구의 중심 부평동

부평동에서는 지하철 1호선과 인천지하철 1호선이 정십자(+)로 만나고 있으며, 이 더블역세권을 바탕으로 인천 최대의 상권이 형성되어 있습니다.

특히 경인전철, 인천지하철 1호선 부평역 지하에는 2,000개에 가까운 지하상가들이 있고, 이 상가를 방문하는 하루 유동인구가 무려 12만 명이 넘는다고 합니다.

최근에는 인천시민뿐만 아니라 외국인 관광객들도 방문하는 지역 명소가 되었습니다. 지상에는 모다백화점과 부평재래시장이 있고, 이 사이에 문화의 거리가 형성되어 있는데요. 해외에서도 이 상권을 성공 모델로 벤치마킹하기 위해 방문하고 있습니다.

부평구 부평동

경인전철(부평역)이 중앙을 동서로 관통하고, 7호선(굴포천역과 부평구청역)이 북쪽 라인을,

부평지하상가 내부 안내도

가톨릭대학교 인천성모병원

인천지하철 1호선(부평구청역, 부평시장역, 동수역, 부평역)이 부평구 중앙을 북에서 남으로 가로지르고 있습니다. 대형병원으로는 남쪽 광학산 아래에 가톨릭대학교 인천성모병원이 있습니다.

이렇듯 부평동은 부평구의 중심에 위치하여 교통, 상업, 주거, 관공서 등이 모두 집중되어 있습니다.

한편, 이곳이 중심지가 된 이유 중 하나로 방사형으로 배치된 도로를 꼽을 수 있는데요. 지난 남동구 이야기에서 말씀드린 바 있듯이, 오거리는 주변에서의 접근성을 배가시킵니다. 따라서 부평동은 과거부터 사람들이 모일 수밖에 없었던 위치인 것입니다. 서울로 출퇴근이 가능하면서 시세가 낮아 저평가되었다고 판단한 투자자들이 한때 몰려와 갭투자의 성지로 불리기도 했습니다.

| 동네 이야기 6. | 부천의 문화시설을 활용하는 부개동 |

부개동은 부천시와 맞닿아 있습니다. 부천에서 자랑하는 부천시민문화동산과 상동호수공원, 웅진플레이도시 등의 문화·레저시설들을 앞마당처럼 활용할 수 있습니다.

이렇게 부천의 상동신도시와 삼산동 택지개발지의 장점들을 모두 활용할 수 있는 위치로, 특히 지리적으로 밀접한 상동신도시와 유사한 분위기가 납니다.

부천과 가까운 동쪽은 아파트 단지, 부평동 방향의 서쪽으로는 다세대 위주로 구성되어, 지역 내에서도 부동산들이 대비되는 모습을 보입니다. 부개동의 아파트 단지들은

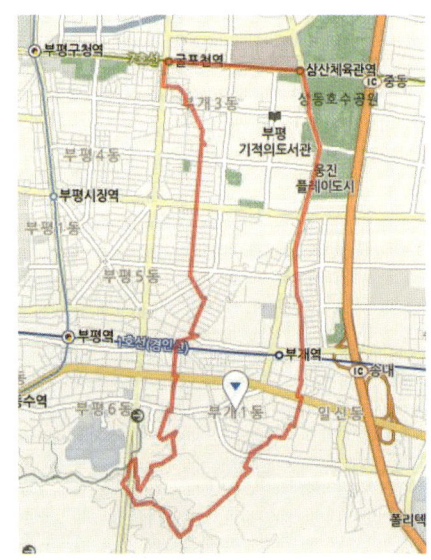

부평구 부개동

대부분 1990년대 후반 이후에 지어져서 부평구 내에서는 주거시설이 가장 잘 정비되어 있습니다. 남쪽으로는 경인전철 부개역을, 북쪽으로는 7호선 삼산체육관역과 굴포천역을 이용할 수 있습니다.

부개푸르지오 야경

동네 이야기 7.

대한민국 최초 천일제염 생산지였던 십정동

십정동은 호랑이가 많이 살았다고 하는 함봉산 아래 형성된 자연마을로, 다세대주택이 가장 많은 지역 중 한 곳입니다. 한자 뜻 그대로 열우물 마을로 불리기도 합니다. 저렴한 주택들이 밀집해 있고, 인근의 경인전철 백운역과 동암역을 이용해 서울이나 동인천, 주안 등 인천 내부 구심 지역으로 출퇴근하는 근로자들이 많이 거주합니다.

부평구 십정동

낙후된 주택이 많아 주택재개발 등 많은 정비사업이 계획되어 있기도 하고요. 십정2구역의 주거환경개선사업은 미분양 문제 때문에 지지부진하다가 용적률과 높이를 완화해 포스코더샾에서 기업형 임대주택인 뉴스테이로 공사 중입니다.

한편 이곳 십정동에는 선구지라는 우리나라 최초의 천일제염지가 있었습니다. 천일제염은 바닷물을 증발시켜 소금을 추출하는 우리나라의 가장 대표적인 소금 생산법인데요. 대한민국 최대의 천일제염지인 남동구 소래포구에 비해서는 크기가 작았다고 합니다. 지금은 바닷물길이 매립되고 그 위로 공장들이 지어져 폐쇄된 상태이지만, 1969년까지도 소금을 생산해 내던 곳입니다.

오래된 십정동의 주택들과 곳곳에 그려진 벽화들

교통과 상권, 그리고 공장

부평구에는 많은 사람들이 오갔던 역사적 흔적들이 참 많습니다. 수돗물 상수관이 지나가고, 소금도 이송되고, 일본, 미국 군부대도 상주하는 등 다양한 인물과 물건들이 끊임없이 움직였습니다.

특히 조선시대에는 인천에 집결된 수출입 교역물건들을 중심지 한양(서울)까지 운반하는 중요한 역할을 했습니다. 지리적으로 인천과 한양 중간에 있었기 때문이지요. 하지만 물류운반 역할에만 그치지 않고 부가가치를 높이는 작업들도 함께 진행되었습니다. 신선식품의 유통기간을 늘리기 위해 1차, 2차 가공을 했으며, 공산품을 제조하기도 했습니다.

결국 부평은 과거부터 교통의 요지가 될 수밖에 없는 위치였으며, 상품을 가공, 제조하는 공장입지로 참 좋은 지역이었던 것입니다. 그래서 많은 사람들이 찾는 상권이 자연스레 형성된 것이었고요. 이러한 부평의 역할은 오랜 시간이 흐른 지금도 지속되고 있습니다.

부평의 미래

부평구는 인천에서 인구도, 경제생산량도 가장 많은 곳입니다. 당연히 그에 따르는 세수도 많이 걷히고 있어 인천시의 사랑을 듬뿍 받는 곳이지요. 물론 현재 가장 대외적으로 주목받는 곳은 연수구의 송도와 서구의 청라지구입니다.

그러나 이 두 지역은 손익만 따져보자면 현시점에서는 이익보다 지출이 더 많습니다. 어찌 보면 부평구에서 나오는 세수로 이 두 지역을 지원하고 있다고 볼 수도 있습니다. 그만큼 인천 내에서 부평구의 역량은 막강합니다.

가까운 시일은 아니지만 송도, 청라 그리고 영종도가 제 역할을 하게 되는 날이 올 텐데요. 그때는 부평구의 비중이 지금보다 작아질 수는 있습니다. 하지만 워낙 타 인천 지역과는 다른 역할을 지속적으로 해왔기 때문에 그리 크게 위상이 떨어지지는 않을 것이라 봅니다.

부평역 상권의 미래에 대해 살펴보자면, 인천시청에서 버스터미널까지 연결되는 구월동 상권과, 지하철 7호선의 굴포천부터 부천 신중동사거리까지 연결되는 상권이 대규모로 형성되고 있습니다. 교통망의 확장은 상권을 넓히기도 하지만 분산하는 역할도 하여, 앞으로 부평역 상권도 이들 지역에 어느 정도는 양보하게 될 것으로 보입니다. 그렇다고 해서 상권이 크게 쇠퇴한 동인천이나 주안역 상권처럼 완전히 죽지는 않을 것입니다. 동인천이나 주안역 상권은 상권 위주의 지역이었지만, 부평은 업무와 주거 위주의 지역이라 기본적인 수요가 탄탄하기 때문입니다.

부평은 인천과 서울에 모두 꼭 필요한 존재입니다.
그 입지적인 장점 하나만으로도 충분히 막강한 경쟁력을 가지고 있는 곳입니다.

지역분석 레시피

📍 미군부대 이전지의 미래를 주목하세요.

요즘 도시지역 내 군부대의 경우는 외곽지역으로 이전되는 추세입니다. 그중 미군부대 부지로 가장 유명한 용산구는 일부 이전한 부지에 용산가족공원과 시티파크 등의 명품 부동산들이 이미 개발되었고, 지금도 지속적으로 개발이 진행되는 중입니다.

인천 산곡동 내 일부 부지의 경우에도, 군부대 이전 후 공원으로 조성이 되었습니다. 2022년에 미군부대가 이전을 추진하는 과정에서 산곡동에는 많은 변화가 있을 겁니다. 미군부대 용지를 어떤 형태로 활용하게 될지 확정되진 않았지만 적어도 지금보다도 무조건 플러스 프리미엄이 발생할 것은 자명한 일이 되겠지요.

대도시에서 가장 취약한 부분이 자연환경이라고 말씀드렸습니다. 따라서 도시지역에서 자연환경의 활용이 가능한 입지는 앞으로 더욱 부가가치가 있을 것입니다. 그래서 우리는 군부대가 이전되는 부지의 미래를 주목할 필요가 있습니다. 대부분 자연환경을 끼고 입지해 있으니까요. 특히 대부분의 미군부대는 지역 내 최고의 입지입니다.

📍 굴포천의 변화를 주목하세요!

송파구의 양재천 복원사업이 청계천의 본보기가 되었던 것처럼, 과거에는 흉물에 불과하던 오염 하천도 어떻게 활용하느냐에 따라 지역 내 자랑거리 명물로 탈바꿈시킬 수 있습니다. 굴포천의 경우도 마찬가지입니다.

과거에는 공장폐수와 생활오염수로 뒤덮였었지만, 인천시와 시민들의 노력으로 지속적으로 변화되고 있습니다. 최근에는 한강에서 잉어 떼까지 올라올 정도로 수질이 많이 개선되었다고 합니다. 지하철 역명을 굴포천역으로 명명할 정도로 지역의 자랑거리로 거듭난 것입니다. 한강지류이기 때문에 지속적으로 관리를 해나갈 것이며, 점점 더 쾌적해질 것으로 예상됩니다. 이렇게 좋은 하천이 있다는 것은 그 지역 부동산에 프리미엄을 줍니다.

◉ **지역 내 대기업은 축복입니다.**
파주에 LG디스플레이가, 천안·아산에 삼성LCD가, 울산에 현대중공업이 없었다면 그 지역들은 지금처럼 발전할 수 없었을 겁니다. 우리나라에서 선진국 수준이라 칭할 수 있는 지자체인 울산, 여수, 광양, 거제 역시 대기업의 힘으로 도시 전체의 경제 수준이 달라진 좋은 사례들이죠. 그만큼 지역 내 대기업을 유치한다는 것은 정말 중요한 일입니다. 거의 축복이나 마찬가지죠.
인천 부평구에는 한국GM 부평공장이 있습니다. 이런 대기업 인접성을 늘 눈여겨보시기 바랍니다. 하이닉스 공장이 들어서게 될 용인 처인구 원삼면의 영향력에 관심을 가져야 하는 이유가 여기에 있는 것이죠.

주목해야 할 재개발·재건축 레시피

부평구는 한 나라 도읍지 수준의 대형 명당지입니다. 풍수적으로 보면, 인천에서는 드물게 산과 물의 자연환경을 사용할 수 있는 지역이기 때문입니다. 많은 구역에서 재개발과 재건축이 이루어지고 있습니다. 미래에 분명 가치 있는 지역이라 판단되므로 단계들을 살펴보며 투자 타이밍을 고려해 보는 것이 좋겠습니다.
석남동 지역은 석남역과 인천 7호선 환승역으로 강남으로 가는 직통 연결선 7호선이 현재 공사 중이며 2020년 완공예정지역입니다. 상업특별지구로 지역이 묶여 있고 건물 노후화로 인한 재건축이 활발하게 이루어지고 있습니다.

동	구역	대지면적 (m²)	예정 세대수	사업유형구분	시공사	현재 단계 (19년 6월 기준)
동춘동	농원마을구역	10,487		주거환경개선지구		구역지정
옥련동	옥련대진빌라 주변구역	8,548	170	주택재개발	이수건설(주)	사업시행인가
청학동	청능마을	21,914		주거환경개선지구		구역지정
간석동	우신구역	104,320	2,000	주택재개발		구역지정
간석동	간석성락 아파트구역	20,637	416	주택재개발	금호건설(주)	사업시행인가
간석동	백운주택1구역	43,715	569	주택재개발	현대건설(주)	사업시행인가
간석동	상인천초등학교 주변구역	137,842	2,228	주택재개발	(주)한화건설 대림산업(주) 삼성물산(주)	사업시행인가
갈산동	갈산1구역	50,367	940	주택재개발	SK건설(주)	조합설립인가
부개동	부개4구역	66,689	1,327	주택재개발	대림산업(주)	사업시행인가
부개동	부개3구역	23,110	532	주택재개발	코오롱건설(주)	이주/철거
부개동	부개서초교 북측구역	76,157	1,215	주택재개발	(주)한진중공업 SK건설(주)	이주/철거
부개동	부개5구역	117,300	2,200	주택재개발	(주)대우건설 코오롱건설(주) 현대건설(주)	조합설립인가
부평동	부평고교주변구역	22,443		주거환경개선지구		구역지정
부평동	부평목련아파트 주변구역	13,109	385	주택재개발	한라건설(주)	사업시행인가
부평동	부평2구역	59,954	1,470	주택재개발	대림산업(주) 현대건설(주)	사업시행인가

동	구역명	면적	세대수	사업구분	시공사	사업단계
부평동	부평4구역	80,720	1,784	주택재개발	(주)대우건설 현대건설(주)	사업시행인가
부평동	부평3구역	15,600		도시환경정비사업		이주/철거
부평동	신촌구역	107,115		주택재개발		추진위
산곡동	산곡4구역	39,382	799	주택재개발	두산건설(주)	관리처분
산곡동	산곡구역	115,101	2,364	도시환경정비사업	(주)대우건설 HDC현대 산업개발(주)	사업시행인가
산곡동	산곡6구역	123,549	2,706	주택재개발	코오롱건설(주) 현대건설(주) GS건설(주)	사업시행인가
산곡동	산곡5구역	88,026	1,498	주택재개발	금호건설(주) 코오롱건설(주)	사업시행인가
산곡동	산곡2-1구역	58,464	923	주택재개발	(주)신일	이주/철거
산곡동	산곡7구역	85,395	1,500	주택재개발	(주)대우건설 롯데건설(주)	조합설립인가
산곡동	산곡3구역	24,802	371	주택재개발	이수건설(주)	조합설립인가
삼산동	삼산1구역	33,053	625	주택재개발	(주)대우건설	관리처분
십정동	백운2구역	57,749	1,032	주택재개발	현대건설(주)	관리처분
십정동	동암마을	13,690		주거환경개선지구		구역지정
십정동	십정3구역	34,552	670	주택재개발	한신공영(주)	사업시행인가
십정동	십정4구역	45,140	856	주택재개발	(주)한진중공업	사업시행인가
십정동	십정2구역	193,066	5,695	주거환경개선지구	(주)포스코건설	이주/철거
십정동	십정5구역	92,954	1,722	주택재개발		조합설립인가
십정동	십정동재개발			주택재개발		추진위
청천동	청천1구역	75,338	1,240	주택재개발	롯데건설(주) 벽산건설(주)	사업시행인가
청천동	청천2구역	219,328	5,190	주택재개발	대림산업(주)	이주/철거

동	재건축단지명	준공연월	총세대수	건립예정세대수	시공사	사업단계
부평동	부평	1981.09	260		우미건설(주)	사업시행인가
산곡동	재원	1984.12	210			안전진단
삼산동	대보	1984	340	540	두산건설(주)	조합설립인가
삼산동	부영	1984.08	280	346	일성건설(주)	사업시행인가
청천동	대진	1985.05	340	465		구역지정
청천동	동양	1982.12	200			추진위

〈인천광역시 재개발·재건축 진행 상황〉

Gyeo

서울에
버금가는

Part.3

서울의
위성도시들

첫 번째 이야기.

경기도 Intro편

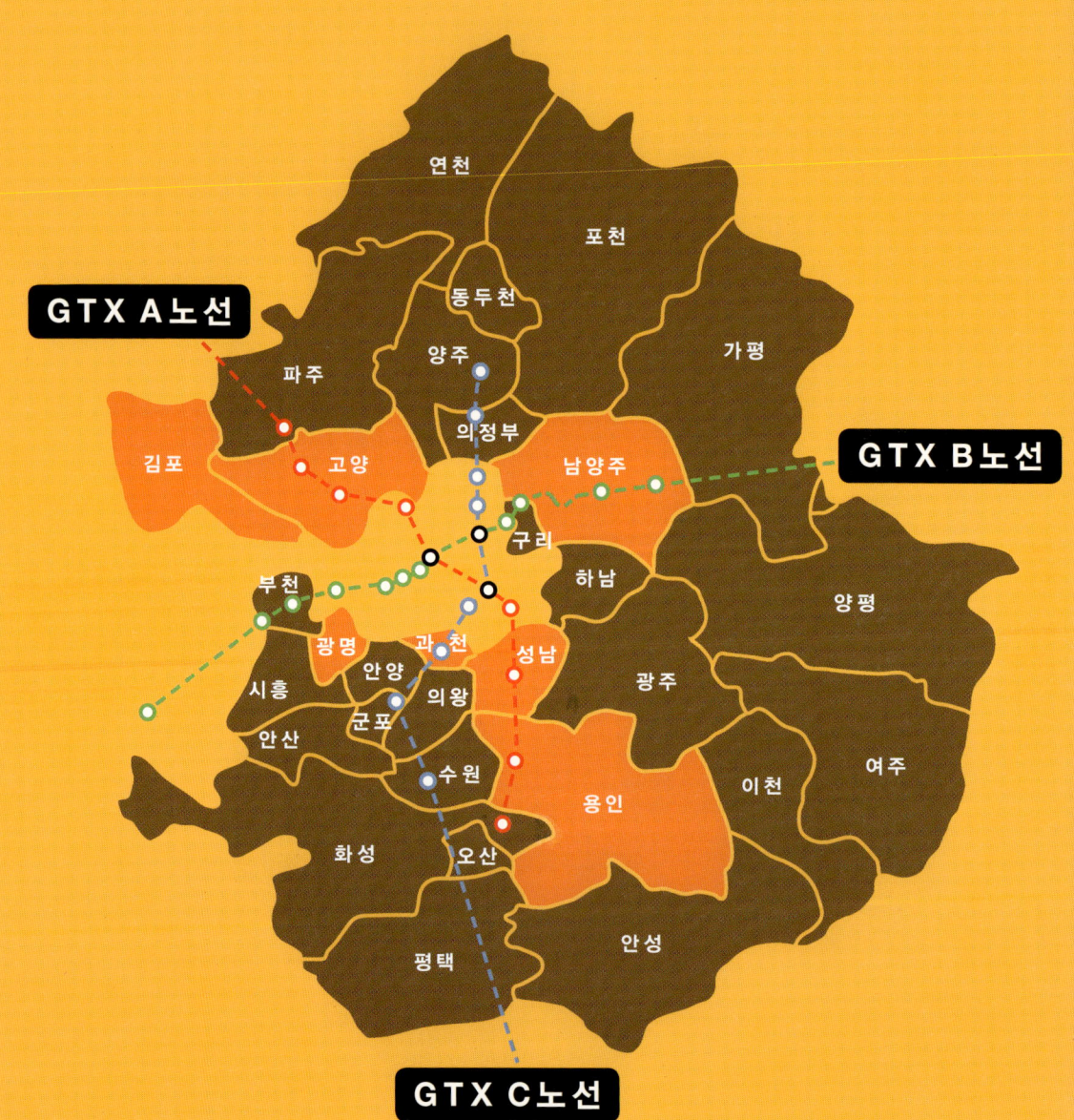

서울 이상의 부가가치가 있는 경기도

경기도는 서울이라는 거대한 부동산에 가려져 늘 서울 다음으로 언급되지만 사실 수도권의 중심, 아니 한반도의 중심은 경기도입니다. 과거 서울은 사대문 안쪽 지역으로 행정 중심지 역할만 맡았을 뿐, 정치적 역할을 제외한 경제, 사회의 중심은 경기도였습니다.

그러다 경제발전의 극대화를 꾀하며 정치, 경제, 사회 모든 분야의 중심을 서울로 집중시키게 되었죠. 이로 인해 경기도의 입지가 작아지는 듯 보이기도 하였으나, 오히려 서울로의 집중은 다시 경기도의 중요성을 부각시키는 계기가 되었습니다.

따라서 경기도는 서울과의 연계성을 제외하면 가치 분석이 의미가 없습니다. 경기도의 인구는 2019년 기준 단일 광역시로 가장 많은 1,314만 명에 달합니다. 수원시 120만 명, 고양시 104만 명, 용인시 104만 명 수준입니다. 따라서 경기도의 도시가 지방 도시나 서울의 웬만한 지역들보다 시세가 높은 것입니다.

1970~1980년대를 지나며 서울의 역할을 분담하기 위한 위성도시들이 개발되었습니다. 과천, 안양, 부천, 의정부, 광명, 의왕, 군포, 안산 등이 그렇고요. 1990년대에는 분당, 일산 등 1기 신도시들 즉, 단순한 역할 분담이 아닌 서울에 준하는 고급 신도시들이 들어서기 시작합니다. 그리고 2000년대 들어서면서 화성, 평택 등 서울과 무관하게 독자적인 역할을 하는 도시들도 등장하기 시작하였습니다. 경기도에는 이런 지역들이 28개 시와 3개 군이 있습니다.

최근 몇 년간의 부동산 불황은 부동산의 부익부 빈익빈 현상을 초래하였고, 이 과정에서 알짜 부동산들이 그 빛을 더하기 시작하였습니다. 게다가 지방 부동산에 분산되었던 관심들이 다시 수도권으로 집중되고 있습니다.

아파트 평당 가격으로 과천시가 2위 성남시와 두 배 이상 차이를 보이며 1위이고, 하남시, 광명시 등으로 순위가 이어집니다. 가장 낮은 지역은 연천군으로 지방 광역시보다 낮습니다. 이렇게 시세가 다양한 지역이 바로 경기도이며 바로 이것이 경기도의 주요 지역들을 동 단위까지 살펴보아야 하는 이유입니다. 서울 이상의 확실한 부가가치를 가져다 줄 수 있는 지역이기 때문이지요.

MEMO

두 번째 이야기.

천당 밑 분당 이야기

대한민국 최고의 주거지 분당

분당에는 다른 지역에서 선호하는 일거리(직장)가 많습니다. 교통도 매우 편리하고, 학군 때문에 이사 오는 분들이 많을 정도로 좋은 학교가 많습니다. 녹지가 많고 깨끗한 하천이 있어 자연환경이 참 쾌적하며, 혐오시설이라 할 만한 것은 거의 찾기가 어렵습니다.

게다가 유사한 생활환경을 지닌 서울 강남권에 비해 부동산 시세도 저렴합니다. 워낙 살기 좋은 조건을 두루두루 갖춘 곳이라 이곳에 사는 분들의 자부심이 남다른 것도 이해가 갑니다. 분당 이야기 서두에는 이런 명품 주거지역이 어떻게 탄생하게 되었는지, 그 역사부터 살펴보도록 하겠습니다.

1기 신도시의 탄생

앞서 말씀드린 강남구 이야기를 기억하실 겁니다. 현재 대한민국 최고의 입지인 강남도 1980년대에 들어서야 부각되기 시작했습니다. 그런데 그 강남의 수용력이 또다시 한계에 다다르면서, 2000년대에는 강남 생활권을 보완할 지역들이 각광받기 시작했습니다.

가장 대표적인 것이 바로 1기 신도시입니다. 1기 신도시는 분당, 평촌, 중동, 일산, 산본을 일컬으며, 그중에서도 분당을 가장 대표적인 지역으로 꼽습니다. 하지만 분당 역시 역사가 오래된 지역은 아닙니다. 신도시로 개발되기 전에는 성남시의 한 변방이었을 뿐이며, 성남시 이전에는 경기도 광주시의 리(里) 정도의 위상을 가진 지역이었습니다. 대다수 사람들에게는 신도시 개발 계획이 발표된 이후에야 처음으로 분당이라는 지명이 알려졌을 것입니다. 그래봤자 1990년대였던 거죠.

이렇게 지명도가 낮았던 분당을 왜 신도시로 개발하게 되었을까요? 이 이야기는 1970년대, 지방에서 서울로의 집중화가 가속화되던 때로 거슬러 올라갑니다. 당시 서울의 중심은 강북지역이었습니다. 그런데 강북에 감당할 수 없을 만큼 많은 사람들이 몰리게 되었지요. 그래서 박정희 대통령이 압구정동, 반포동, 개포동 지역을 위주로 하는 강남개발을 하게 된 것입니다. 이후 전두환 대통령의 목동, 상계동 등의 대규모 주거단지 개발도 이렇게 급격히 증가한 서울의 주거수요를 해결하려던 정책적 노력이었습니다.

그러나 주거부족 문제를 해결하려는 부단한 노력에도 불구하고 시장의 수요를 충분히 만족시키지는 못했습니다. 정부의 막강한 힘(예전에는 지금보다 더 힘이 셌을 텐데요)으로도 이렇게 폭발하는 수요를 도저히 감당할 수가 없었던 것이죠.

결국 노태우 대통령은 특단의 조치를 내립니다. 이 특단의 조치가 노태우 대통령의 업적 중 가장 위대하다고 할 수 있는 '임기 내 200만 호 주택건설'입니다. 당시 서울지역 전체 주택 수가 200만 호 정도였는데 그 기존 주택 수만큼을 5년이라는 단기간에 지어냈으니 대단한 업적이지요. 이 대규모 공급으로 당시의 주택 수요를 어느 정도 해소했다고 평가할 수 있습니다.

[1기 신도시 현황]

구분	분당	평촌	일산	중동	산본
면적(1,000m²)	19,639	5,106	15,736	5,452	4,203
수용인구(만 명)	39	16.8	27.6	16.6	16.8
주택 수(천 가구)	97.6	42	59	41.4	42

그중 가장 대표적인 신도시 개발지역이 분당, 평촌, 일산, 중동, 산본입니다.
소위 말하는 1기 신도시, 서울을 지키는 독수리 오형제는 이렇게 탄생했습니다.

그런데 여기서 의문점이 하나 생깁니다. 박정희 대통령 시절 왜 진작 수도권에 신도시 개발을 하지 않았는지 말이죠. 그 해답은 바로 그린벨트에서 찾을 수 있습니다. 박정희 대통령의 가장 큰 업적 중 하나는 그린벨트(개발제한구역)을 설정하여, 그 지역의 자연환경을 끝까지 지키려고 했던 것입니다. 덕분에 서울이라는 삭막한 도시 곳곳에서도 자연녹지공간을 꽤 많이 찾아볼 수 있게 된 것이죠.

가까운 해외 도시를 비교해 보자면 일본 도쿄가 있는데요. 도쿄는 매우 넓은 지역인데도 불구하고 아주 멀리 보이는 외곽의 후지산 말고는 도심 내에 녹지 공간이 거의 없습

도쿄의 빽빽한 빌딩 숲

니다.

이렇게 그린벨트 덕분에 서울의 무분별한 확장을 나름대로 막을 수 있었고, 그나마 쾌적한 환경을 현재까지도 유지할 수 있었던 것입니다. 하지만 박정희 대통령도 강남개발 이후에 또다시 서울의 주거수용에 한계가 올 것이란 것을 알고 있었기에, 그린벨트를 풀 것인가 말 것인가를 두고 고민을 했겠지요.

그래서 그 대안으로 그린벨트는 유지하는 대신 수도를 옮기려고도 했습니다. 노무현 대통령만 수도를 옮기려고 했던 것은 아닙니다. 박정희 대통령도 여러 번 시도했었던 정책이었답니다. 재미있는 사실은 조선시대 왕들도 수도 이전을 시도했었다는 점인데, 결국 서울은 조선시대부터 인구 집중과 부동산 가격 상승으로 문제가 되던 지역이었던 것입니다.

아무튼 서울의 개발제한구역을 없앨 수는 없다 보니 그 이후의 대통령들도 서울을 바로 에워싸고 있는 그린벨트 지역은 제외하고, 그보다 조금 더 외곽에 신도시를 건설하였던 것입니다. 이들은 서울과 바로 붙어 있지 않은 지역이어서 서울과의 접근성 문제를 해결하기 위해 신도시 개발 시 지하철, 도로 등 교통수단도 함께 개발하여 서울과의 연계성을 확보하게 되었습니다.

이런 다각적인 문제를 해결하면서 개발된 1기 신도시들은 대한민국 부동산 역사상 처음으로 체계적인 개발 성과를 이루어내게 됩니다. 마치 흰 도화지에 밑그림을 그리고, 여러 번 수정을 반복한 후 색칠을 하여 수준 높은 그림을 완성했다고도 표현할 수 있습니다. 서울에서 가장 계획적으로 개발된 강남보다도 더욱 철저한 계획 하에 만들어진 것이었죠.

한번 비교를 해볼까요? 분당 내에 있는 중앙공원, 율동공원은 인공적으로 조성된 정원으로 서울에서도 찾아보기 어려울 만큼 발전된 형태입니다. 공원뿐 아니라 도시 내 각 시설의 배치도 매우 안정적입니다.

중심상업 지구를 배치 후 그 상업 지구를 중심으로 대중교통수단을 연계하고, 이 상업 지구와 대중교통 인근 지역에는 고밀도의 소형 주거시설들을, 조금 떨어진 지역은 중대형주거시설들을 자리 잡게 합니다. 초·중·고등학교 등 교육시설도 주거시설에서의 예상동선을 고려하여 위치를 정했고요. 단순히 정사각형 도로구획을 했던 강남권 개발방식에 비해 상당히 업그레이드된, 치밀하고 꼼꼼한 개발 방식이었던 것입니다.

1기 신도시의 대장, 분당

이렇게 계획적으로 개발된 1기 신도시 중에서도 분당이 가장 큰 규모로 개발되었습니다. 약 600만 평 부지에 수용인구 39만 명을 목표로 도로, 지하철, 상업시설, 아파트 등 주거시설을 개발하였는데, 거의 순수 베드타운으로 평가받는 일산과는 차별화되게 한국토지공사와 대한주택공사(LH공사로 통합), 한국가스공사, 한국통신(현 KT) 등 대형 공기업들도 입주하였습니다. 몇몇 사기업(삼성 계열사, NHN 등)들도 함께 들어섰고요.

이렇듯 분당은 단순히 베드타운이 아닌 업무시설, 상업시설, 주거시설, 지원시설이 모두 갖춰진 명품 신도시였던 겁니다. 이러한 차이가 다른 1기 신도시들과는 확연히 다른 수준으로 발전하게 한 것이죠. 강남의 대체지로 개발되었던 분당이 오히려 업무, 교육, 생활, 교통, 자연환경 등 대부분의 측면에서 강남 이상으로 우수한 환경을 갖추게 되었던 것입니다.

이런 분당의 환경은 기존 강남 거주자들의 관심을 끌기에 충분했습니다. 실제로도 많은 강남 사람들이 이주를 했고요. 타 지역 사람들도 속속 입주를 하였습니다. 그래서

분당의 아파트 단지

1992년 분당 최초 입주 후 10년이 채 지나지 않아 목표 인구인 39만 명을 후딱 넘기게 되었고, 현재는 거의 50만 명에 육박하는 대도시 수준으로 성장을 했습니다.

분당이 다른 신도시보다도 먼저 발전이 된 것에는 입지적인 장점도 큽니다. 우선 우리나라 주요 산업 축인 경부선 라인을 그대로 끼고 있어 서울과 경기도뿐 아니라 수도권 남쪽 지역으로의 이동이 자유롭습니다.

또한 대부분 신규 택지개발지구들은 교육시설이 부족한데, 분당은 초등학교 26개, 중학교 16개, 고등학교 15개, 유치원 10개, 특수학교 1개 등 총 68개의 학교가 한 번에 공급되었습니다. 다만, 대학교가 없는 것이 좀 아쉬운 부분입니다. 대형 상업시설로 백화점, 할인점도 여러 개 있고요. 서울대병원, 차병원 등 대형병원도 성공적으로 유치했습니다.

분당의 위상이 이 정도입니다. 분당구는 크게 판교와 기존 분당으로 나눌 수 있는데, 둘을 합치면 대한민국 최고의 지역이라고 해도 과언이 아닙니다. 판교도 행정구역상으로는 분당구에 포함되지만 분당과는 별도의 브랜드 지역이기 때문에 이번 이야기에서는 제외하고요. 1기 신도시의 원조인 분당 이야기만 하겠습니다.

특히 서울 및 타 지역과의 연계성 측면에서, 분당선과 신분당선이 지나는 주요 동(야탑동, 서현동, 수내동, 정자동, 구미동)을 설명 드리려고 합니다. 그 이외의 지역은 이 5개 동을 기준으로 살펴보셔도 충분히 이해하실 수 있으실 겁니다.

| 동네 이야기 1. | ## 분당의 대표 상업지역 야탑동 |

야탑동은 서현동, 정자동 등과 함께 대표되는 분당의 역세권이자 중심 상가·업무지구입니다. 주거시설로는 아파트 단지인 장미마을, 탑마을, 매화마을, 목련마을이 있습니다. 탄천종합운동장, 분당경찰서, 분당보건소, 분당차병원, 분당고속터미널, 코리아디자인센터, 성남아트센터 등의 업무·상업시설들이 있으며, 특히 야탑역 광장 주변으로 홈플러스, 뉴코아아울렛, 킴스마트, 세신옴니코아 등의 대형 상가들과 멀티플렉스 야탑CGV,

각종 금융기관과 유명 상업시설이 들어서 있습니다.

성남시 분당구 야탑동

야탑 상권은 분당 북쪽의 성남지역인 중원구 및 경기도 광주시 분들도 이용하는 광역 상권입니다. 분당선 야탑역이 지나고, 분당-장지 도시고속화도로, 판교-구리 고속도로, 서울외곽순환고속도로를 끼고 있어 교통이 편리합니다.

야탑동은 판교신도시가 급성장함과 동시에 배후 수요지로서 부각을 받았던 곳입니다. 시세도 많이 상승을 했고요. 판교신도시가 확장되면 될수록 더 큰 수요층을 확보할 수 있는 곳이기 때문입니다.

야탑동 상가들　　　　　　　　　　　　성남 종합버스터미널

| 동네 이야기 2. | **분당을 대표하는 서현동** |

분당하면 가장 먼저 서현동이 떠오릅니다.
1기 신도시 역사상 가장 먼저 주목을 받았던 곳이기 때문이지요. 시점뿐 아니라 입지

조건도 매우 훌륭합니다. 경부고속도로 판교IC에서 나오면 판교를 지나 만나게 되는 지역으로, 판교 개발 이전에는 서현동이 분당의 입구였습니다. 업무, 상업, 주거, 교육 등 모든 조건을 고려해 보아도 단연 분당에서 1등으로 꼽을 수 있는 동네입니다.

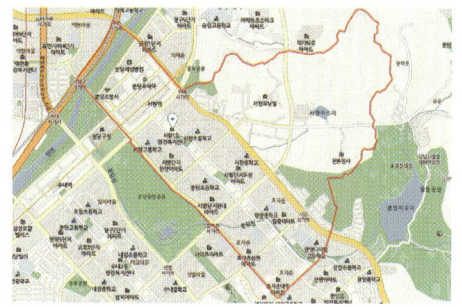

성남시 분당구 서현동

분당의 대표 아파트 단지인 시범삼성한신, 시범한양, 시범우성, 시범현대가 있고, 단독주택단지도 있습니다. 분당선 서현역, 새마을운동중앙연수원, 분당제생병원, AK플라자(구 삼성플라자), 롯데마트, 분당우체국 등의 대형 업무·상업시설이 많습니다.

서초타운으로 이전한 삼성물산 본사도 여기 있었고요. 내곡-분당 간 도시고속화도로, 분당-장지 간 도시고속화도로가 지나고, 판교IC와 연결되어 교통도 매우 편리합니다. 특히 서현역 주변에는 각종 상가와 금융기관이 몰려 있으며, 이곳 로데오거리는 분당 제일의 번화가입니다. 물론 정자동이나 판교 쪽으로 그 주도권이 조금씩 이동되긴 했지만, 그래도 아직 서현역 상권이 분당에서 최고의 상권이라 할 수 있습니다.

또 인근에 있는 율동자연공원은 산림지형과 호수를 그대로 살려 조성한 대형공원으로, 자전거도로와 번지점프장도 있어 주말 가족 나들이에도 아주 좋습니다.

 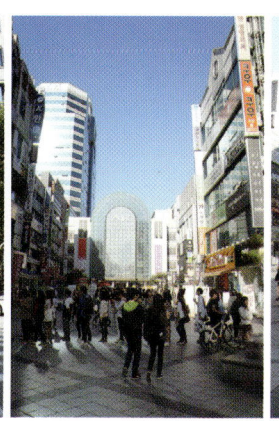 

서현역 AK플라자와 로데오거리 모습   서현동 시범단지

서현고등학교 율동공원 무지개 분수대와 번지점프장

　서현동에 있는 서현고등학교는 한때 경기도 최고의 학교였습니다. 고교평준화로 특목고에 밀려 과거의 화려했던 명성이 조금 퇴색했지만, 평준화가 된 지금도 분당에서는 가장 좋은 학교라는 평가를 받고 있습니다. 또한 시범단지 내에 있는 서현초, 분당초, 서현중은 분당 내에서도 알아주는 인기 학교입니다.

　1991년 입주를 시작한 서현동은 아마도 1기 신도시 중에서는 가장 먼저 재건축이 추진되지 않을까 합니다. 1기 신도시 재생사업의 본보기 지역으로 지금부터는 확실하게 관심을 가질 필요가 있습니다.

| 동네 이야기 3. | 교육열이 높은 주거밀집지역 수내동 |

　서현동 바로 밑에는 수내동이 있습니다. 불곡산, 형제산 북쪽에 있어 자연경관이 뛰어난 곳입니다.

　조선 정조 때 청백리 칭호를 받은 문신 이병태(李秉泰)가 마을 앞에 숲을 가꾸었다 하여 '숲안'이라고 하다가, 한자로 표기하면서 수내동으로 불리게 되었다고 합니다.

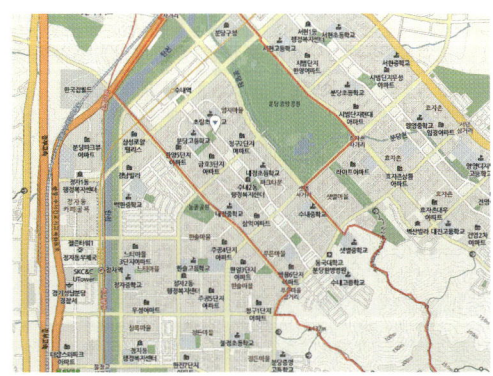

성남시 분당구 수내동

아파트 단지인 푸른마을, 양지마을, 파크타운 등과 단독주택가 등 주거시설 위주로 이루어져 있으며 분당에서는 중산층이 가장 많이 살고 있는 지역으로 롯데백화점, 동국대학교 한방병원, 그랜드프라자, 현대상사, 쌍용상가 등의 대형 상업시설들이 있습니다. 한편 수내동은 쾌적한 자연환경이 가장 큰 장점인데요. 불곡산 등산로 입구 주변에 녹지가 펼쳐져 있고, 분당의 허파 역할을 하는 중앙공원과도 접해있습니다.

불곡산, 형제산의 능선

또한 분당천과 탄천이 만나는 황새울공원 인근에는 분당구청이 있습니다. 지하철 분당선 수내역이 지나며, 분당과 서울을 연결하는 중심도로 중 하나인 분당-내곡 간 도시고속화도로가 시작되는 곳입니다. 서현동과 더불어서 좋은 학군으로도 유명한데요. 서현고에 버금가는 분당고등학교가 있고, 수내동에 있는 대부분의 초등학교, 중학교들은 교육열이 높기로 유명한 학교들입니다.

수내동은 무엇보다 학원가 수요로 프리미엄이 높습니다. 분당구 거주를 희망하는 세대

분당중앙공원

롯데백화점과 오피스텔, 상가들의 모습   분당구청과 바로 앞 중앙공원

에서 가장 선호하는 지역이기도 하고요. 분당의 중간 입지로 양쪽의 기반시설을 다 누릴 수 있는 곳이기 때문입니다.

| 동네 이야기 4. | **분당의 강남 정자동** |

정자동은 서현동의 아성을 넘어선 분당의 대표 지역입니다. 조선 중기에 이천 부사를 역임한 이경인(李敬仁)이 이곳 탄천 변에 정자를 지었는데, 그때부터 정자가 있는 마을이라 하여 '정자리'로 불리게 되었다고 합니다. 여기서 정자동의 지명이 유래한 것이지요.

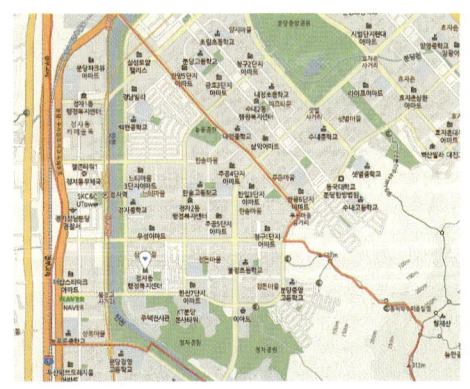

성남시 분당구 정자동

아파트 단지로는 상록마을, 느티마을, 한솔마을, 정든마을이 있습니다. 하지만 정자동의 주거시설은 아파트보다는 고급 주상복합들이 유명한데요. 파크뷰, 로얄팰리스, 아이파크, 동양파라곤 등이 있습니다. 또한 지하철 분당선과 신분당선이 동시에 지나고, 경부고속도로, 분당-수서 간 도시고속화도로를 끼고 있어 교통이 편리한 지역입니다.

대로를 따라 늘어서있는 정자동의 주상복합건물들

탄천과 파크뷰 전경

　신분당선은 분당선이 광역버스보다 오래 걸리자 기획된 쾌속 라인입니다. 광교신도시와 용인시 수지구의 가치를 대폭 상승시켰지만, 무엇보다 최대 수혜 지역은 분당입니다. 그중에서도 정자역은 개통되면서 최고의 위상을 누리게 되었습니다.

　남북 방향으로 탄천이 중앙부를 관통하고, 남동쪽으로 형제산과 불곡산이 있어 자연환경도 양호합니다. 분당 입주 초기에는 분당 아래에 치우쳐 있어 그리 주목을 받지 못하기도 했습니다. 하지만 2000년대에 들어서 상업, 업무지역으로 지정된 탄천 서쪽 연안에 대규모 고급 주상복합건물이 지어지게 되면서 분당 최고의 주거 및 상업지역으로 발돋움할 수 있었습니다.

　시설 수준만 보면 분당 중에서는 강남 번화가와 가장 유사한 지역으로 보입니다. 그 시

정자동 카페거리의 모습

정자동 늘푸른초등학교

설들의 외형이나 지역 내 위상, 가격 면에서도 말이죠.

주요 기관으로 정자동 우체국, 분당경찰서, 성남시 분당정자청소년수련관 등의 공공기관이 있고, 그 외에 아름방송, 킨스타워, NHN 등의 업무시설들이 있으며, 주상복합촌에 있는 유럽풍의 로드샵으로 구성된 정자동 카페거리가 유명합니다.

네이버(NHN)본사 건물

KT본사 건물

분당 신도시 건설 때 한국토지주택공사, 한국가스공사 등 여러 공기업들이 이주했던 지역으로 대형 할인점인 이마트와 각종 금융기관도 있습니다. 파크뷰가 분당의 랜드마크가 된 것처럼 단지 내에 위치한 정자초등학교와 늘푸른 초·중·고등학교의 위상도 분당 내에서 상위권을 차지하고 있습니다.

분당더샵파크리버 조감도

대구광역시 동구 혁신도시로 한국가스공사가 이전하고 그 부지에 분당더샵파크리버가 분양되어 2021년 입주합니다. 15여 년 만에 처음으로 입주하는 구 분당권 아파트가 되겠지요.

| 동네 이야기 5.

지하철역 개통으로 강자로 떠오른 구미동

분당 신도시 내에서 가장 시세가 낮았던 구미동은 까치마을, 하얀마을, 무지개마을의 3개 마을로 이루어져 있습니다.

분당에서는 최남단에 위치해 있고요. 동쪽으로는 광주시 오포읍, 남서쪽으로는 용인시 수지구, 서북쪽으로는 금곡동과 마주 보고 있습니다. 분당서울대학교병원, 뉴코아백화점, 홈플러스 등이 있으며, 미금역과 오리역 부근에는 각종 금융기관과 상가가 밀집해 있습니다.

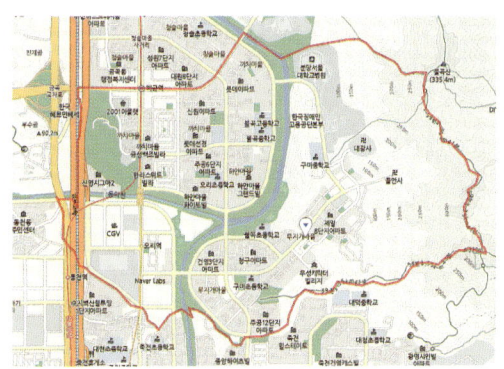

성남시 분당구 구미동

분당-수서 간 도시고속화도로의 시작점으로 지하철 분당선 미금역, 오리역을 끼고 있어 교통도 편리합니다. 신분당선 미금역이 개통되면서 시세가 급등했고요. 용인시의 대장인 죽전과 바로 연결이 되는 지역이기도 합니다. 과거에는 분당의 남쪽에 치우쳐 있어 가장 적은 관심을 받았지만, 최근에는 야탑동과 함께 교통과 상업시설의 강자로 떠오르고 있는 곳입니다. 특히 광교신도시와 신분당선으로 연결되면서, 또한 분당선과 최근 주목받고 있는 용인지역과 연계되면서 구미동의 위상이 큰 폭으로 상승했습니다.

분당서울대학교병원

LH공사 본사

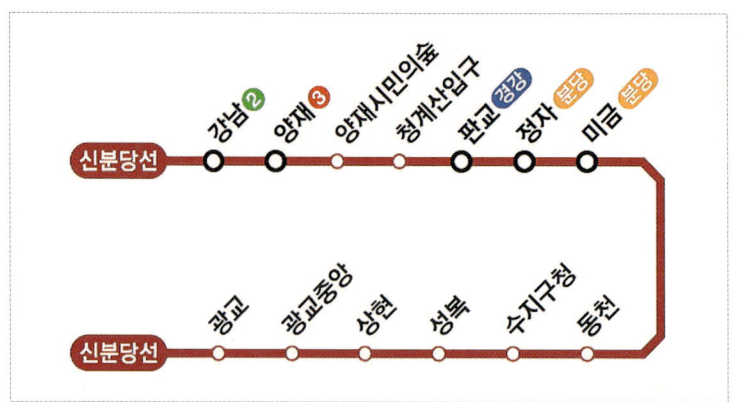

신분당선 노선도

분당이 좋은 이유들, 그리고 관심 포인트

분당 부동산에 관심을 갖게 되신다면 설명 드린 5개 지역을 우선적으로 검토하신 후에 인근 지역으로 범위를 확대해 가시면 됩니다. 많은 분들이 분당을 좋게 평가합니다. 저 또한 대한민국 어떤 지역과 비교해도 빠지지 않는 지역이라고 생각합니다.

분당구와 경쟁할 입지가 주변에는 없으며, 이 위상은 앞으로도 계속될 것입니다. 좋은 평가를 받는 이유도 개발부터 현재까지의 설명을 통해 충분히 이해하셨을 텐데요. 분당이 좋은 또 다른 이유는 바로 선택의 대안이 많다는 점입니다.

먼저 신분당선, 분당선이 지나는 초역세권에서는 투자용 소형 주택(아파트, 빌라, 오피스텔)을 관심 있게 보시고요. 상가는 개업용에서 임대용까지, 작은 상가부터 큰 상가까지, 임대료가 저렴한 상가부터 비싼 상가까지 종류가 다양합니다. 따라서 본인의 여건에 맞는 상가를 찾기에도 수월하며, 업무시설용 오피스도 공실이 거의 없습니다.

거주용 주택을 고려하는 분들에게는 분당 내 어디든 추천합니다. 학교를 고려한 입지, 교통이 편리한 입지, 업무시설 근처, 자연환경 위주의 동네 그 어디에 가셔도 만족할 만한 조건이 갖추어져 있으니까요.

다양한 부동산을 선택할 수 있다는 기회를 준다는 측면에서 보면, 우리나라 최고의 부동산 메카인 강남보다도 좋은 점이 많습니다. 그만큼 분당은 언제나 관심을 가지셔도 좋은 곳입니다. 대한민국 최고의 주거지를 추천하라고 하면 단연 분당이 1등 지역입니다. 판교신도시의 성공도 분당의 혜택을 받은 입지라서 가능했습니다.

분당구는 1990년대 강남권 수요의 대체지역으로 새 아파트로 대형 아파트에 살 수 있는 아주 좋은 곳이었습니다. 지금은 그 역할을 판교가 대신하고, 서울이 재건축을 시작하면서 지속적으로 새 아파트와 대형 아파트에 대한 수요가 이전해 가고 있습니다. 입지 조건은 이미 대한민국 최고이므로 분당에 필요한 것은 바로 새 아파트입니다.

따라서 지금부터 분당 부동산 시장의 관전 포인트는 바로 재건축 이슈입니다. 서현동이 가장 먼저 진행이 될 수 있겠지요. 서울은 특별한 사정상 재건축에 대해서 속도 조절을 하고 있습니다. 목동과 상계의 재건축이 계속 밀리고 있습니다. 하지만 분당구는 경기도로 서울보다는 규제가 조금 덜하므로 같은 시기 공급된 서울 아파트보다는 더 빨리 진행되리라는 전망을 해 봅니다. 분당신도시의 미래는 1기 신도시의 미래이고, 비서울 지역의 미래가 될 테니까요.

풍수 이야기

조선 정조 때, 농사 관련 도서를 많이 썼던 땅 전문가 서유구는 『상택지(相宅志)』라는 책에서 분당 지역을 '모름지기 땅이 두텁고, 물이 깊은 곳'이라고 했습니다. 농업이 잘되는 지역을 명당으로 생각했던 과거의 풍수 전문가가 보기에도 분당은 꽤 좋은 곳이라는 뜻이지요.

풍수에서는 바람을 막고 물을 취하는 곳을 좋은 입지로 봅니다. 산으로 넓게 에워싸인 분당은 분지 지형으로, 탄천 등 좋은 물과 함께 명당 조건에 부합하는 입지입니다. 바로 이것이 분당이 풍수적 관점에서 일산보다 더 좋은 평가를 받는 이유입니다. 일산에는 산이라고 할 만한 산이 없기 때문이지요.

분당 최고의 풍수 명당 중 한 곳은 정자동입니다. 이곳에 성종의 손자인 태안군의 묘가 있고요, 앞서 설명한 이경민의 정자가 있었습니다. 과거 왕릉 입지와 주요 건축물 입지는 명당자리라 했습니다. 그만큼 많은 사람들이 많은 관심을 가졌던 땅이라는 방증이기에 어느 지역이든 왕릉이 있다면, '아, 여기는 명당이구나'라고 생각하시면 됩니다.

탄천과 수내동 아파트 단지

지역분석 레시피

📍 **공공기관 본사 입지를 주목하세요.**

공공기관 본사가 있는 땅들은 원래 좋은 입지들입니다. 개발지역 혹은 특정 지방에서 가장 먼저 자리를 잡기 때문입니다. 분당에서는 한국토지공사와 대한주택공사(LH공사로 통합), 한국가스공사가 있었던 자리와, 한국통신(현 KT) 본사 입지가 매우 좋은 자리입니다. 서울에서는 삼성동 한국전력이 있었던 자리가 제일 좋고요.

그 외 지방도 대부분 마찬가지입니다. 이런 공공기관들이 어디에 입지해 있는지, 또 어디로 이전을 하는지도 꼭 눈여겨 봐두세요. 현재 공공기관 부지들은 모두 개발 중입니다. 이 개발 이후의 시장에 대한 청사진을 그려보는 것이 부동산 공부가 되겠지요.

📍 **중심지역과의 연계성에 주목하세요.**

타 지역과의 연계성은 도로교통망도 중요하지만, 수도권의 경우 지하철망이 가장 중요합니다. 분당에서는 분당선과 신분당선의 연계망을 잘 살펴보세요. 특히 서울과의 연계에 있어 어떤 지역이 가장 유리한가를 보시길 바랍니다. 이제 이 연계성에 GTX A노선도 추가하셔야 합니다.

📍 **시범단지는 무조건 관심을 가져보세요.**

시범단지라는 것이 있습니다. 택지개발을 할 때 가장 먼저 들어가는 주거단지로써, 택지개발지구를 공략할 때는 시범단지를 우선순위로 검토하시는 것이 중요합니다. 시범단지가 그 지역의 대표단지가 된 경우가 대부분이었기 때문입니다. 압구정동, 반포, 여의도, 잠실, 과천, 그리고 분당이 그랬고요. 아마도 세종시도 그럴 것 같습니다. 분당구의 시범단지는 이제 1기 신도시 재건축의 시범단지가 될 것입니다.

📍 **삼성! 삼성 입지를 주목하세요.**

삼성 입지를 주목하라는 말은 이제 상식이 되었습니다. 삼성이 어디에 관심을 갖고 있으며, 또 어디로 이전·신설·확장을 하는지도 눈여겨보세요. 특히 삼성은 지방에서 거의 절대적인 영향력을 가지고 있습니다. 예를 들면, 지금 천안의 위상은 삼성이 아니었다면 가질 수 없었지요. 현재 진행 중인 평택 고덕

신도시도 미래가 아주 밝아 보입니다.

📍 작은 지역은 작은 지역대로 개발 방향이 있답니다.

수내동은 다른 지역에 비해 중소형이 많습니다. 구미동도 마찬가지고요. 정자동도 고급 주상복합 지역 빼고는 중소형이 많습니다. 재건축은 강남 위주로 진행이 될 것이며, 리뉴얼은 분당 위주로 개발이 될 것입니다. 이 분야에 관심 있으신 분들은 분당 내 중소형 단지들을 눈여겨 봐두시면 되겠습니다. 소형은 특히 더 그렇구요.

📍 특혜, 비리의 부동산에 관심을 가져보세요.

정자동뿐만 아니라 분당에서 가장 대표적으로 꼽히는 단지가 바로 파크뷰입니다. 2000년 초반에 특혜 분양으로 엄청 시끄러웠던 주상복합입니다. 그도 그럴 것이, 상업지구에 상업·업무시설이 아닌 주거시설로의 개발을 허가했으니 당연히 특혜 문제가 발생했던 것이죠.

여기서 포인트는 이런 특혜시비가 있는 곳은 오히려 매입 1순위로 생각하시라는 겁니다. 특혜의혹(?)이 있는 부동산은 윗사람들이 보기에도 매력 있는 부동산이라는 뜻이니까요. 정자동 파크뷰도 그랬고, 수서도 그랬죠? 아울러 부산 해운대의 엘시티도 그랬었지요.

특혜 논란이 있는 해운대 엘시티

MEMO

세 번째 이야기.

호수공원만으로도
명품 신도시, 일산

영원한 분당의 라이벌

1기 신도시의 대장이 분당이라고 말씀드렸습니다. 재미있는 점은 분당을 언급할 때마다 항상 일산을 라이벌로 언급한다는 점입니다. 인지도 측면에서도 거의 같아, 분당을 아는 분들은 다들 일산을 알고 계시고요. 그만큼 일산은 분당만큼 잘 지어진 명품 신도시입니다.

또한 공통적으로 보이는 특징도 있습니다. 분당 분들에게 성남시민이라고 하면 달가워하지 않으시죠? 마찬가지로 일산 분들께 고양시민이라고 하면 비슷한 반응을 보입니다. 이는 아무리 같은 지자체에 속해있다 하더라도 다른 동네와 같은 취급을 받고 싶지 않다는 일종의 자부심으로 해석되는데요. 일산은 그런 자부심을 가져도 될 만큼 정말 잘 만들어진 도시입니다.

일산의 옛이야기

일산은 아주 먼 옛날, 주먹도끼를 사용하던 구석기 시대부터 부각이 되던 지역입니다. '역사적인 의미가 있는 도시가 아니라 단지 논밭이었을 텐데' 하실 수도 있겠지만 과거의 논밭, 그것도 서울 인근의 그것은 매우 중요한 입지였습니다.

당시 대부분의 일산 지주들은 왕족이거나 서울지역을 주도하던 세력이었습니다. 그렇다 보니 이 지역은 웬만한 지방과는 비교가 되지 않을 정도로 많은 사람들이 오가며 그들의 기운이 충만했습니다. 실제 일산신도시 개발 때 많은 고대 유적지가 발굴되면서, 조선시대 훨씬 이전부터 많은 사람들이 거주했을 정도로 살기 좋은 입지였음을 증명해 주었습니다.

일산의 과거 입지적 특징

일산동구 중산동에 있는 해발 203m의 고봉산이 고양시의 진산입니다. 고봉산 외에 해발 87m의 정발산이 있고, 이 외의 지역은 대부분 평지입니다. 한강 하류 지역으로 양질의 충적지가 형성되어 토질이 아주 좋고요. 한강을 수로로 활용하여 교통의 요지로 중요한 역할을 했습니다.

옛날에는 권력과 재물을 겸비한 양반들은 서울에 살고 그 바로 아래 계층이 서울 근교에 살았습니다. 특히 과거를 통한 사회진출이 중앙으로 가는 유일한 방법이었던 조선시대에는, 일산은 과거 시험장까지 비교적 가깝다는(?) 이유 하나만으로도 좋은 주거지로 각광 받았습니다. 토양도 비옥하고 서울에서도 가까우니 그야말로 좋은 땅이었지요.

그뿐인가요. 앞서 분당 편에서 왕릉 입지는 좋은 땅이라고 설명을 드렸지요? 그런데 고양시 용두동에는 조선왕릉 중에서도 세 손가락 안에 드는 명당인 서오릉이 있습니다. 왕릉 입지는 당시 최고의 문무대신과 지관들이 온 정성을 다해 정치성과 경제성까지 고려하여 여러 가지 기준으로 까다롭게 선별을 합니다.

특히 궁궐과의 접근성도 중요한 기준 중 하나가 되지요. 그런 왕릉 입지 중에서도 손꼽히는 명당 입지라는 것은 대단히 좋은 땅이라는 뜻입니다. 현재 서오릉은 세계문화유산에도 등재된, 대한민국 최고의 입지 중 한 곳입니다.

저 멀리 보이는 고봉산

서오릉

일산의 탄생과 현재

그런데 이렇게 일산이 포함된 고양시는 양질의 입지였음에도 불구하고, 역사의 중앙에 선 적은 거의 없었습니다. 행주대첩이 일어났을 때 그나마 유일하게 주목을 받았을 뿐이죠. 이후 1990년대에 들어서며 노태우 정부의 일산신도시 개발 발표를 통해 드디어 처음으로 신문 1면에 등장하게 됩니다.

면적 460만 평에 7만 5,000세대, 인구 30만 명을 목표로 개발된 일산신도시는 서울 강북지역 주택 수요를 충족시키되 일반적인 주택의 양적 공급만이 아닌 서양의 쾌적한 전원도시처럼 개발하자는 취지로 기획이 된 멋진 도시입니다. 추진했던 개발 방향을 살펴보면 꽤 재미있는 내용이 있습니다. 가장 눈이 가는 대목은 통일 후 북한과의 교류를 대비하여 저밀도로 개발한다는 부분인데요.

실제 일산은 분당보다 인구밀도가 14% 정도 낮습니다. 그만큼 통일 시 밀려 내려올 북한 주민들을 고려했다는 것이죠. 따라서 만일 통일이 된다면 분당과의 1기 신도시 주도권 싸움에서 그 위상이 역전될 가능성이 높습니다. 물론 지금은 그 역할을 2기 신도시인 파주 운정신도시와 나누어 갖긴 했지만요.

다음으로 일산의 교통을 살펴보겠습니다. 서울 접근성 측면을 보면 전철 교통과 도로교통이 가장 편리한 위치 중 한 곳입니다. 가장 땅값이 비싸다는 지하철 3호선(대화역~오금역)이 1996년부터 일산신도시를 지나고 있으며, 2009년 개통된 경의선(문산~서울역)은 일산의 서울 접근성을 한층 더 편리하게 하고 있습니다. 최근에는 중앙선과 연계되어 경의중앙선이라는 이름으로 덕소와 용문까지 한 번에 갈 수 있고요. 일산 대화동에서 서울 광화문으로 이어지는 버스 중앙차로와 그 전용도로를 달리는 M광역버스, 황색광역버스 등으로 서울 중심지로의 접근성은 신도시 중에서는 가장 좋습니다.

또한 3호선 백석역과 화정역에는 고속·시외버스터미널이 있고, KTX가 출발하는 행신역은 수도권 이외 지역으로의 진출도 원활하게 합니다. 강변북로에서 북한(?)까지 이어지는 자유로는 대한민국의 대표 아우토반으로도 알려져 있고요. 서울외곽순환도로는 경기도 서남부(김포, 부천, 인천, 시흥 등)와 북동부(의정부, 양주, 구리, 남양주, 춘천 등)로의 연결을 보다 편리하게 합니다.

일산은 업무시설이 많지 않아 주거시설 위주로 발전을 해왔지만, 호수공원을 중심으로 관광지 역할도 하고 있습니다. 상업·오락시설이 꽤 갖추어진 소비 시장으로도 좋은 입지로 파주, 김포, 양주 시민들도 이곳으로 와 실제 소비·위락생활을 하고 있습니다. 최근 개발된 대화지구에는 현대백화점을 중심으로 한 상업시설도 많아졌습니다. 킨텍스 하나만으로도 엄청난 집객력이 있는데, 사계절 위락시설인 원마운트 등 레저 놀이시설도 계속 생기고 있고 킨텍스 주변으로 많은 업무시설과 상업시설들이 지속적으로 입주를 하고 있어 앞으로 대화지구의 발전이 기대됩니다.

광역철도라인으로서 3호선의 프리미엄 혜택을 고양시 전체가 누리고 있으며, 일산서구, 일산동구, 덕양구의 3호선 역세권 라인은 부동산 가치가 상대적으로 높습니다. 대화역, 주엽역, 정발산역, 마두역, 백석역까지가 일산서구와 일산동구입니다. 대화역과 주엽역 사이 킨텍스 주변은 GTX A노선이 활성화되면 일산신도시 내 손꼽히는 부동산 입지가 될 것입니다.

동네 이야기 1. | 일산신도시의 축소판 마두동

일산 이야기는 지하철 3호선을 위주로, 마두동부터 시작하겠습니다. 마두동으로 시작하는 이유는 이곳이 일산을 가장 잘 대표하는 지역이기 때문입니다. 작은 일산이라 불러도 좋을 만큼 일산신도시의 가장 전형적인 면모를 보여줍니다.

입지를 평가할 때 고려하는 4가지 측면인 자연환경, 교육환경, 교통환경, 생활편의시설이 가장 제대로 갖추어진 지역이라고 생각하시면 됩니다.

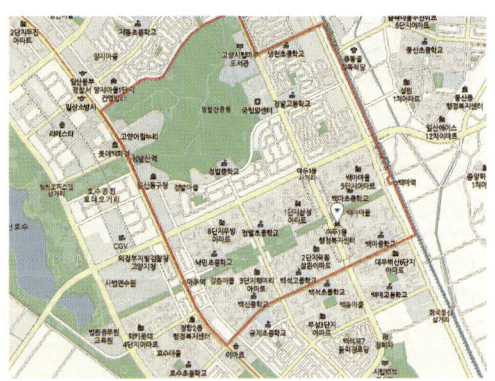

고양시 일산동구 마두동

먼저 자연환경입니다. 마두동에는 정발산이 있습니다. 해발 87m밖에 되지 않아 산이라 칭하기에는 뭔가 좀 부족한 언덕 같은 느낌이지만, 분당의 중앙공원 같은 일산의 가

정발산공원

정발산

일산동구청

KT고양타워

장 대표적인 녹지공간으로 빽빽한 아파트 단지들에 맑은 공기를 공급해 줍니다. 이전에 정씨와 박씨가 많이 살던 지역이어서 정발산이 되었다는 재미있는 이야기도 전해지는데요. 그만큼 예로부터 사람이 많이 살던 곳입니다.

마두(馬頭)동이란 지명은 정발산에서 내려다봤을 때, 마을의 모습이 마치 말의 머리가 누워 있는 듯 보인다고 하여 붙여졌다고 합니다. 그래서인지 유독 말과 관련된 지명이 많은데요. 그중 백마마을이 있습니다. 이 지역은 서울 근교의 유명한 유흥지로 일산신도시 개발 전에도 경원선 기차를 타고 많이 찾던 곳이었습니다. 연세 좀 있으신 분들이 연애하기 좋은 장소로 꼽았던 곳이기도 하지요.

또 다른 단지로는 강촌마을도 있는데요. 마을에 강씨들이 많아 붙여진 이름으로 지금도 진주 강씨가 많이 살고 있다고 합니다. 이렇게 마두동의 주요 주거지역은 대규모 아파트 단지로 구성된 정발마을, 백마마을, 강촌마을이 있습니다.

생활편의시설을 보자면, 먼저 주요 업무시설로는 일산동구청, KT고양타워를 꼽을 수 있습니다. 고양아람누리 문화센터가 있어 문화 환경을 접하기에 좋고요. 대형병원인 국립

고양아람누리 문화센터

일산의 명문고, 백석고등학교

오마초등학교

마두동 고급 단독주택 단지

국립암센터

암센터가 위치하고 있습니다. 배후 주거세대들이 많이 이용하는 뉴코아아울렛, 현대프라자 등의 대형 상업시설도 있습니다.

또한 지하철 3호선 정발산역과 마두역, 그리고 경의선 백마역이 있으며 도로로는 일산중앙로, 백마로 등이 지나고 호수로, 자유로와 근접해 있어 교통망이 편리합니다.

교육시설은 한때 전국 3위 평가를 받았던 백석고등학교가 있습니다. 백석고는 2005년 고교평준화 이전까지는 SKY(서울, 고려, 연세)대를 연간 평균 200명 전후로 보내며 분당의 서현고와 함께 경기권의 양대 고등학교로 불리었었죠. 지금은 고교평준화로 그 위상이 많이 낮아지긴 했지만, 아직도 백마마을 쪽은 교육열이 높은 지역입니다.

고교평준화 이후로 오히려 초등학교와 학원가 학군이 중요해졌는데요. 일산은 마두동의 정발초등학교와 주엽동의 오마초등학교를 중심으로 학군이 양분되어 있습니다. 일산으로 이사를 고려하는 분 중 초등학교 자녀를 둔 분들이라면 이 지역을 중점으로 고려해 보시면 되겠습니다. 이처럼 마두동은 모든 조건이 잘 갖추어져 있는 일산신도시의 축소판입니다.

| 동네 이야기 2. | **화려한 호수공원의 동네 장항동**

장항동에는 일산의 대표적인 명소인 호수공원이 있습니다. 1996년부터는 고양시 꽃박람회 행사가 매년 열렸습니다. 수도권 분들이라면 한 번씩은 방문하셨을 텐데요. 아직 가보지 않으셨다면 꼭 가보시길 권해드립니다. 주변 환경이 아주 예뻐서 아이들 사진 찍어주기에도 참 좋습니다.

특히 호수공원은 아침 햇살이 물 위로 반짝반짝 비칠 때면 여기서 살고 싶다는 말이 절로 나올 만큼 아름답습니다. 이런 소유 욕구(?) 때문에 충동적으로 호수공원 앞 오피스텔과 아파트를 구입한 분들이 꽤 계십니다. 그만큼 매력적인 일산신도시의 최고 인기 공간이지요.

고양시 일산동구 장항동

서울에서도 한강 조망이 가능한 곳은 프리미엄이 매우 높습니다. 일산은 1기 신도시 중 유일하게 한강을 끼고 있는데요, 그중에서도 장항동이 한강을 접하고 있습니다. 이러한 한강 프리미엄 차원에서도 장항동은 또 한번 매력적인 지역입니다. 일산신도시가 추가 개발이 된다면 킨텍스가 있는 대화동 다음으로 장항동이 될 가능성이 높은 이유가 여기에 있습니다.

호수공원 조깅코스와 입구

일산 호수공원의 아름다운 석양

이러한 환경을 뒷받침하는 관광시설과 상업시설도 잘 갖추어져 있습니다. 대표적인 상권인 라페스타와 웨스턴돔이 있고요. 이 두 상업시설은 테마형 복합 로드샵으로, 이후 전국 신규 상가들이 벤치마킹해 개발했을 정도로 국내에서는 가장 창의적으로 개발된 상업시설입니다.

그리고 롯데백화점 일산점이 있습니다. 대화동에 현대백화점이 생기기 전까지는 롯데백화점이 일산 유일의 고급백화점이었고, 지금도 지역 주민들이 가장 많이 찾는 쇼핑시설입니다. 한편 웨스턴돔 옆에는 MBC드림센터가 있는데요. 〈무한도전〉 등 예능프로그램과 드라마 촬영이 많이 이루어지기도 했습니다.

공공시설로는 지방검찰청과 법원이 있고요, 고양세무서와 소방서도 있습니다. 로스쿨 도입 이후에 위상이 다소 낮아지

라페스타

웨스턴돔

호수공원에서 바라본 인근 야경

롯데백화점과 정발산역

MBC 일산드림센터

긴 했지만 사법연수원도 이곳에 있습니다.

또한 장항동에는 오피스텔만 약 1만 4,000세대가 있습니다. 소형부터 대형까지 다양한 평형으로 구성되어 있으며, 건물마다 특화시설이 갖추어져 있는데요. 오피스텔이 많음에도 주변 업무시설 근무자들이 많기 때문에 공실은 거의 없습니다.

게다가 호수공원 조망이 가능한 이곳의 오피스텔들은 타 지역과는 다르게 고급 주거지의 형태를 보여줍니다. 그래서 방송인, 정치인, 그 외 고소득층의 세컨하우스로도 사랑을 받고 있고요. 임대소득용으로 소형 오피스텔 투자를 많이 하는 추세라 매물도 많지 않습니다.

고양지방법원

장항동 오피스텔 숲

인기 있는 장항동의 오피스텔

마두역 인근

오피스텔 외의 장항동의 대표적인 주거단지는 호수마을로, 사법연수원 옆에 있어서 그런지 왠지 품격이 느껴지는 단지입니다.

이렇게 화려한 시설이 많은 장항동에 아직도 논밭이 많다면 믿어지실까요? 게다가 그 논밭 사이사이에 작은 공장들과 창고시설들도 있어 일산의 개발 전 모습을 살짝 엿볼 수 있는 지역입니다. 그래서 오히려 아직 추가 개발 여지가 있는 지역이기도 하지요.

3호선 정발산역과 마두역이 지나고, 장항 IC를 통해 자유로에서 진입이 가능한 장항동은 위치상으로나 업무지역으로나 일산의 가장 대표적인 지역입니다.

동네 이야기 3. 인구밀도가 가장 높은 주거지역 주엽동

주엽동은 전형적인 주거지역입니다. 전 구역이 대규모 아파트 단지인 문촌마을과 강선마을로 이루어져 있어, 일산에서는 인구밀도가 가장 높은 동네입니다. 3호선 주엽역 인근에는 주거시설을 지원하는 근린생활시설이 잘 갖추어져 있으며 그랜드백화점, 태영플라자 등이 유명 쇼핑시설로 손꼽힙니다.

고양시 일산서구 주엽동

그랜드백화점

태영플라자

노래하는 분수대

주엽역 인근

후곡마을 학원가

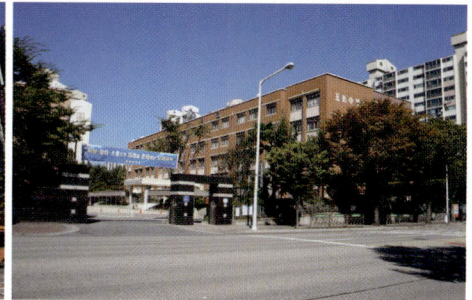
오마중학교

　호수공원의 대부분은 장항동에 있지만, 아파트 단지에서 호수공원을 즐기기에는 오히려 주엽동 강선마을이 제일 좋습니다. 특히 호수공원 내 명물인 노래하는 분수대가 생긴 이후 이 인근 아파트 시세가 5,000만 원 이상 급상승하기도 했습니다.

　3호선 주엽역과 광역버스가 있어 서울로 출퇴근하기에도 좋고, 소형아파트가 많아 젊은 분들이 많이 거주하는 지역입니다. 주엽동 공원 좌우의 아파트 단지인 문촌마을16단지 뉴삼익아파트, 문촌마을17단지 신안아파트, 강선마을14단지 두산아파트 등이 인기가 많습니다.

　주엽동 내 유명한 학군이 형성되어 있지는 않지만, 바로 옆 일산동 후곡마을의 교육환경을 이용할 수 있습니다. 후곡마을에는 오마초등학교와 오마중학교의 이름을 딴 '오마학군'이 있습니다. 다른 지역에서도 찾아올 정도로 유명한 브랜드로 학원가가 많이 있습니다. 밤에 가면 '아, 여기가 학원가구나' 하는 생각이 들 정도로 학원 간판들이 아주 화려합니다.

동네 이야기 4.

핫 플레이스에 GTX 이슈가 더해진 대화동

대화동은 3호선의 시작, 대화역이 있는 곳입니다. 3년 전까지만 해도 일산신도시의 변두리였지만 현재는 일산의 중심지로 발전해가고 있습니다.

근래 3~4년 동안 급부상하기 시작했는데, 그 변화 속도가 가히 5G급이라 최근 10여 년간 이렇다 할 변화가 없던 일산의 타 지역과는 완전히 다른 모습을 보입니다.

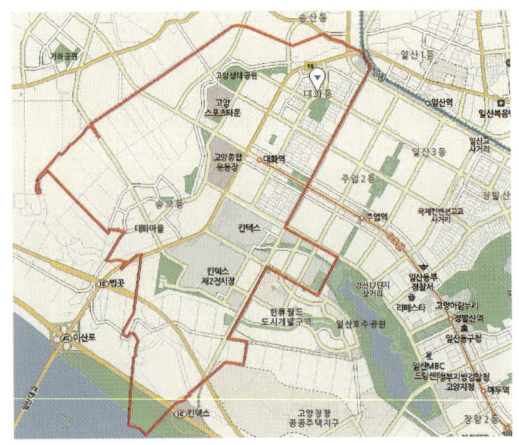

고양시 일산서구 대화동

이곳을 중심지로 탈바꿈시키고 있는 일등 공신은 바로 대형 컨벤션센터인 킨텍스입니다. 오히려 행사의 질이나 양으로 보면, 이제 형님뻘인 삼성동 코엑스보다 더 높은 위상을 가지고 있는데요. 대한민국 컨벤션 행사 중 가장 큰 규모인 서울모터쇼도 개최되고 있습니다.

여기서 잠깐, 질문 하나 드려보도록 하겠습니다.
2019년 열렸던 서울모터쇼의 관람객이 총 몇 명일까요?

킨텍스

홈플러스(좌), 현대백화점(우)

원마운트 모습들

일산백병원   고양종합운동장

    정답은 68만 8,000명입니다. 2019년 세계꽃박람회의 47만 명과 동시에 정말 대단한 집객력입니다. 킨텍스를 중심으로 인근에 현대백화점, 레이킨스몰, 홈플러스도 있습니다. 그 외에도 대규모 호텔 등 업무시설과 사계절 물놀이와 겨울 스포츠(스키, 눈썰매)를 즐길 수 있는 원마운트, 한화아쿠아플래닛 등 상업·오락시설이 꾸준히 개발되고 있으니, 대화동은 앞으로 가장 눈여겨봐야 할 일산의 핵심지역이라 할 수 있습니다.

    뿐만 아니라 일산에서 가장 큰 종합병원인 일산백병원이 있고요. 고양종합운동장, 농수산물센터 등 대규모 면적이 필요한 시설들은 대화동에 다 있습니다. 한류월드에도 지속적으로 상업시설들이 입주할 예정입니다. 게다가 아직도 빈 개발지가 많

킨텍스 주변 개발 계획

킨텍스원시티

주거용 오피스텔 일산대방디엠시티

아서 어떤 시설이 추가적으로 들어올지 모릅니다.

주거단지로는 장성마을, 성저마을, 대화마을 등의 대단지가 있습니다. 장성이라는 지명은 6·25 당시 남하한 피난민 수용소 이름인 장성을 그대로 채용한 경우고요. 성저는 한강 범람을 막기 위해 쌓은 토성의 아랫마을이라고 붙여진 이름입니다.

대화동은 3호선의 시작 대화역과 함께, 자유로에서 이산포 IC와 킨텍스 IC를 통해 진입할 수 있습니다. 또한 현재 계획 중인 GTX(수도권광역급행철도) 구간 중 가장 먼저 착공한 운정~수서(동탄) 구간의 중심지가 될 지역입니다.

2019년부터 입주를 시작한 킨텍스 주변 8개 단지(킨텍스원시티, 킨텍스꿈에그린, 힐스테이트레이크뷰, 힐스테이트일산, 일산더샵그라비스타, 한류월드시티프라디움, 일산대방디엠시티, 한류월드유보라더스마트)의 시세를 주목해 보시기 바랍니다. 향후 5년 후에는 일산신도시를 이끌 대표단지들이기 때문입니다.

동네 이야기 5. 일산의 출입구 백석동

마지막으로 설명해 드릴 백석동은 서울 기준으로 일산의 가장 초입에 있습니다.
주거단지로는 흰돌마을과 백송마을이 있고요. 장항동과 더불어 일산 내에서는 오피스텔이 밀집된 지역 중 한 곳입니다. 3호선 백석역, 경의선 곡산역이 지나고, 바로 인근에 있는 서울외곽순환도로를 통해 타 지역으로의 진출이 가장 편리한 동네입니다.

주요 시설로는 홈플러스, 롯데아울렛, 메가박스 등 복합시설로 개발된 고양시외버스터미널이 있으며, 고양시 지역난방열병합 발전소가 있습니다. 요즘 잘 나가는 대형할인점인 코스트코가 있고요. 이마트도 있습니다.

고양시 일산동구 백석동

혹시 일산병원을 아시나요? 건강관리공단에서 운영하는 대형병원인데 병원비가 매우 저렴하기로 유명합니다. 농담이 아니라 실제로 병원비를 정산하고 나서 뒤도 안 돌아보고 뛰어나가시는 분들이 많다고 합니다. 정산이 잘못되었다고 수납 직원이 다시 부를까 봐 그렇다고 하네요.

대형할인매장 코스트코

백석동 고양터미널

일산병원

일산요진와이시티 상업시설

한편 일산신도시 내에서 유일하게 개발이 되지 않은 택지개발 예정지구가 있었습니다. 고양시외버스터미널 옆 부지로, 1990년대 이후로 쭉 나대지로 방치되어 있었고 그중 일부는 늘 모델하우스 부지로 활용되어 왔습니다. 물론 땅이 분양이 안 된 것은 아니었고요. 요진건설에서 매입 후 15년 동안 개발을 준비하다 2013년 6월 요진와이시티로 분양 후 2016년 6월 2,404세대가 입주를 했습니다.

아파트, 오피스텔 등 공동주택, 업무시설, 판매시설, 문화 및 집회시설 등을 포함하는 대규모 복합시설로 건설되었습니다. 최고층 59층으로 일산에서는 가장 높은 빌딩이고, 단지와 함께 개발되는 상업시설이 명품 로드샵이며, 일산 내에서는 랜드마크라 해도 무방한 시설입니다. 이 건물의 완공과 동시에 백석동의 위상도 함께 상승했습니다.

일산의 가장 큰 장점, 쾌적한 생활환경

지금까지 일산신도시 내 동네 이야기를 말씀드렸습니다. 동네마다 다른 특징도 있었지만 일산만의 공통적인 특징도 있습니다. 어떤 지역이든 자연환경이 쾌적하며 생활편의시설이 잘 갖추어져 있고요. 교통망이 편리하고, 교육환경도 우수합니다.

사실 일산은 5개의 1기 신도시 중 출신 성분으로 따지면, 가장 촌(?)스러운 입지였습니다. 분당은 기존 성남시가지와 용인 사이에서 준비되어 있던 입지였고, 중동은 인천이라는 대도시 근처였으며, 평촌과 산본은 대한민국의 주축 1번 국도 옆 안양과 군포에 위치해 있는 준도시지역이었으니 말입니다. 반면 일산 대부분은 주로 서울에 농산물을 공급하던 논밭이었으니 가장 백지상태였던 것이죠. 하지만 이 덕분에 오히려 개발이 더 용이했습니다.

31만 평의 동양 최대 인공호수인 호수공원만으로도 일산은 명품 신도시로서 충분히 가치가 있습니다. 게다가 업무시설도 지속적으로 늘어나고 있는 추세라 업무시설이 없는

일산의 명소, 호수공원

순수 베드타운이라는 한계를 점점 극복해 가고 있는 중이죠. 여기에 북한과의 화해 분위기까지 어느 정도 조성된다면, 일산은 또 한번 도약하여 부동산 입지로서는 가장 관심받는 도시가 될 것입니다.

풍수 이야기

일산은 한강의 하류 지역에 있습니다. 큰 강의 하류 지역은 퇴적층이 형성되어 땅의 질이 아주 좋다는 장점이 있지요. 농사를 지어도 좋고, 그 흙을 이용하는 산업에도 좋습니다. 실제 과거부터 고양시에서 재배하는 쌀과 채소는 서울에서 주로 구입해 갔다고 합니다.

또한 꽃 재배도 잘 되었다고 하는데요, 이러한 전통이 현재의 고양국제꽃박람회로 이어졌다고 합니다. 고양국제꽃박람회는 가장 오래된 행사로, 이를 모방한 꽃박람회가 다른 지방에서도 많이 개최되고 있습니다. 화정(花井), 화전(花田) 등 꽃과 관련된 지명이 많은 것도 이런 연유입니다. 그러나 큰 강의 하류에 있어 홍수의 위험이 있다는 것은 단점이기도 합니다. 과거에는 자연적인 위험요소를 막을 수 있는 기술이 거의 없었기에 자연재해 발생위험 지역에는 궁궐, 공공기관 등의 주요 시설을 두지 않았습니다. 이 때문에 고양시가 궁궐과 가까운 위치에 있으면서도 논밭으로만 활용되었던 것입니다.

그렇기에 이런 위험요소들이 제거되고, 안전한 택지지구로 개발된 일산신도시는 향후 발전성 측면에서 매우 의미가 있습니다. 자연의 위험으로부터 벗어나 맘껏 도약하는 지역이 될 수 있으니까요.

이렇게 홍수의 위험 등 거주지로서 우려 요소를 제거하고, 살기 좋은 택지로 만드는 작업이 바로 한국 전통의 풍수적 비보책입니다. 한국 지형상 가장 좋은 입지는 70% 정도의 명당 조건에 30%의 비보책을 활용한 지역입니다. 일산이 바로 그런 대표적인 지역입니다.

꽃박람회

지역분석 레시피

◉ **지명 인지도가 높은 지역을 늘 주목하세요!**
백화점에서 판매되는 상품에만 브랜드가 있는 게 아닙니다. 지명에도 있습니다. 분당은 성남이 아니고요, 송도는 인천이 아닙니다. 중동은 부천이 아니고요, 강남은 그냥 서울이 아니며, 일산도 고양시가 아닙니다. 주거시설이든, 상업시설이든, 업무시설이든 지명 인지도가 높은 지역은 그 인지도가 시세에 반영이 되어있습니다. 따라서 향후 지역의 인지도가 높아진다면, 시세가 함께 올라갈 확률이 높습니다.

◉ **대형병원 입지도 잘 보세요!**
노년층이 제일 싫어하는 지역이 어떤 지역인지 아시나요? 바로 주변에 병원이 없는 지역입니다. 한때 인기 있던 전원주택, 실버주택이 실패한 가장 큰 이유 중 하나가 병원시설의 부재입니다. 실제 현재 주목받는 실버 관련 주거시설은 대부분 병원시설이 잘 갖추어진 곳에 위치해 있기도 하지요. 병원시설 유무는 노년층뿐 아니라 어린아이, 어른 할 것 없이 누구에게든 중요한 입지 고려 요소입니다. 따라서 지역 내 대형병원이 있다는 것은 매우 좋은 입지 조건인 것입니다. 인기 있는 신도시를 분석하면 공통적으로 대형병원이 여러 개 있음을 알 수 있습니다.

◉ **상가 라인을 꼼꼼하게 분석해야 합니다.**
유명상가리고 모두 잘 나가는 것은 아닙니다. 라페스타는 오픈 당시부터 일산의 핵심이었습니다. 하지만 웨스턴돔이 생긴 이후, 그만큼 시장이 커진 것이 아니라 기존 상권을 나누어 가지는 결과를 낳게 되어 상권이 다소 위축이 되었습니다. 그뿐인가요. 한동안 잘 나가던 웨스턴돔도 현대백화점 상권이 생긴 이후 이탈층이 발생했습니다. 이처럼 항상 상권은 새로운 상권이 등장하게 되면 반드시 영향을 받게 됩니다. 특히 테마형 상가는 주변에 어떤 신규 상권이 생기는지 예측해 가면서 접근을 해야 합니다.

◉ **고밀도 지역, 저밀도 지역을 구분해 두세요!**
일산은 분당보다는 저밀도 지역이라고 말씀드렸습니다. 쾌적성 측면에서는 일산이 상대적으로 좋지만, 인구 밀집 측면에서는 분당이 좋다는 의미입니다.

인구 밀집도가 높으면 쾌적성은 낮아지지만, 편의성에 따라 시세는 더 높아질 확률이 큽니다. 삶의 질과 시세는 반비례할 수 있다는 것이지요. 또한, 시세가 높다고 투자 수익률도 높지는 않습니다. 따라서 투자 시에는 개별 입지에 따라 꼼꼼히 따져보고 접근하시길 바랍니다.

광역 교통망에 관심을 가지세요.

교통망 검토 시 전철 연장구간은 꼭 챙기시죠? 이제는 도로망이 신설되는 것도 꼭 살피셔야 하겠습니다. 최근 교통 관련 가장 큰 이슈는 GTX입니다. 일산 킨텍스에서 화성까지 가는데 40분이면 충분하다고 하니 대중교통수단의 혁명이라고 할 수 있지요. 역이 생길 위치 주변에는 정말 큰 호재이고, 그 연계지역까지도 긍정적인 영향을 받을 것입니다.

미개발지가 있는지 찾아보세요.

짓고 또 지어도 새롭게 공사할 공간이 남아 있는 걸 보면, 우리나라도 의외로 넓은 것 같습니다. 택지개발지 중에 대규모 미개발지가 있다는 것은 개발 여부에 따라 그 지역의 분위기를 반전시킬 수 있으며, 지역 자체의 업그레이드

동간 거리가 넓은 일산 아파트들

와 관련되므로 어떤 시설이 들어오는지 꾸준히 관찰해야 합니다.

이미 있는 기존 시설보다는 새로운 시설이 들어오는 것이 오히려 기존 시설도 살리고, 지역을 활성화할 것이라 추측이 가능합니다. 가장 먼저 관심을 가져야 할 곳은 GTX A노선 역이 생기는 대곡역세권으로 이미 개발 계획이 있었습니다.

현재 3호선, 경의중앙선이 지나는 더블역세권인 대곡역에 소사원시 복선전철이 연장되고 GTX A노선이 생기면 쿼트러플 역세권이 됩니다. 현재 대곡역 주변은 개발제한구역이므로 인근 지역인 화정동과 백석동이 가장 큰 수혜지가 되겠지요. 한참 개발 중인 대화지구, 장기적인 관점에서는 장항동 주변의 개발제한구역도 주목할 필요가 있습니다.

아직도 많이 남은 장항동 주변 미개발지

네 번째 이야기.

작지만 강한 도시 과천 이야기

래미안에코팰리스로 보는 과천

서울·경기권에서 북한산에 이어 두 번째로 사람들이 많이 찾는 산이 바로 관악산입니다. 관악산은 보통 서울대 정문 옆길이나 사당역, 그리고 과천 중앙동 정부청사 옆길을 통해 많이 오르는데요. 제가 관악산 등반 시 가장 좋아하는 코스는 사당역을 통해 올라가서 과천 중앙동 정부청사 옆길로 내려오는 것입니다.

이 코스를 가장 좋아하는 이유는 사당역을 통해 올라갈 때 보이는 아름다운 관악산의 능선 때문이기도 하지만, 그보다 과천시 중앙동에 있는 '래미안에코팰리스'를 볼 수 있기 때문입니다.

단지 자체도 볼만하지만 특히 단지를 가로지르는 천연 계곡물은 한마디로 끝내줍니다. 인공적으로 조성되지 않았기에 전경도 예쁘고 물 흐르는 소리도 참으로 시원한데요.

'아파트 내에 계곡물이 있으면 시끄럽지 않을까?' 하실 분도 계시겠지만, 이 계곡물은 단지의 자랑거리입니다. 자연 하천이 아파트 단지 사이로 흐른다는 것이 상상되시나요?

단지 내 계곡물이 흐르는 래미안에코팰리스

단지 내에 있는 보호수

단지 사이로 보이는 관악산

글로써는 설명이 어렵네요. 아쉬운 대로 직접 찍은 사진을 넣어보았지만, 관악산 등반 시 직접 들러서 보시길 권합니다. 이색적인 환경의 에코팰리스는 과천주공11단지를 재건축한 아파트로, 현재 과천의 부동산 현황을 가장 잘 나타내는 바로미터라고 할 수 있습니다.

명당의 필수 요건, 배산임수의 도시

과천은 관악산의 도시라고 해도 과언이 아닐 만큼 그 영향이 매우 큰 도시입니다. 관악산 자락에 정부청사가 포진되어 있고, 그 정부청사를 업무·상업·주거시설이 에워싸고 있습니다. 위성지도를 보면 정부청사를 중심으로 하여 방사형으로 꽉 차게 들어서 있습니다. 뿐만 아니라 공장처럼 생활에 유해한 시설이나 유흥시설이 거의 없어서, 환경적인 측면에서 평가하면 오히려 서울 강남보다도 우수하고 고급스러운 환경입니다.

정부과천종합청사 위성지도

과천은 생활환경뿐만 아니라 풍수지리로도 으뜸인 도시입니다. 예부터 우리 조상님들은 배산임수를 명당의 기본 요건으로 꼽았습니다. 산이 포근하게 감싸고, 앞마당에 좋은 물까지 흐르면 그야말로 금상첨화의 입지로 본 것이죠.

과천은 뒤로는 관악산이 에워싸고

앞마당에는 양재천이 흐르는 완벽한 배산임수의 모습을 갖추고 있습니다. 도시 자체가 작긴 하지만 대부분이 명당인 아주 기가 막힌 입지입니다.

게다가 과천에 흐르는 양재천은 풍수적으로도 명당수로 꼽힙니다. 한강의 경우 폭도 넓고 풍부한 유량을 자랑하지만, 집중호우가 내리면 종종 범람하여 그 인근 지역에 종종 홍수피해를 끼치기도 합니다. 잠수교는 말 그대로 잠수해버리고 한강공원도 물속에 잠겨 버리죠. 반면 청계천 인근은 홍수가 거의 없습니다.

그 해답은 바로 물의 흐름에서 찾을 수 있는데요. 한강은 동에서 서로 흐르는 반면, 청계천은 서에서 동으로 흐르기 때문에 범람을 예방할 수 있는 것입니다. 과천의 양재천 역시 청계천과 마찬가지로 서에서 동으로 물이 흐르기 때문에 홍수의 피해가 없는 명당수입니다.

이러한 자연환경들의 조합을 통해 과천이 명당자리를 굳건히 지킬 수 있었고, 이 명당에서 발생하는 좋은 기운들이 도시 전체를 감싸고 있습니다. 이런 좋은 기운들 덕분에 작은 지역임에도 불구하고 과감하게 정부청사의 입지로 택해진 것입니다. 덕분에 과천이 지금까지 거의 30년 동안 대한민국의 주요 정책들을 기획하고 추진하게 되었고, 도시 전체가 넉넉한 분위기를 풍기게 된 것입니다. 이것이 과천을 작지만 강한 도시라 일컫는 이유입니다.

과천의 발전 연혁

작지만 강한 도시, 과천의 인구는 6만 명밖에 되지 않습니다. 인근의 안양시가 57만 명인 것과 비교해 보아도 매우 작은 규모라 하겠는데요. 그나마 1982년도 정부청사 이전이 없었더라면 지금보다 더 작은 규모였을 겁니다. 그래서 현재 과천의 위상은 정부청사의 이전이 가장 결정적인 역할을 했다는 데에는 아무도 이의제기를 하지 못할 겁니다.

정부청사 입주 후 상업시설이 들어서고 주공아파트들이 입주합니다. 대부분 1982~1984년에 있었던 일이고요. 또 1984년에는 창경원(현 창경궁)에 있던 서울동물원이 서울대공원으로 신설·확장되어 들어오게 되고, 1986년에는 군에서 시로 승격을 하게 됩니다.

같은 해 덕수궁에 있던 국립현대미술관이 과천으로 이전·확장 개관을 하고, 1988년에는 수도권 3대 테마파크 중 한 곳인 서울랜드가, 1989년에는 뚝섬유원지에 있던 경마공원이 옮겨와 개장합니다. 2008년도에는 국립과천과학관이 개관해, 집객력이 매우 우

현대미술관의 전경   현대미술관의 대표작, 故 백남준 선생의 다다익선(多多益善)

수한 고급시설들이 과천에 속속 자리를 잡았습니다. 인구 1,000만 명의 도시에도 없는 시설들이 설치된 것이죠.

강남을 닮은 부자들의 도시, 그리고 재건축 이슈들

과천에는 평균적으로 상위소득자들이 많습니다. 정부청사가 있다 보니 고위공무원들이 많고, 단순 생산업이나 제조업보다 상대적으로 고소득인 소비업과 서비스업 종사자가 많습니다.

게다가 주거지로서의 환경이 매우 우수하여 과천을 주거지로 서울로 출퇴근하시는 분들도 꽤 많습니다. 그렇기에 고액연봉자들이 많을 수밖에 없는 지역이고요. 이런 알짜배기 인구가 약 6만 명이니 과천시가 부자 동네임이 분명한 것이지요.

그래서인지 과천은 강남과 묘하게 닮았습니다. 특히 부동산에서요. 서울 강남구와 함께 최초로 평당 1,000만 원이 넘은 지역이기도 했고, 평균 평당 4,000만 원을 넘기도 했습니다. 그렇게 과천은 늘 강남의 후발주자로 움직이는 모습을 보였습니다.

강남이 상승하면 과천도 상승했고, 2008년 금융위기 이후 강남의 부동산 가격이 하락하자 과천도 곧바로 따랐습니다. 물론 강남 집값의 행보는 대한민국 전역에 영향을 주지만 과천은 특히나 그렇습니다. 2006년 몇 개월간은 강남구의 평균 시세를 역전하기도 했고, 2015년까지 조정국면을 겪어야 했지만 여러 호재로 다시 활기찬 모습입니다.

재건축 이야기만 나오면 늘 같이 언급되는 것도 닮았습니다. 강남구 개포지구에 재건축이 진행되고 있는데요. 과천도 대부분 단지가 재건축이 진행되고 있습니다. 이미 개발되어 입주한 주공3단지(래미안슈르), 주공7-2단지(래미안과천센트럴스위트), 주공11단지(래미안에코팰리스)만 빼면 모두 재건축 후보지입니다. 주공7-1단지는 센트럴파크푸르지오써밋으로 분양되어 2020년 입주, 12단지는 과천센트레빌로 2020년 4월 입주 계획입니다. 2단지를 재건축한 과천위버필드는 2021년 입주 예정입니다.

과천은 우리나라 부동산의 바로미터인 서울 강남구를 이어 전국 2위의 부동산 시세를 자랑하던 도시이기도 했습니다. 물론 최근에는 서초구에게 2위 자리를 빼앗기긴 했지만, 아직도 비싼 지역입니다. 특히나 주거지역이 비싼데요.

보통 고급주택이 집단으로 지어지면 비슷한 시세가 형성됩니다. 이러한 특성이 잘 나타나는 곳이 서울 압구정동의 아파트들입니다. 1970년대 후반에 대부분 중대형으로만 지어지다 보니 비슷한 수준의 사람들이 터를 잡게 된 것인데요. 과천도 이러한 특성이 잘

래미안슈르 위치도

과천주공3단지를 재건축한 래미안슈르

래미안과천센트럴스위트 위치도

과천주공7-2단지를 재건축한 래미안과천센트럴스위트

나타나는 도시입니다.

  1980년대에 동일한 수준의 주택이 거의 동시에 지어지면서 수준이 비슷한 입주민들이 터를 잡고 살게 되었고, 지금까지 그대로 유지가 된 것입니다. 그래서 과천의 주거시설이 특히나 값이 비싼 것입니다.

살기 좋은 도시 1위

  경기개발원에서 경기도 내 가장 살기 좋은 도시를 여러 가지 기준으로 평가하여 순위를 발표하였는데, 과천시가 종합 1위 지역으로 선정되었습니다. 총 5개 분야로 나누어서 입지를 평가하였는데 도시건강·환경과 도시편리성 분야에서 1위를 하였고, 도시안전 분야에서는 3위를 차지하여 종합평가 1위의 도시로 평가를 받았습니다.

[경기도 부문별 살기 좋은 도시 순위 및 평당 시세]

단위: 만 원

종합		교육·의료·복지		도시경제성	
과천	2492	의정부	710	화성	790
고양	859	고양	859	파주	674
안양	1041	안산	849	김포	694
용인	905	안성	515	성남	1411
군포	915	시흥	690	안양	1041
도시안전		도시건강·환경		도시편리성	
용인	905	과천	2492	과천	2492
의왕	975	성남	1411	구리	995
과천	2492	의왕	975	부천	895
화성	790	남양주	733	안양	1041
남양주	733	안양	1041	의왕	975

자료: 경기개발연구원, KB국민은행(2013. 5. 8.)

  거주지로 매우 좋다는 말씀을 반복해서 드렸는데, 주관적으로만 아니라 객관적으로도 그렇다는 것이지요. 자, 그럼 이제 그 살기 좋다는 과천의 동네 이야기를 시작하겠습니다.

| 동네 이야기 1. | # 과천의 중심 중앙동

먼저 중앙동입니다. 말 그대로 과천의 중앙입니다. 풍수적으로도 가장 명당자리이고요. 정부청사시설이 바로 이 중앙동에 있습니다.

과천초등학교부터 과천향교, 과천중학교, 과천여자고등학교, 과천시청, 과천식물원, 중앙공무원교육원까지 이어지는 관악산 하단 곡선은 과천의 생명줄과 같은 곳입니다. 풍수적인 기운이 넘치고 경치도 가장 아름다우며 실제 과천의 중추적인 역할을 하는 곳입니다.

과천시 중앙동

지하철 4호선 과천역과 정부청사역이 지나고, 주공1단지와 10단지가 재건축을 진행하고 있습니다. 주공11단지가 재건축된 에코팰리스는 개인적으로 가장 좋아하는 단지 중 한 곳입니다. 최근 건설되는 아파트들은 세대 내부의 화려함을 강조하기보다는 외부 조경시설 차별화에 많은 공을 들이는데, 특히 개성 있는 수경시설은 단지의 상징이 되는 경우가 많습니다.

우리나라에서 가장 좋은 아파트 중 하나로 평가받는 반포자이와 반포래미안퍼스티지도 차별화된 수경시설로 유명합니다. 반포자이는 놀이터에 작은 카약을 띄워서 아이들을 놀게 했고요. 반포래미안은 대규모 중앙호수가 있어 분수 쇼를 할 수 있게 했습니다.

반포자이 놀이터　　　　　　　　　　반포래미안의 중앙호수

하지만 제 개인적인 평가를 드리자면, 여기 래미안에코팰리스의 수경시설과는 비교가 안 됩니다. 단지 한가운데를 흘러내리는 자연천과 인공시설을 어찌 비교하겠습니까. 관악산의 정기를 그대로 단지에 전달해 주는 역할을 한다고 생각하시면 됩니다.

한편 중앙동의 단독주택과 연립주택들은 비록 오래되긴 했지만, 그에 맞는 기품이 넘쳐흐르는 고급스럽고 조용한 지역입니다. 그만큼 중앙동은 급이 높아 보이는 동네입니다.

동네 이야기 2. | 과천의 대표주거지 별양동

중앙동이 행정타운과 명품주거지의 지역이라면, 별양동은 과천의 대표 주거지역입니다. 따라서 중앙동과 별양동은 그 기능을 서로 보완해주고 있다고 볼 수 있습니다. 시공사들이 가장 탐내는 재건축단지인 주공4,5단지가 있고요. 역시 입지가 좋은 2단지와 7단지도 모두 이곳에 있습니다. 특히 별양동은 여러 학교와 상업시설이 잘 갖추어져, 생활편의시설에서는 과천의 최고지역이라 할 수 있습니다.

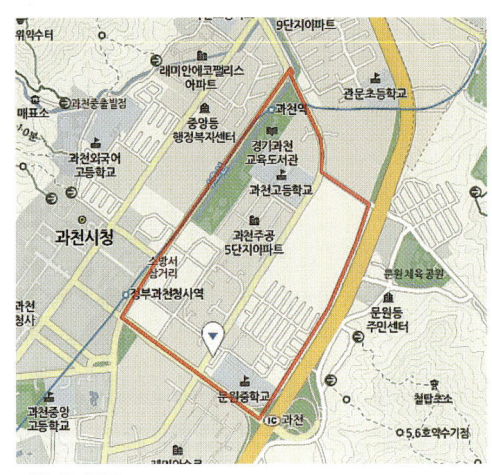

과천시 별양동

코오롱 본사, 삼성 SDS 등의 대기업 뿐 아니라 좋은 중소기업체들, 주요 금융기관들, 기타 업무시설들이 대부분 이곳에 있습니다. 과천의 대표 먹자거리가 있어 과천시민들이 늘 모이는 지역입니다. 상업시설의 경우 한때 강남권만큼 권리금이 높았는데, 정부청사 이전으로 공무원들이 빠져나가면서 반토막나 이슈가 되기도 했습니다.

정부청사가 세종시로 내려간 직후 잠시 주춤했었지만, 새로운 정부기관들이 입주해서 다시 활기를 띠고 있습니다. 더 나아가 재건축이 완료될 즈음에는 지금까지의 전성기보다 더 전성기를 맞이할 확률이 높습니다. 과천의 상권은 이곳 외에는 형성되기 어렵기 때문입니다.

삼성 SDS(좌), 코오롱(우)의 모습

코오롱 본사와 뒤로 보이는 뉴코아백화점

학군이 좋기 때문에 학원가도 이곳에 있습니다. 상업지역에 교육환경이 조성된 것은 이곳 대부분의 상점이 8시면 문을 닫는 일반상가들이고, 유흥업소가 거의 없기 때문입니다. 과천 거주민들은 인덕원이나 사당에 가서 놀거든요. 주부들이 싫어하는 혐오시설이 없다는 측면에서도 가장 눈여겨보셔야 할 지역입니다.

동네 이야기 3. | 과천의 입구 부림동

부림동은 과천의 출입구 부분에 있습니다. 사당이나 서초구에서 오시게 되면 부림동을 지날 수밖에 없습니다. 과천과학관·서울대공원·서울랜드·경마장에서 가장 가깝고, 주공 7·8·9단지가 있습니다. 8·9단지까지 재건축되면 이 지역을 지나치기만 하시는 분들도 자연스럽게 눈여겨보게 되실 지역이라고 판단됩니다.

과천시 부림동

서울랜드 입구

서울대공원 입구에서 보이는 관악산의 모습

주공8단지

과천주공아파트 단지별 위치

과천의 미래

과천의 가장 큰 화젯거리는 정부청사의 세종시 이전 후 과천의 향방에 대한 것입니다. 대부분 기사에는 '세종시로 정부청사가 이전해 간 이후로 패닉 상태에 빠졌다, 더 이상 방법이 없다'는 모습으로 비쳤지요. 이런 기사들은 한때 과천이 강남과 함께 부동산을 주도했지만 2006년 고점 이후로 가격이 가장 많이 내린 지역이라는 점을 근거로 듭니다.

많은 사람들이 지금이라도 손절매를 해야 하는 것은 아닌지 걱정을 하고 있고, 실제 매물들이 거래가 되지 않아 노심초사 중인 동네로 묘사가 되지요. 이것이 현재 과천을 전망하고 분석하는 대부분의 판세입니다.

하지만 단기투자용이 아니라면 과천을 버리지 않으셔도 됩니다. 입지가 매우 우수하기 때문에 절대 단번에 주저앉을 지역이 아닙니다.

14개 기관의 5,000여 명이 빠져나간 것은 분명한 사실입니다. 하지만 곧 14개 기관 4,000여 명이 다시 입주할 것이라는 점도 사실입니다. 대부분의 분들이 이 사실을 간과하셨던 겁니다.

그리고 정부청사 입지가 대한민국 최고의 업무시설 입지라고 강조하여 설명 드렸지요? 그 말인즉슨 설사 정부기관들이 입주를 하지 않는다고 하더라도 민간 기업들, 특히 대기업이 가만두지 않을 입지라는 뜻입니다.

관악산 연주대

혹시 국가가 정부청사 입지를 민간에 매각하는 날이 올까요? 글쎄요, 저는 그럴 일은 없을 거라 봅니다. 관악산 연주대는 조선 개국 직후 조선을 섬기지 않으려는 고려의 충신들이 멀리 개성을 바라보면서 고려 왕조를 그리워한 곳입니다. 정부청사 시설은 그 아래에 자리 잡고 있지요.

그렇다면 이곳은 입지뿐만 아니라 역사적인 의미에서도 정부기관으로 가장 적합한 입지가 아닐까요? 그만큼 국가적으로도 중요한 입지인 이곳은 현재 새로운 기관들을 맞이하기 위해 리뉴얼을 하고 있습니다. 이 리뉴얼이 끝나고 다시 입주를 하는 시점부터 과천은 다시 활기를 찾을 겁니다. 상업시설들도 마찬가지고요. 따라서 거주 목적이든 업무 목적이든, 과천 진출을 망설이셨던 분들에게는 오히려 지금이 좋은 기회가 될 수 있습니다.

부동산 가치를 올리는 가장 중요한 호재로 일자리, 교통, 새 주거시설 이렇게 3가지가 있는데, 과천시는 이 3가지 호재를 모두 가지고 있는 지역입니다. 일자리 호재로 과천지식정보타운을 개발하고 있습니다. 교통 호재로는 4호선 과천지식정보타운역이 개통될 예정이고, 그 외 인덕원선, 월곶판교선 등 여러 노선이 주변에 생길 예정에 있습니다. 또한 신규 주거시설 공급 호재가 많습니다.

'임은 갔지만 나는 임을 보내지 아니하였습니다.'

정부청사가 떠났지만 정부청사를 떠나보내지 않은 도시, 과천. 인구수가 적어도, 땅 면적은 작아도, 고층빌딩이 없어도, 오히려 그런 조건들을 장점으로 승화해버린 과천. 어찌 보면 과천을 통해 인생의 진리 한 가지를 배우는 것 같습니다.

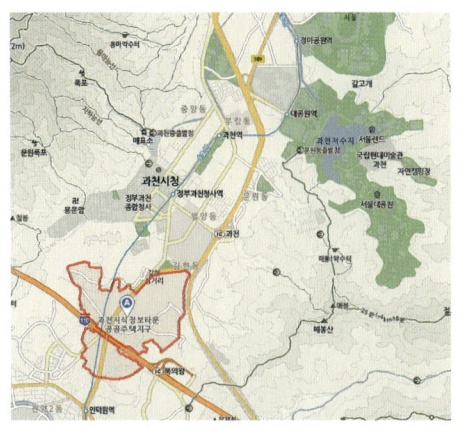
과천정보지식타운 위치

향후 과천시의 가장 큰 변화는 대규모 신규택지개발지구인 과천지식정보타운입니다. 일자리와 신규 교통망과 대규모 주거단지가 동시에 공급되는 지역입니다. 서울 수요를 분산하는 입지로 새로운 인기 주거지가 탄생하게 되는 것이지요. 그동안 과천시에는 정부과천청사 이외에 특별한 일자리 시설이 없었고, 주공 12개 단지 이외에는 특별한 아파트 밀집 지역이 없었습니다.

과천지식정보타운 개발로 일자리가 다변화되고 새로운 택지개발지구의 공급으로 지난 40년간 가지고 있었던 과천의 위상이 완전히 달라지는 것이지요. 과천지식정보타운은 총 12개 블록에 8,359세대 개발을 목표로 진행되고 있습니다. 단순히 주거시설만 들어서는 것이 아니라 대규모 일자리를 함께 개발하는 계획입니다. 100여 개의 IT업체가 입주할 계획이며 근무 종사자 수는 4만 6,600여 명이라고 합니다. 아울러 문재인 정부의 핵심 추진 부동산 사업 중 하나인 3기 신도시 후보지로 과천시가 선정되어 있습니다.

경제적으로 여유가 있는 분들은 재건축했거나 할 예정이 있는 주공 12개 단지 중에 선택하시고, 그보다 적은 금액으로는 과천지식정보타운 내 공급되는 다양한 형태 주거에 관심을 가지면 좋습니다. 실거주용으로도 투자용으로도 매우 우수한 상품입니다. 공공개발 형태로 공급이 되기 때문에 가격 경쟁력이 특히 더 좋기 때문입니다. 과천시는 완전 꽃놀이패 시장입니다. 아파트 수요는 많지만 공급이 부족해 고가든 중가든 모두 미래가치가 높습니다. 자신 있게 진입하셔도 됩니다.

풍수 이야기

관악산은 과천의 진산입니다. 행정상으로도 관악구에 속해 있기 때문에 많은 분들이 관악산을 서울의 산이라고 생각하시지만 관악산의 진짜 주인은 과천입니다.

서울에서 보는 관악산은 불이 타고 있는 모양이어서 화산이라고도 불립니다. 이처럼 서울 입장에서는 관악산이 풍수적으로 썩 좋은 산이 아니지만, 과천에서 바라본 관악산은 매우 편안한 산입니다. 녹지도 많고 여름에는 시원한 바람을 주며 겨울에는 북서 계절풍을 막아주는 말 그대로 수호신 같은 존재입니다.

한편, 과천에서 사당으로 가는 길에는 남태령고개라는 유명한 길목이 있습니다. 남부지방에서 서울로 넘어가는 몇 안 되는 길목 중 하나입니다. 길목이 하나이고 산 사이에 있어 보기만 해도 넘어가기 어려운 인상을 주는데요. 실제 상습 정체 지역으로 유명합니다.

이 길을 통해 과거 시험을 보러 가던 선비들에게 서울(한양)에 진출하여 관직을 얻는 것이 정말 힘들다는 것을 지형으로 알려준 고개였다고 합니다. 나라의 보안이 좋지 않았을 때는 산적들이 남태령 고개를 점령해 통행자들에게 불법 통행료를 받았다고도 하고요. 산적 유무와 관계없이 행인들에게는 늘 불안함과 피곤함을 주었던 장소였다고 합니다.

현재 남태령을 넘어오면 과천동이 있습니다. 지금도 과천의 다른 지역에 비하면 매우 썰렁하고 특별한 시설도 없습니다. 단순히 우연이라고 치부하기에는 오묘한 일이죠. 땅의 기운이 그런 썰렁한 분위기를 형성하고, 그런 분위기가 지금까지 이어 온 것이지요. 과거와의 비교는 이래서 참 재미있습니다.

남태령고개 표지석

지역분석 레시피

◉ 공공기관의 인접부지는 늘 눈여겨보세요!

이 명제는 삼국시대부터 계속 그래왔습니다. 기득권 세력들이 있는 지역들은 늘 그 시대 부동산의 주도권을 가졌습니다. 초반엔 종로구, 중구가 그랬고요. 정부청사의 이전 이후로는 과천이 그랬습니다. 그렇다면 앞으로 세종시도 이런 위상을 가진 지역으로 발전하겠죠? 전국적으로 현재 세종시만 부동산 불황이 없는 것이 이런 이유에서입니다. 역사를 통해 배운 학습효과죠.

◉ 좋은 학교 인근에는 좋은 학원가가 형성되어 있다!

최근에는 고등학교 학군보다는 초·중등 학군이 더 중요하다고 말씀드렸습니다. 그리고 또 신경써서 보셔야 할 것이 학원가의 형성 여부입니다. 명문 고등학교 인근에는 대체적으로 좋은 학원가가 형성되어 있으며, 그렇게 한번 형성된 학원가는 웬만하면 이동을 하지 않습니다. 이러한 사실을 미리 염두에 두시고 그 지역을 공부하시면 좋겠죠?

◉ 좋은 입지는 한 번에 무너지지 않습니다!

한 번이라도 지역 내 상위권을 차지한 저력있는 곳은 쉽게 무너지지 않습니다. 실제로 무너진 적도 없고요. 강남은 아직도 최고의 시세를 유지하고 있습니다. 같은 논리로 분당, 용인, 과천도 마찬가지일 것이고요. 물론 그 지역 중에서도 사람들이 많이 상주하는 곳의 위상이 계속되기가 쉽겠죠? 그런 팩트만 보세요.

세종시 정부청사 조감도

◉ 주요 지역을 따라가는 경향을 보이는 입지를 더 눈여겨보세요.

먼저 주요 지역을 찾고 그와 유사한 행태를 보이는 인근 지역을 찾아 그 지역을 더 눈여겨보세요. 강남과, 강남을 따라가는 과천처럼 말이죠. 실거주든, 투자든 그 지역 부동산을 분석하고 활용하시는 데 훨씬 도움이 되실 겁니다.

주목해야 할 재개발·재건축 레시피

서울지역의 수요가 분산될 만한 입지로 주목받는 곳이 바로 과천입니다. 현재 재건축을 추진하는 지역들이 이전의 노후화된 모습을 벗고 새로운 주거지로 변하고 있기 때문입니다. 현재 과천의 아파트들은 모두 재건축조합이 결성되어 진행되고 있습니다. 이미 과천의 3개 단지는 성공적으로 재건축 입주를 마쳤지요. 3개 단지 모두 래미안으로, 에코팰리스가 그중 하나이며 시세가 가장 높으므로 꾸준히 관찰할 필요가 있습니다.

특히 과천은 1980년대 준공된 저층단지들이 재건축을 앞두고 있습니다. 대지 지분이 많아 재건축에 있어 조합원과 시공사, 투자자 모두가 관심지역인 만큼 각 단지가 어떻게 재건축이 되는지 비교해 보는 것도 재미있습니다. 과천지식정보타운은 과천시 기존 아파트와 안양의 새 아파트 가격을 고려하여 책정될 가능성이 높습니다. 미래가치 측면에서 경쟁력 있는 입지로 재건축에 관심이 있으신 분들은 과천을 지켜보시기를 추천합니다.

동	구역	대지면적(m²)	예정세대수	사업유형구분	시공사	현재 단계 (19년 6월 기준)
주암동	주암단독구역	52,900		주택재개발		조합설립인가
중앙동	중앙단독구역	71,000		주택재개발		기본계획

동	재건축단지명	준공연월	총세대수	건립예정세대수	시공사	사업단계
별양동	주공4단지	1983.07	1,110	1,500	GS건설(주)	조합설립인가
별양동	주공5단지	1983.12	800			추진위
별양동	주공6단지	1982.12	1,262	2,145	GS건설(주)	이주/철거
부림동	주공8단지	1983.08	1,400			안전진단
부림동	주공9단지	1982.12	720			안전진단
중앙동	주공10단지	1984.08	632	1,339		추진위
중앙동	주공1단지	1981.01	840	1,567	(주)대우건설	착공
중앙동	주공1단지연립	1981.01	204	1,567	(주)대우건설	착공

〈과천시 재개발·재건축 진행 상황〉

MEMO

다섯 번째 이야기.

별을 품고 있는 달 남양주 이야기

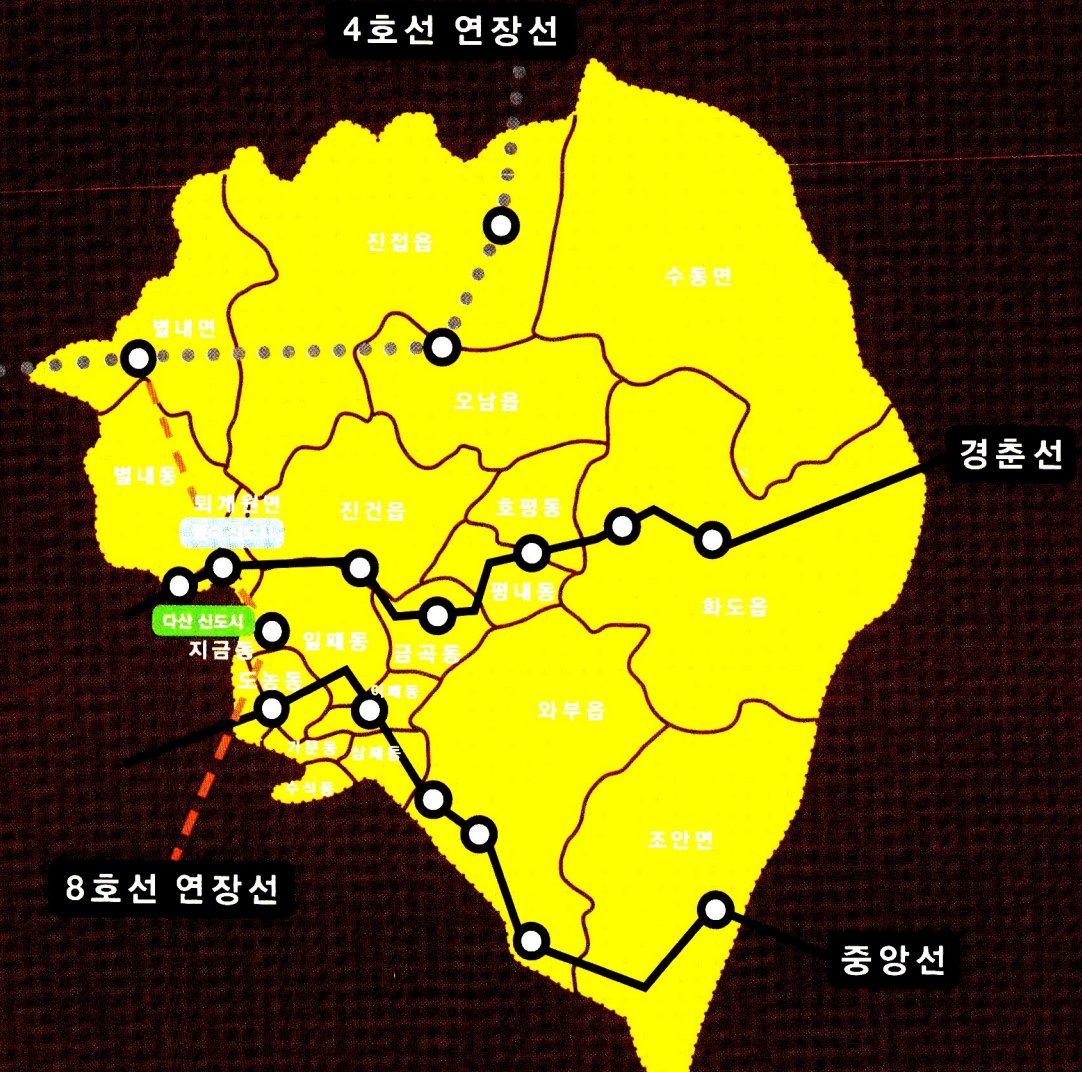

주변에서 가만히 두지 않는 남양주

남양주시의 지도를 가만히 보고 있으면 구석기 시대의 도구인 주먹도끼가 생각납니다. 그래서인지 재미있게도 남양주에서는 구석기 유적들이 많이 발견됩니다. 특히 구릉지 지형인 화도읍에서 많이 출토되고 있는데, 그 외에도 서남쪽 한강 변의 지금동과 수석동에서는 신석기 유물이, 화도읍과 지금동을 잇는 지역에서는 청동기 유적들이 많이 발굴되기도 했습니다. 우리는 이런 고대 유물들과 유적들을 통해 남양주가 아주 오랜 옛날부터 많은 사람들이 살던 인기 있는 지역이었다는 것을 추정해볼 수 있습니다.

현재 남양주시를 에워싸고 있는 지자체는 모두 9개입니다. 서울의 노원구와 강동구, 경기도의 의정부시, 포천시, 구리시, 양평군, 가평군, 마지막으로 한강 건너의 하남시와 광주시가 남양주를 둘러싸고 있는데요. 이렇게 맞닿아 있는 지역들만 보아도 이곳이 과거부터 꾸준히 주변과 함께 해왔고, 또 앞으로도 그렇게 발전할 것임을 예측해 볼 수 있습니다.

더 나아가 지명에서 유추할 수 있듯이 남양주는 양주에서 분리된 도시입니다. 마찬가지로 양주에서 분리된 의정부나 구리도 결국 한 뿌리에서 나왔음을 염두에 둔다면, 이 지역 간의 인구 이동이나 생활 관련성에 대한 이해가 조금 더 쉬워질 것입니다.

도시와 농촌의 모습을 모두 갖춘 곳

현재 남양주시청(제1청사)이 있는 곳은 금곡동으로, 남양주시의 거의 중앙에 위치해 있

금곡동에 있는 남양주시청

금곡지구의 아파트 단지들

습니다. 이 금곡동을 사이에 두고 동서 양쪽의 모습이 많이 다릅니다. 도시지역과 농촌지역의 중간이라고 해야 할까요?

금곡동 서쪽에서 구리시까지는 매우 발전된 도시 형태를 갖추고 있고, 금곡동 동쪽에서 양평군·가평군까지 이르는 지역은 일반적인 농촌 마을의 모습을 보입니다. 남양주시가 도농복합도시라고 일컬어지는 이유가 여기에 있습니다.

'미금시'라고 들어보셨나요?

미금이라고 하면, 많은 분들이 분당에 있는 분당선과 신분당선 더블역세권역인 미금동을 떠올리실 텐데요. 제가 말씀드리는 미금은 남양주시와 관련한 지명입니다.

한때 정부에서는 도시지역과 농촌지역을 구분하고, 유사한 지역들끼리 묶어 동일 지자체를 만드는 지역 정책을 추진했었습니다. 그 정책의 하나로 양주에서 의정부시와 구리시가 각각 분리된 것이기도 합니다.

남양주에서도 지금동, 도농동, 가운동, 금곡동, 평내동, 호평동 등의 잘 나가는 지역을 묶어 하나의 시를 만들게 되었고, 1989년 남양주 미금면이 남양주시에서 분리하여 미금시로 출범하게 됩니다.

그러나 1995년에 다시 남양주시로 편입이 되며 미금시는 사라져버리고 말았습니다. 만 6년 만에 역사 속으로 사라진 지자체이기 때문에 당시 이 지역에 사셨던 분들을 제외하면 대부분의 분들이 미금시를 모르실 겁니다. 하지만 옛날 미금시에 속해있던 6개의 동은 지금도 남양주의 중심지 역할을 하고 있습니다.

결국 남양주는 어떤 지역보다 많은 분리와 통합의 과정을 거쳤음에도 그 변화 과정이 다소 소란스럽던 타 지역들과 다르게 매우 조용히 진행되었던 것이죠. 그래서 저는 남양주를 조용하게 초승달-반달-보름달로 꾸준히 변하는 '달 같은 지역'이라고 표현하고 싶습니다.

달 주변의 화려한 별들

남양주를 달, 그리고 그에 속한 주요 도시들을 별로 표현하자면 현재 구리에서 가장 가까운 핵심지역인 도농동, 지금동, 다산동을 첫 번째 별로 꼽을 수 있습니다. 남양주 아파트 시세가 처음 평당 1,000만 원을 넘었던 지역이 바로 도농동인데요. 그 뒤를 이어 지금동과 다산동도 1,000만 원 이상 시세를 유지하고 있습니다. 이들은 오히려 생활 여건은 태생부터 도시지역이었던 구리시와 별다른 바 없는 곳입니다.

그 이외의 지역에서도 새로운 별들이 몇 개가 등장하는데요. 그중 하나가 와부읍입니다. 와부읍은 2000년대 중반에 대규모로 주거지역 개발이 이루어지면서 현재는 평당 1,000만 원이 넘는 시세가 형성되어 있습니다. 특히 다른 남양주 지역들은 결코 넘을 수 없는 한강 조망 프리미엄을 지닌 곳입니다. 그것도 남향으로 말이죠.

또 다른 별 하나는 진접읍입니다. 남양주에서도 매우 큰 개발 규모로 초기에는 타 지역 분들에게도 많은 관심을 받았지만, 지금은 미분양의 천국인 곳이죠. 그런데 최근 별내신도시의 등장으로 조금은 반사 이익을 보게 됩니다. 무엇보다 요즘 부동산 트렌드가 저렴한 부동산을 선호하는 것이다 보니, 자연스레 별내신도시보다 가격 경쟁력을 갖춘 인접 택지개발지역인 진접이 유리해진 것이죠.

다음은 남양주의 위상을 몇 단계 올려 주었던 큰 별, 별내신도시가 등장하는데요. 별내는 비록 같은 시기에 공급되고 있는 판교, 김포, 동탄 등과 같은 2기 신도시는 아니지만 2만 5,000세대, 인구 7만 8,000명을 수용하도록 계획되었습니다. 거의 동시에 대규모 시설들이 공급되기 때문에 2기 신도시와 견주어도 결코 뒤지지 않는 규모입니다.

큰 별, 별내신도시

별내는 김대중·노무현 정부 시절, 주택 100만 호 건설을 목표로 수도권 내의 그린벨트 중 몇 군데를 지정 해제하면서 부동산 시장에 등장하게 됩니다. 이곳은 남양주의 한 지역이라기보다는 신도시가 생겼다고 여기는 편이 낫습니다. 마치 송도가 인천에 있지만 인천이 아니라고 생각하는 것처럼 말이죠.

따라서 별내는 기존 주변지역에서 어떤 영향을 받을 것인지가 아니라, 오히려 남양주에 어떠한 영향을 줄 것인가를 고려해 보아야 하는 곳입니다. 남양주시에서 평균 시세가 가장 높은 지역이었으나 다산신도시가 입주를 시작한 이후 2위가 되었습니다. 별내아이파크2차가 시세가 가장 높습니다.

보통 이사 갈 지역을 결정할 때, 기존의 생활반경을 크게 벗어난 곳으로 결정하기가 어렵습니다. 부모의 직장 출퇴근 문제도 있고, 아이들 통학 문제도 있으니까요. 따라서 별내도 그 인근 지역에서 거주하시던 분들이 많이 유입될 것임을 예상할 수 있었습니다.

별내 인근 지역을 살펴보면 우선 남양주의 기존 구심이, 그 옆에는 구리시가 있고요. 북쪽으로는 의정부시가, 좀 더 올라가서는 포천이 있습니다. 서울의 노원구, 중랑구, 강동구도 있고 한강 너머 하남시와 광주시도 접하고 있습니다. 그래서 우리가 예상하는 바와 같이 최근 별내신도시에 입주한 분들의 이전 거주지를 분석해 보면 이 지역인 경우가 대부분입니다.

별내는 애초부터 서울의 주거수요를 보완하는 위성도시의 기능을 할 목적으로 개발된 신도시이기 때문에, 별내신도시를 통해 남양주도 분당, 일산 등의 다른 신도시들처럼 서울의 위성도시로 확실히 자리매김하게 된 것입니다.

불암산을 뒤로 두고 있는 별내신도시

별내신도시에 흐르는 하천

별내역과 이마트 별내점

향후 남양주의 판세를 바꿀 교통 호재들

현재 남양주가 그리 썩 좋은 평가를 받지 못하는 것은 철도교통망의 부재 때문입니다. 특히 남양주 동북쪽 내륙까지 이어지는 교통망이 부족하다 보니, 개발이 부진하고 사람들의 관심도 많이 받지 못하고 있는 상황이지요.

이런 대략 난감한 판세를 바꿀 만한 유일한 교통수단은 지하철입니다. 결국 전철 개통이 예정되었는가, 언제 개통되는지가 남양주 주요 지역의 시세를 결정하는 가장 중요한 요인이 되는 것입니다.

이러한 교통환경 요건 측면으로 보아도, 남양주에서 가장 호재가 많은 곳은 역시 별내 신도시입니다. 이미 경춘선이 지나고 있고, 앞으로 지하철 4호선과 8호선 연장이 계획되어 있으니까요. 특히 8호선을 통해서는 서울 강남권까지, 구리역 환승으로 중앙선까지도 연계가 가능하여 지하철 4개 라인이 이용 가능한 입지가 되는 것입니다.

한편 진접지구도 지하철 4호선 연장이 진행 중인데요. 전철이 개통되면 현재 지지부진한 개발 상황도 금세 활기를 띨 것으로 기대되는 곳입니다.

동네 이야기 1. | 한강 남향 조망이 가능한 덕소지구

먼저 덕소지구입니다. 행정구역상으로는 와부읍 덕소리 지역입니다. 예봉산을 뒤로 하고 한강을 앞에 두고 있는 전형적인 배산임수 지역으로, 남양주와 구리를 통틀어 유일하게 한강 프리미엄을 남향으로 누리는 입지입니다.

경춘고속도로 덕소삼패IC를 통해 진입하거나, 복선전철인 중앙선 덕소역, 도심역 이용이 가능하여 남양주시 내에서는 교통이 아주 좋은 편입니다.

외곽순환도로, 중부고속도로, 강변북로,

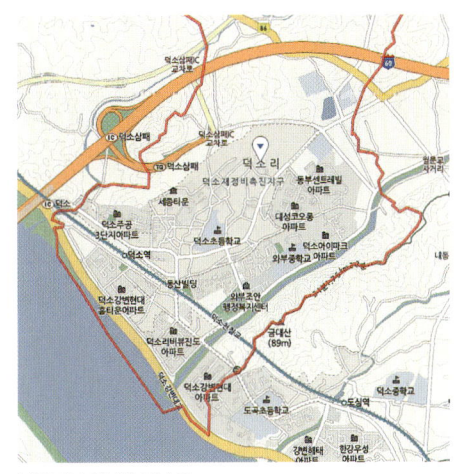

남양주시 와부읍 덕소리

복선전철 덕소역 입구　　　　　　　덕소두산위브에서 보이는 한강의 모습

올림픽대로로의 접근성도 양호하고 미사대교를 건너면 하남시 미사강변도시, 풍산지구와도 연계가 되며, 강동구 강일지구와도 인접해 있어 타 지역으로의 이동이 용이합니다.

구 미금시(현 도심) 지역을 제외하면 남양주시에서 가장 개발·정리된 지역으로 평당 1,000만 원 이상의 시세가 유지되고 있는 지역입니다. 또한 남양주에서는 가장 자연친화적인 주거지입니다. 재개발이 진행되는 곳은 도곡2구역이며, 덕소역은 각종 생활 인프라가 잘 갖춰져 있습니다. 2007년 입주한 1,239세대의 덕소아이파크가 대표 아파트이며, 재개발 후에는 순위가 바뀔 것으로 예상합니다.

동네 이야기 2. 남양주의 새로운 중심 다산신도시

중앙선 도농역을 두고 마주 보고 있는 지역으로, 별내신도시의 개발이 완료되기 전부터 남양주시의 중심지 역할을 담당할 곳입니다. 특히 평당 2,000만 원을 호가해 남양주의 최고가 아파트였던 효성해링턴타워도농아파트(구 마제스타워)가 있고, 그 유명한 부영타운도 있습니다.

6,000세대가 넘는 메머드급 단지이다 보니, "도농동에는 부영아파트와 부영아파트가 아닌

남양주시 다산신도시

부영타운단지

도농역

아파트가 있다"고 우스갯소리를 하기도 합니다.

다산신도시 개발이 본격화되고 입주를 하면서 이곳은 완전히 다른 입지가 되었습니다. 다산신도시는 이제 별내신도시의 위상을 넘어서고 있습니다. 구리의 수요까지 나누어 가지고 있다고 보시면 됩니다.

다산신도시는 진건지구, 지금지구라는 택지개발지역으로 구성되어 있습니다. 기존 남양주에 없었던 서울 접근성이 높은 입지이므로 관심을 가져야 하며, 8호선 연장선의 역사가 생기는 진건지구가 더 높은 가치가 있을 것입니다.

동네 이야기 3. 자연환경이 좋은 마석지구

남양주의 가장 동쪽에 위치한 화도읍 내 택지개발지구입니다. 읍 전체가 자연보전권역이지만 최근 마석지구 개발과 함께 도시화가 진행되고 있습니다. 천마산, 강변유원지, 새터유원지 등이 있고, 고종의 아버지인 흥선대원군묘도 화도읍에 있습니다.

편의시설로는 화도근린공원과 화도체육문화센터가 있으며 롯데마트, 하나로마트 등 각종 생활편의시설 이용

남양주시 마석지구

이 편리한 곳입니다.

교통은 경춘고속도로 화도IC로 접근이 가능하며, 사능-답례 간 자동차전용도로 마석IC를 이용해 호평, 퇴계원으로의 접근도 용이합니다. 현재 건설 중인 제2외곽순환도로 중에서 화도-양평 구간이 가장 먼저 완공될 예정이며 경춘선 마석역과 천마산역을 이용할 수 있습니다.

마석지구의 모습

동네 이야기 4. 작지만 편리한 주거환경 평내·호평지구

두 지역은 구 미금시 지역 중에서는 상대적으로 낙후된 지역이었지만, 2000년대 들어서며 급속히 개발되었다는 공통점이 있습니다. 평내동과 호평동은 경춘선 평내호평역을 사이에 두고 남과 북으로 위치해 있는데요.

때문에 주민들 간에는 호평동이 좋네, 평내동이 더 좋네, 갑론을박이 벌어지지만 타지역민들 눈에는 거의 같은 곳입니다.

남양주시 평내·호평지구

평내지구

호평지구

평내호평역의 모습 　　　　　　　　　호평동의 상가들

다만 이마트, 메가박스 등 대형 상업시설은 호평동에, 소형 상업시설은 평내동에 더 많아 호평동의 시세가 평내동보다 상대적으로 높습니다.

| 동네 이야기 5. | **별내신도시의 최대 수혜주가 될 퇴계원지구** |

남양주 북부에 위치한 퇴계원은 남양주에서 교통이 가장 편리한 곳입니다. 편리한 교통 덕분에 면적은 가장 작지만, 인구밀도가 매우 높은데요. 외곽순환도로 퇴계원IC, 47번 국도, 경춘고속도로와 경춘선 복선전철(퇴계원역)을 통해 서울 진입이 가능하며, 강동구 암사~구리~남양주 별내로 연결되는 지하철 8호선 연장선도 2023년 개통 예정으로, 계획대로만 된다면 앞으로 더 편리한 교통여건을 갖추게 될 것입니다.

남양주시 퇴계원면

지리적으로 별내지구와 인접해 있어, 향후 별내신도시 개발 혜택의 가장 큰 수혜주가 될 지역이기도 합니다.

퇴계원역

현재 퇴계원역 인근 상가들의 모습

| 동네 이야기 6. | 발전 가능성이 가장 큰 진접지구 |

진접읍은 도시개발계획에 따라 전체 면적의 80%가 성장관리지역으로 지정될 정도로 발전 잠재력이 풍부한 지역입니다.

실제 대규모로 택지개발되어 현재 많은 아파트가 준공된 상태입니다. 한때 미분양으로 몸살을 치르기도 했지만, 별내신도시의 분양으로 인해 상대적으로 저가인 이곳의 미분양 물량이 다소 소진되는 반사 이익을 보기도 했답니다.

남양주시 진접읍

하지만 진접은 양질의 개발에도 불구하고 부진을 면치 못하고 있습니다. 그 원인은 바로 47번 국도 이외의 교통편이 없다는 것, 단 한 가지 이유입니다. 김포가 서울 접근성이 매우 좋음에도 불구하고 아직까지 저평가되는 이유와 같은 이치죠. 그러나 공사 중인 4호선 연장선이 개통된다고 하면, 지금과는 매우 다른 활기찬 모습을 보일 것이 분명한 지역입니다.

깔끔하게 들어선 진접지구

진접롯데캐슬단지

2% 부족한 남양주의 주요 지역들

남양주시는 매우 넓고 지역별로 분화가 시작될 곳입니다. 앞서 설명한 각 지역들은 모두 남다른 개성을 가지고 발전하고 있지만 그래도 남양주 부동산의 핵심은 두 곳, 바로 다산신도시와 별내신도시입니다. 그렇다고 무조건 다산신도시와 별내신도시만 보라는 것은 아닙니다. 이곳은 현재 기반시설이 없고 제대로 정착하려면 앞으로 최소 5년 이상이 소요될 테니까요.

특히 별내신도시에는 메가볼시티라는 대규모 복합 상업시설의 개발이 예정되어 있는데요. 이 시설의 개발 주체인 시행사들 대부분이 자금력이 썩 좋지 않은 2군 건설사들이기 때문에 언제부터 본격적으로 진행될지는 시간을 두고 지켜봐야 하겠습니다. 따라서 별내지구의 개발과 그로 인한 향후 발전 가능성은 면밀하고 냉정하게 검토해 보셔야 합니다.

남양주 주요 지역들은 뭔가 한 가지씩은 아쉬운 점을 갖고 있습니다. 진접은 전철이 없어 아쉽고, 별내는 기반시설이 부족해서 아쉽습니다. 그러나 이 단점들이 보완되는 시점에는 분명히 수도권의 새로운 강자로 부각할 가능성이 매우 높은 지역입니다. 그러니 앞으로

메가볼시티 부지

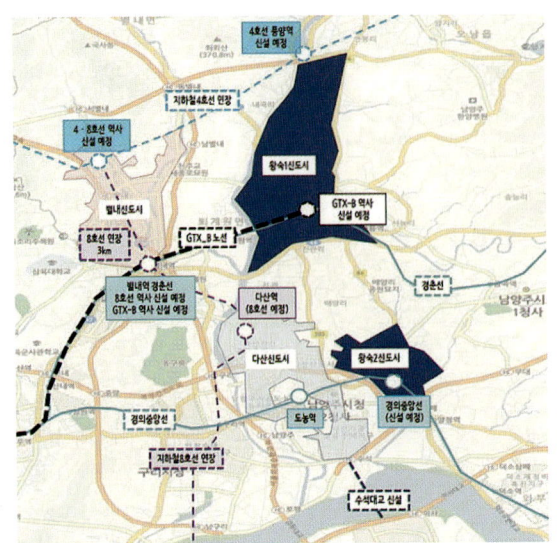

남양주 개발계획

남양주를 바라보실 때는 이 단점들이 어떻게 보완될지를 지켜보세요. 여기에 남양주를 바라보는 해답이 있으며, 분명 재미있는 변화를 지켜보실 수 있을 겁니다.

아울러 문재인 정부에서 추진하는 3기 신도시 중 가장 큰 규모로 왕숙신도시가 개발될 예정입니다. 무려 6만 6,000세대가 입주할 예정입니다. 이와 함께 GTX B 노선의 사업타당성 통과 가능성이 높아지겠지요.

왕숙신도시 개발의 두 가지 의미는 장점도 단점도 될 수 있습니다. 만약 남양주시가 분당이나 일산처럼 완벽한 서울 수요를 완벽하게 끌어올 수 있는 대체 신도시로서 자리를 잡는다면 왕숙신도시는 다른 남양주시 택지개발지구와 시너지 효과가 날 것이고, 수요를 끌어오지 못한다면 남양주시의 파이만 나누게 될 것입니다. 교통뿐 아니라 일자리, 교육, 상권을 잘 개발해야겠지요. 왕숙신도시의 운명이 향후 남양주시의 운명을 결정할 가능성이 매우 높습니다.

풍수 이야기

현재 북한에 있는 2기를 제외한, 남한의 40기의 왕릉은 모두 세계문화유산으로 지정되었습니다. 국제기관 유네스코에서도 인정했다는 것인데요. 그중에서도 여주의 세종대왕과 소헌왕후의 영릉, 화성의 사도세자 부부의 융릉과 정조와 효의왕후의 건릉, 남양주의 세조와 정희왕후의 광릉이 40기의 왕릉 중에서도 최고의 입지에 있는 대표적인 왕릉입니다.

특히 남양주의 광릉은 그 맞은편에 광릉수목원이 자리하고 있어, 그 지역에 완전히 다른 공기를 제공하는 축복받은 공간입니다. 이곳은 유네스코에서 특별 관리하는 개발제한구역이기 때문에, 광릉이 인접해 있는 진접지구는 이러한 천혜의 혜택을 평생 맛볼 수 있는 지역이 되는 것이죠.

게다가 광릉과 함께 있는 광릉수목원은 많은 사람들이 찾는 지역 명소로서, 지역상권이 발달할 수 있는 좋은 요건도 갖추고 있습니다. 결국 좋은 자연환경을 갖추고 있는 것은 주거지뿐만 아니라 상업지로서도 좋은 조건인 것입니다.

광릉 항공지도

광릉수목원

지역분석 레시피

📍 **택지개발 부지는 늘 눈여겨보세요!**

택지개발은 단순히 시공사나 시행사가 입지를 매입해서 분양하는 1개 단지 차원의 개발이 아닙니다. 해당 지자체에서 그 지역의 장단점을 분석하여 기획하고 추진하는 사업이기 때문에 필요한 기반시설을 반드시 포함하게 됩니다. 기존에 기반시설을 충분히 갖추기 어려웠던 지역의 주민들은, 부족한 부분들을 부득이하게 인근 지역에서 빌려 써야만 했습니다. 그러나 종합적인 개발이 이루어지게 되면 해당 지역에 기반시설이 충분히 공급되기 때문에 지역 내 거주민들의 주거만족도가 크게 높아집니다. 그래서 택지개발사업은 현재 미분양과 관계없이 늘 관심을 가지고 지켜봐야 하는 것입니다.

📍 **현재 부동산의 이슈는 가격의 차별화입니다!**

입지가 정말 좋은 지역은 당연히 시세가 비쌀 수밖에 없습니다. 좋은 입지는 결국 그 빛을 볼 수밖에 없다는 학습 효과가 있기 때문에, 부동산 경기가 좋지 않아도 가격이 많이 내려가지 않습니다. 이 점은 역으로 입지가 좋은 지역의 인근에 접근하실 때 도움이 됩니다. 입지 좋은 지역 대비 얼마나 저렴해야 인근 지역으로 진출을 고려할까 계산해보는 거죠. 남양주는 서울 집값이 비싸다는 인식 덕분에 다산신도시 분양이 잘 되고 있습니다. 다산신도시가 탄력을 받게 되면 그 인근도 당연히 영향을 받을 테니까요.

📍 **그 입지의 절대적인 장점과 단점을 찾아보세요.**

남양주의 덕소는 구리와 남양주를 통틀어 한강 변에 접한 유일한 주거지역입니다. 서울에도 이런 입지는 거의 없습니다. 이런 한강 프리미엄 덕분에 덕소 지역은 웬만해선 시세가 빠지지 않을 겁니다. 오히려 시간이 지나면 더 올라갈 확률이 높죠. 바로 이런 부분이 절대적인 장점이 되는 겁니다. 반대로 절대적인 단점으로 봐야 할 측면들도 꼭 고민해 보시기 바랍니다. 예를 들어 만약 향후 진접지구에 수요가 증가해 개발을 확장해야 한다 해도, 광릉수목원이나 유적지까지는 개발을 할 수 없겠죠? 이런 점은 확장이 필요한 측면에서 보면 절대적인 단점이 될 수 있기도 답니다.

MEMO

여섯 번째 이야기.

한강신도시로 거듭날
애환과 기대의 도시, 김포

강화가 김포시의 행정구역이 아니라고요?

강화는 인천의 행정구역에 편입되어 있습니다. 오히려 김포에서 더 가까운데, 왜 인천에 속해있을까요? 고려시대 몽골의 침입, 조선시대의 임진왜란과 병자호란, 그때마다 강화도는 지도층들의 마지막 피난처로 등장했습니다. 끝까지 외세의 침입에 맞서 항쟁을 하던 지역이었던 것이죠.

반면 지금의 김포시(월곶면과 대곶면)는 외세들이 점령하여 강화도를 공격하던 전초기지로 사용되었습니다. 역사를 거듭하면서 서로 싸울 수밖에 없었던 두 지역, 서로에게 화살과 칼을 겨누던 그 기운들이 계속되어 결국 강화도는 인천에, 김포는 경기도에 편입되지 않았을까요?

김포공항은 김포에 없다?

'김포' 하면 첫 번째로 김포공항이 떠오르실 겁니다. 하지만 현재 김포공항은 김포시가 아니라 서울시 강서구 방화동에 속해있습니다. 김포공항이 서울에 있는 것은 부산의 김해공항이 김해시에 없는 것과 같은 이유입니다. 일반적으로 대도시가 팽창할 때는 주변 지역을 그대로 흡수하게 됩니다. 이때 김포시에 있던 김포공항이, 김해시에 있던 김해공항이 각각 서울과 부산에 편입된 것이지요.

잠시 설명 드린 강화도도 인천이 광역시가 되면서 경기도에서 편입된 것이며, 인천 서구의 검단신도시도 원래 김포였습니다. 그래서 강화나 검단은 오히려 인천시보다 김포시와 유사한 모습을 많이 보이는 것입니다.

광활한 김포평야의 모습

대한민국 최고의 곡창지대, 김포평야

두 번째로, 김포 하면 광활한 평야 지대가 떠오릅니다. 예로부터 김포는 둘째가라면 서운할 유명한 곡창지대입니다. 특히 우리나라 최초의 벼농사 시작지 중 한 곳이기도 합니다. 김포시 통진읍 가현리 지역에서 약 5,000년 전의 탄화미가 발견되며 유명해지기도 했죠. 그만큼 벼농사를 짓기에 아주 좋은 땅이었던 이곳은 예전부터 많은 사람이 정착하고 살았던 지역입니다.

게다가 김포는 한강 하구와 서해를 함께 접하고 있는 교통의 요충지였기 때문에, 다른 지역에서의 왕래가 많았을 것이고, 이주해 온 사람들도 쉽게 터를 잡고 살기에 적합했습니다. 실제 신석기 시대부터 사람들이 거주한 흔적들이 곳곳에서 발견되고 있으며, 우리나라 최초의 벼농사 재배지인 통진읍에서 발견된 반달형 돌칼과 원반형 석기 등의 신석기문화유적을 보아도 잘 알 수 있습니다.

아픈 역사를 간직한 김포

서두에 언급한 것과 같이 김포는 고려 때 강화도 항쟁 시에는 몽골, 조선시대 임진왜란과 병자호란 때는 외세에 맞서 싸웠던 곳입니다.

조선 말기 병인양요와 신미양요 때는 서양 세력의 침입에 맞서 싸운 곳이고요. 이렇듯 김포에는 우리의 아픈 역사가 있습니다.

문수산에서 본 풍경

김포시 월곶면에는 문수산이 있습니다. 문수산은 300m가 조금 넘는 김포의 진산인데요. 이 작은 산에 올라 주변을 살펴보시면, 왜 이 지역에서 이렇게 많은 역사적 사건들이 일어났는지 자연스레 이해가 됩니다.

서쪽으로는 강화도가, 북쪽으로는 북한의 개풍군과 파주시 및 고양시가, 동쪽으로는 한강신도시와 서울시 강서구가, 남쪽으로는 인천 주요 지역들이 한눈에 들어오고, 한강과 서해의 탁 트인 전경이 가슴을 시원하게 합니다. 하지만 이런 지형적 특성 때문에 이 지역이 외부에 손쉽게 노출이 되었고, 그로 인해 침입에 취약할 수밖에 없던 것입니다.

김포의 3개 권역, 그리고 한강신도시

김포는 크게 3개 지역으로 나누어 볼 수 있습니다. 구도심, 신도심, 그리고 기타 지역(읍·면 지역)이 그것입니다. 재밌게도 김포시의 역사 중에서 가장 먼저 부각을 받았던 지역은 구도심도, 신도심도 아닌 기타 읍·면 지역이었습니다. 월곶면의 문수산성, 통진읍의 벼농사 지역, 대곶면의 덕포진 등이 역사책에 기록된 과거 김포시의 주요 지역들입니다.

현대에야 소위 구도심 지역인 북변동, 풍무동, 사우동이 언급되기 시작했습니다. 대부분이 기억하는 김포 시내는 이 지역들이며, 현재도 시청, 법원 등의 주요 공공기관들이 몰려있습니다. 이 시절 김포에 사셨거나 방문해 보신 분들은 기억하시겠지만, 김포에 들어가는 길은 딱 하나였습니다.

아마 강화도를 갈 때 거쳐 가신 분들이라면 항상 꽉 막혀있던 김포의 중심도로, 48번 국도를 기억하실 테지요. 이 도로는 좋은 기억보다 피곤한 기억이 더 앞설 것입니다. 도대

김포시청   김포시청 앞 사거리의 모습들

체 왜 그리도 막히던지 말이죠. 김포공항이나 송정역에서 버스를 타고 북변동이나 사우동에 들어가려면 일찍 움직여야 했습니다. 안 막히면 20분이면 도착하는 거리가, 막히면 2시간이 기본이었으니까요.

현재 김포의 가장 큰 이슈는 한강신도시와 김포도시철도입니다. 한강신도시는 1기 신도시의 단점을 보완하기 위해 환경친화적인 도시로 기획되었는데요. 구도심 지역보다 더 안쪽에 위치하고 있어 개발을 앞두고도 참 많은 걱정을 했습니다. 48번 국도 외의 다른 도로나 지하철이 없는 상태에서 그 많은 인원을 수송할 수 있을지를 말이죠.

학교, 관공서, 편의시설 등 여러 기반시설의 부재도 물론이지만, 무엇보다 교통문제가 가장 우려되었습니다. 그리고 그 우려는 미분양이라는 결과물로 나타났고요. 교통 환경의 개선 없이는 한강신도시의 성공적인 분양이 어려웠던 것이며, 향후 미분양을 해결할 방법도 이 교통문제의 해결 외에는 이렇다 할 방법이 없었습니다.

하지만 김포도시철도가 착공되면서 그 분위기는 반전이 되었습니다. 분양 완료는 물론 시세도 김포도시철도 역세권을 중심으로 크게 오르기도 했으니까요.

한강신도시 vs 기존 도심 개발

벌써 많은 세대가 한강신도시 내에 입주했음에도 불구하고, 아직도 북변동, 풍무동, 사우동을 중심으로 한 구도심이 김포의 핵심지역입니다. 대부분의 행정시설 및 생활편의시설, 그리고 교육시설이 이 지역에 다 몰려있기 때문입니다.

현재는 한강신도시가 어마어마한 규모로 핵심지역이 되었지만, 도심 재개발이 진행되고 있는 지금 다시 구도심 지역의 선호도가 높아지고 있습니다.

도심재생사업의 가장 큰 장점은 기반시설이 이미 갖춰진 지역을 개발한다는 데 있습니다. 반면 한강신도시를 포함한 택지개발지구들의 단점은 입주 초기에 기반시설이 부족하다는 점이지요. 기존 기반시설 이용 측면에서 보면 도심재생사업은 매우 매력적인 개발방식인 것입니다. 그래서 현재 서울 등 주요 대도시 개발 대부분이 도시재생사업 위주로 진행되고 있는 것입니다.

그렇다면 우리는 한강신도시와 기존 도심을 어떻게 봐야 할까요?
이 질문의 해답을 찾기 위해 각 지역을 구체적으로 살펴보겠습니다.

동네 이야기 1. | 김포보다 서울에 더 가까운 고촌읍

고촌읍은 거리상으로도 김포 시내나 한강신도시 지역보다 서울 강서구에 훨씬 더 가깝습니다. 풍무 택지지구, 사우 택지지구 다음으로 개발된 신곡 택지지구 내에는 월드메르디앙, 동부센트레빌 등 브랜드 아파트들이 자리 잡고 있습니다.

김포시 고촌읍

그중 2008년에 입주한 수기마을힐스테이트가 이 지역의 랜드마크입니다. 김포의 랜드마크라 해도 될 만큼 대표적인 아파트로, 단일 브랜드 2,600세대가 넘는 대단지 아파트입니다. 2005년 분양가가 평당 1,000만 원 전후에 책정되어 당시 김포에서는 매우 비싼 분양가였음에도 불구하고 성공적으로 분양이 완료되었습니다. 서울 근접성도 바탕이 되었지만, 무엇보다 아파트 상품 자체가 좋았기 때문이라 평가됩니다. 2020년 입주하게 될 캐슬앤파밀리에시티와 시너지를 낼 수 있는 좋은 입지입니다.

고촌읍에는 경인아라뱃길 김포터미널이 있고, 터미널 옆에 들어선 현대프리미엄아울렛

김포IC 바로 옆에 들어선 고촌힐스테이트

경인아라뱃길 터미널과 정박한 보트

이 영업 중입니다. 이 시설들이 활성화되어 고촌읍이 더 많은 관심을 받고 있습니다. 무엇보다도 한강신도시가 정착된 후에도 서울 접근성 면에서는 김포 내 어느 곳도 따라올 수 없다는 강점이 있습니다.

동네 이야기 2. 구도심 내 신도시 풍무지구

구도심 지역 중에서는 풍수적으로 가장 좋은 입지입니다. 세계적인 기관의 공인도 받았습니다. 선조의 아들이자 인조의 아버지인 원종 부부의 능인 장릉이 세계문화유산으로 지정되었거든요. 또한 풍무동에는 산업단지인 장릉공단과 홈플러스도 있습니다.

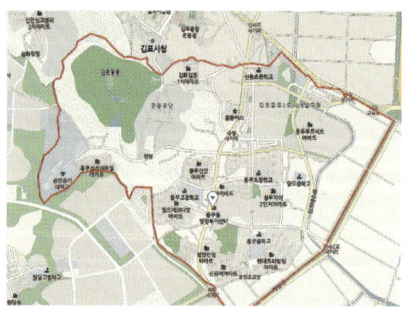
김포시 풍무지구

초기에는 풍무자이가 대표 아파트였지만, 현재는 풍무푸르지오와 풍무센트럴푸르지오가 앞서고 있습니다. 이어서 한화유로메트로와 풍무꿈에그린더포레듀도 많은 관심을 받고 있구요. 김포시 내에서는 학구열이 가장 높은 지역이기 때문에 교육환경을 고려하는 젊은 학부모들에게 인기 지역인 것이죠.

구도심임에도 불구하고 김포도시철도 역사 개발 등 대규모 개발이 지속적으로 진행되고 있기 때문에 구도심 내 신도시라고 지칭하기도 합니다. 향후 한강신도시와 선의의 경

장릉공단 입구

홈플러스 김포풍무점

장릉의 모습

풍무자이 단지 내 모습

풍무초등학교

쟁을 하게 될 것으로 기대되고요. 물론 규모에서는 한강신도시와 대결이 되진 않겠지만, 서울 근접성에 있어서는 풍무동이 절대적으로 좋기 때문입니다.

동네 이야기 3. | 김포의 중심 사우동

김포의 중심가입니다. 김포시청, 법원, 김포시민회관, 공설운동장 등의 주요 기관과 각종 공공시설들이 사우동에 있습니다. KT, 은행 등 각종 업무시설들도 대부분 이 지역에 있습니다.

아직도 김포는 고교 비평준화 지역입니다. 따라서 명문 고등학교가 있을 수

김포시 사우동

김포고등학교

밖에 없는 지자체인데요. 김포에서는 사우동의 김포고등학교가 진학률이 가장 우수합니다.

이에 따라 학원가도 사우동에 많이 형성되어 있습니다. 아파트보다는 업무·상업시설 위주의 지역이며, 이곳에서 근무하는 분들이 거주하는 원룸 등의 초소형 주택이 밀집되어 있습니다.

동네 이야기 4. 김포 최고의 학군 북변동

전형적인 아파트 밀집 지역입니다. 김포시 최고 학군인 금파초등학교와 금파중학교가 있는 곳입니다.

그 외에도 많은 초·중·고등학교가 있으며, 도서관 시설도 잘 갖추어져 있습니다. 하나로마트, 중앙시장 등 주거시설을 지원하는 생활편의시설이 많은 구도심의 핵심 주거지역입니다.

김포시 북변동

금파중학교의 모습

| 동네 이야기 5.

김포의 미래가 담긴 한강신도시

한강신도시 내에는 장기동이 있습니다. 처음에는 풍무지구, 사우지구 수준으로 장기동만 개발하려 했습니다. 그러다 개발 계획이 구체화되면서 인근의 운양동과 양촌면을 포함하는 것으로 확대되어, 대규모의 2기 신도시 개발이 확정된 것입니다.

김포시 한강신도시

2기 신도시 중 유일하게 한강에 맞닿아 있는 장점을 활용하여 한국의 베네치아를 표방하는 수변도시로 개발이 진행되고 있습니다. 불과 몇 년 전만 해도, 강화도 가는 길에 스쳐 지났던 야산, 논이었던 곳이 다른 신도시에서 볼 수 없었던 새로운 명품 신도시로 탈바꿈되고 있는 것이죠.

이럴 때마다 '세상 오래 살고 봐야 해' 하시던 옛날 어른들의 말씀에 저절로 고개를 끄덕이게 됩니다. 하지만 그 화려한 계획에 비하자면, 초기 분양률이 저조했습니다. 심지어 수도권에서는 미분양 없기로 유명한 삼성 래미안도 애를 먹었을 정도였으니까요.

다행히 지금의 분위기는 완전히 달라졌습니다. 김포도시철도 역세권이 될 구래동, 마산동, 장기동, 운양동에는 미분양이 없을뿐더러 특히 운양동 역세권 주변 아파트들의 시

반도유보라2차

김포풍무푸르지오

세는 평당 1,500만 원이 넘을 정도니까요. 운양동은 한강 조망이 장점인 풍경마을한라비발디, 초역세권단지인 풍경마을한강래미안2차, 한강신도시롯데캐슬과 한강신도시이편한세상 등이 있습니다. 김포시 평균 시세가 1,000만 원 미만임을 감안하면 브랜드 아파트의 수요가 많은 지역인 것이지요.

대부분 중대형아파트지만 김포신도시가 정착되는 2020년 전까지는 중소형이 더 필요한 시점으로, 유일하게 24평형이 있는 반도유보라2차가 한동안 가장 인기가 있을 것으로 예상합니다.

그래도 김포 개발의 중심은 한강신도시

지금까지 김포의 주요 지역을 말씀드렸습니다. 글에서는 김포의 전 지역의 이야기를 다루었지만, 최근 김포와 관련해서는 한강신도시와 김포도시철도 기사가 대부분이죠.

1기 신도시의 대표가 분당과 일산이라면, 2기 신도시의 대표는 판교입니다. 그다음은 동탄, 김포, 운정 정도가 될 것입니다. 아니, 판교는 2기 신도시라기보다는 그냥 강남이 하나 더 생겼다고 평가하는 것이 맞을 것 같고요. 동탄은 접근성에서 문제가 있습니다. 서울의 위성도시 역할을 맡기엔 너무 멀기 때문이죠. 차라리 인근 지역인 수원, 화성, 오산, 평택 주변에 새로운 도시가 생겼다고 생각하는 것이 맞겠습니다.

그런 차원에서 보면 2기 신도시의 대장을 김포라고 봐도 될 것 같습니다. 그만큼 입지도 좋고, 기획 단계부터 실제 개발 단계까지 꽤 괜찮은 신도시로 변모되고 있습니다. 서울 수요를 분산한다는 목적에 충실하지요. 한강신도시는 경쟁 신도시들과 비교해 보아도 매우 훌륭합니다. 좋은 기반시설들이 서서히 채워지고 있고요. 추후에 전철이 개통되면 교통 환경도 지금보다는 많이 좋아질 겁니다.

1기 신도시의 단점은 베드타운이었다는 점입니다. 가장 대표적으로 일산을 꼽을 수가 있지요. 그래서 2기 신도시는 입지 선정 기준부터 달랐습니다. 대규모 택지개발이 가능한 입지 중, 업무시설을 함께 개발할 수 있는 곳으로 한정해서 택지를 정했습니다. 그래서 판교는 판교 테크노밸리와 함께 개발을 진행하였고, 동탄은 인근 지역(화성, 오산, 평택, 용인)에 포진해 있는 기존 산업체들의 주거지 역할로 개발된 것입니다.

김포의 경우 중소기업체가 많기도 했지만 지금도 지속적으로 대규모 산업단지가 들어서고 있습니다. 학운1~4단지 및 양촌산업단지 등이 계속 개발·입주를 하고 있으며, 수변도시의 특성을 살려 영화산업의 한 축을 담당할 한강시네폴리스도 개발될 예정입니다.

미분양의 천국이었던 한강신도시

발전 방향과 추진 상태만 보면 이렇게 환상적인 곳이 도대체 왜 미분양의 천국이 됐을까요? 부동산 경기불황을 제외하고 다른 연유를 찾자면 김포 미분양 이유는 딱 두 가지를 꼽을 수 있습니다.

첫째, 교통 환경에 대한 불안
둘째, 그 외 기반시설의 부재입니다.

불안 요소인 기반시설들이 점점 갖추어지고 있습니다. 따라서 신도시 개발이 완료될 향후 5년 후 즈음에는 기반시설 부재로 인한 불만은 자연스럽게 해결이 될 것입니다. 가장 큰 요소였던 교통에 대한 불만은 김포도시철도로 없어질 것이고요.
이미 도로 정체를 개선하고자 기존 48번 국도를 4차선으로 확장했고, 우회도로를 보강하였습니다. 김포 한강로를 신축하고, 한강제방도로도 보강했습니다. 덕분에 한강신도시 개발 이전보다는 확실히 쾌적한 환경을 갖추게 되고, 대중교통수단까지 보완이 되는 것이죠.

수도권의 입지는 무엇보다 서울과의 연계성이 가장 중요한데, 버스만으로는 김포 인구의 이동과 수용에 한계가 발생하기 때문입니다. 이 점은 이미 신도시 계획단계부터 매우 심각하게 논의되어서 김포도시철도 이외에 추가로 9호선 연장, 5호선 연장, 추가 노선을 따로 개설하는 방안까지 검토되고 있습니다.

김포시 업그레이드의 마스터키, 전철노선 개발

2019년 9월 김포도시철도가 개통될 예정입니다. 김포한강신도시에서 김포공항까지 10여 분이면 도착할 수 있습니다. 계획보다는 늦었지만 매우 고무적인 호재가 아닐 수 없습니다. 수도권 신도시 대중교통의 핵심은 바로 전철이기 때문이죠. 물론 광역버스도 반드시 필요한 교통수단이지만, 수송 능력 면에서 전철과는 큰 차이를 보일 수밖에 없습니다. 많은 사람들이 GTX를 기다리는 이유도 바로 여기에 있습니다.

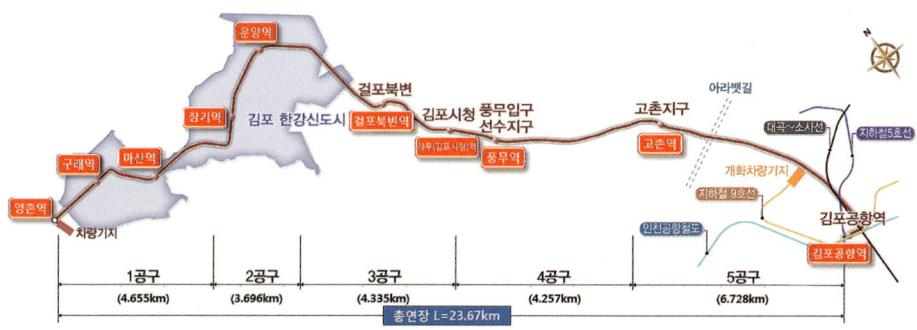

김포도시철도 노선도

김포가 앞으로 풀어야 할 과제들

한강신도시는 신도시 중에서도 큰 규모입니다. 단기간에 소화하기에는 매우 부담스러운 규모인 데다, 한꺼번에 너무 많이 공급되었습니다. 교통망의 확충이나 산업체 수의 증가를 봐가면서 주거시설과 상업시설을 공급했으면 합리적이었을 텐데요.

국가가 주도한 것이 아니라 민간 기업들의 분양이었기 때문에, 누구에게 순서상의 특혜를 줄 수는 없었을 거라 생각이 됩니다. 결국 기반시설 공급을 고려하지 않은 채 분양물량의 조절을 못 한 것이 현재 미분양 사태를 불러온 가장 큰 원인이었습니다.

게다가 한강신도시 사업만으로도 감당이 어려운 사업이었는데 그 외의 사업들인 각종 산업단지의 개발·분양, 한강신도시 이외의 택지개발, 기존 구도심 재생사업과 각종 기반시설 확충까지 동시에 해결해야 했습니다. 이 다양한 개발 사업의 주체와 대상이 모두 다르니 개발 방향이 엉킬 수밖에 없었던 것이죠.

한강신도시에는 시간이 필요하다

단기간에 해결할 방법은 없습니다. 그저 시간이 흐르길 기다려야지요. 그리고 엉켜버린 실타래를 하나씩 풀어가는 수밖에 없습니다. 일단 전철만 들어와도 교통에 대한 불만이 많이 해소될 것입니다. 더불어 좋은 기반시설들이 들어온다면 그 실타래가 풀려가는 속도가 빨라지겠죠. 특히 한강시네마폴리스 같은 매력적인 시설은 그 자체로 김포를 훌륭하게 홍보해 줄 것이므로, 우선적으로 추진될 필요가 있습니다.

김포는 면적이나 땅의 역할로 볼 때 충분히 대도시로의 도약이 가능한 지역입니다. 하지만 그렇게 되기 위해서는 절대적으로 많은 시간이 필요합니다. 게다가 파주처럼 북한과의 리스크 문제도 고려해야 합니다.

김포는 태생 자체가 남들이 가만히 두질 않는 땅입니다. 그만큼 인기가 많을 수밖에 없는 입지입니다. 그러므로 서둘러 가지만 않는다면, 잠재 가치가 현재의 2~3배 이상으로 발현이 될 명당지역입니다. 시간이 묘약입니다. 애정을 가지고 지켜보자고요.

지역분석 레시피

◉ **신도시라고 해서 처음부터 잘 나갔던 건 아닙니다.**
이제 기억도 나지 않으시겠지만, 1기 신도시도 정착하는 데 10년이 걸렸습니다. 2시 신도시는 시간이 좀 더 걸릴 수도 있습니다. 1기 신도시보다도 고려해야 하는 측면이 많고, 수요도 충분하지 않기 때문입니다. 따라서 2기 신도시는 이미 정착된 1기 신도시에 접근하는 방법과는 다르게 더 꼼꼼하게 따져보시면서 시간을 가지고 접근하셔야 합니다. 교통 환경의 개발 방향과 기반시설의 정착 시기, 그리고 일자리의 신설 등을 모두 고려하시길 바랍니다.

◉ **한강은 부동산 프리미엄의 보증수표!**
지금의 서울이 있었던 데에는 순전히 한강의 힘이 컸습니다. 한강이 없었다면 서울이 수도가 될 수 없었을 테니 말입니다. 한강은 풍수적으로도, 수자원 활용 차원에서도, 물류 이동에서도, 홍수와 가뭄을 조절하는 역할로도, 전쟁 시 경계 역할로도, 그 외에도 참 많은 기능을 해 왔습니다.
그뿐만 아니라 한강은 조망권만으로도 부가가치를 안겨줍니다. 용산구 한남동, 동부이촌동이나 강남구 압구정동의 집값이 비싼 이유 중 하나는 바로 한강 조망 때문입니다. 따라서 한강을 접하고 있다는 사실만으로도 김포는 충분한 프리미엄을 가지고 있다 할 수 있습니다. 실제 한강신도시 내에서도 한강 조망이 가능한 단지들은 미분양이 거의 없습니다. 바로 이것이 한강 프리미엄의 효과입니다.

◉ **기존 도심도 지속적으로 눈여겨봐야 합니다!**
김포에서는 한강신도시가 더 빠른 속도로 발전해가겠지만, 기존 도심도 계속 지켜보셔야 합니다. 서울 접근성과 기반시설의 안정성에서는 기존 도심이 훨씬 유리하기 때문이죠. 특히 기존 도심의 풍무지구와 고촌읍은 현재도 지속적으로 개발 중입니다.

◉ **비평준화 지역에서는 초등학교, 중학교 학군이 더 중요합니다!**
고등학교 비평준화 지역에서는 고등학교 인근 입지보다 초등학교와 중학교 인접성이 더 중요한 의미를 갖습니다. 좋은 고등학교에 입학하려면 시험을 봐야 하기 때문이죠. 따라서 기존 초·중학교 중 좋은 평가를 받고 있는 지역 인근에 학원가가 형성되어 있을 확률이 높습니다. 반면 이제 막 입주한 신도시 지역의 학교와 학원가는 아직 검증이 되지 않았다는 단점이 있죠? 이런 곳은 어느 정도 시간이 지나 윤곽이 잡히기 전까지, 학군이 어떻게 형성되는지 지켜보아야 합니다.

일자리의 개발 방향을 꼭 지켜보세요.

2기 신도시의 특징은 일거리를 고려한 입지 선정이라고 말씀드렸습니다. 이러한 업무시설의 위치와 교통편을 꼭 고려하시고 어떤 종류의 기업들이 입주하는지, 그 기업 근무자들의 연령층이나 생활패턴까지 파악을 하셔야 합니다. 그래야 그들이 이 지역에서 거주를 할지, 타 지역에서 출퇴근을 할지를 판단할 수 있을 테니까요. 이러한 분석이 뒷받침되어야 그 지역 부동산을 접근하는 방향을 정할 수 있답니다.

주목해야 할 재개발 · 재건축 레시피

김포시 북변동에 재개발 바람이 불기 시작한 것은 2006년부터입니다. 하지만 백년의 거리에서 30년 이상 자리를 지킨 상인들의 아픔 때문에 재개발이 쉽지 않았습니다.

김포 재개발 지역 중 최고의 입지와 최고의 사업성이 기대되는 곳은 북변 4구역입니다. 한강신도시보다 서울 접근성이 좋고 걸포지구 등의 기존 인프라도 이용할 수 있어 건설업계의 관심이 높습니다. 특히 기존 대형 건설사의 영역이었던 수도권 대규모 재개발 단지 수주를 이뤄낸 중견사 (주)한양이 주목받고 있습니다.

동	구역	대지면적 (m²)	예정 세대수	사업유형구분	시공사	현재 단계 (19년 6월 기준)
북변동	북변1구역	59,646	980	주택재개발		기본계획
북변동	북변5구역	114,683	2,263	도시환경정비사업	대림산업(주)	사업시행인가
북변동	북변3구역	61,602	1,269	주택재개발	우미건설(주)	조합설립인가
북변동	북변4구역	127,199	2,526	주택재개발	(주)한양	조합설립인가

〈김포시 재개발·재건축 진행 상황〉

MEMO

일곱 번째 이야기.

풍수 명당
용인 이야기

용인에 대한 선입견들

'용인' 하면 뭐가 가장 먼저 떠오르시나요?

아이가 있는 집에서는 에버랜드나 민속촌을 먼저 떠올리실 것 같고요. 골프 좋아하시는 분들은 용인CC 등 골프장을, 물놀이를 좋아하시는 분들은 캐리비안베이가 연상되시겠지요. 좀 지적이신 분들은 '생거진천 사거용인(生居鎭川 死居龍仁)', 즉 살아서는 진천이 좋고, 죽어서는 용인이 좋다는 한자 문구를 떠올리실 수도 있겠네요. 물론 이런 기분 좋은 단어들 대신 '무덤, 난개발, 미분양' 등 약간 부정적인 이미지를 떠올리신 분들도 계실 겁니다.

2010년 전후, 용인에 대한 이미지를 조사한 결과가 신문에 보도되었습니다. 그때 가장 많이 회자된 단어가 바로 '난개발'과 '미분양'이었다고 합니다. 전직 대통령도 선거 전 부모님의 묘를 이장했을 정도로 풍수 명당인 이곳이 어쩌다 난개발과 미분양이란 불명예를 안게 되었는지 용인시의 역사를 통해 간단하게 살펴보겠습니다.

1990년대의 용인은 인구 20만 명의 중소 도시였습니다. 그러다 1996년 군에서 시로 승격되며 본격적으로 개발되기 시작하여 현재는 인구 104만 명에 육박하고 있습니다. 약 30년 만에 5배 넘는 규모로 엄청나게 빨리 성장한 것이죠.

보통 이 정도 큰 규모로 도시를 개발할 때는 택지개발방식을 택합니다. 한 지역에 갑자기 많은 인구가 유입되면 도로가 혼잡해지고, 학교와 각종 편의시설이 부족해지는 등 여러 가지 문제가 발생할 수 있는데요. 택지개발방식은 계획 시 도로 건설, 학교 건축, 각종 편의시설 등 기반시설의 확충도 포함하기 때문에 이러한 문제점을 방지할 수 있습니다.

하지만 용인은 개발 초기 당시 택지 개발방식이 아니라 점개발방식을 택했습니다. 쉽게 얘기해서 주택용지 개발에만 몰두하고 기반시설 개발에 대한 계획은 전혀 하지 않은 것입니다.

더구나 인근에는 우리나라에서 기반시설이 가장 잘 갖추어진 분당이 있고, 경기도에서 가장 잘 나가는 대도시 수원시가 있어 용인 입장에서 보면 무임승차하기 쉬웠습니다.

빽빽하게 들어선 아파트들

그러니 용인이 택한 점개발은 좀 얄미운 방식이었던 것이죠. 통상적으로 아파트 1,000세대 이상이 건설될 때는 주택법의 적용을 받게 되어, 추가적으로 환경영향평가, 교통영향평가 등 좀 더 다양한 심의를 거치게 됩니다. 학교용지나 공원 등 도시기반시설 개발도 반드시 포함되어야 하고요.

그런데 이런 번거로움과 추가 개발비용을 회피하기 위해 용인시와 사기업들이 꼼수를 부렸습니다. 사업승인을 200~500여 세대씩 나누어서 건축허가를 따로 받은 것입니다. 이렇게 되면 아파트만 건설하고 다른 기반시설은 건설하지 않아도 합법적인 일이 되니까요. 결국 무작정 재정 수입을 확대하려는 지방자치단체와, 환경보전과 기반시설은 고려하지 않은 건설사의 이기적인 이익 추구가 용인 난개발을 불러온 것입니다.

물론 이런 난개발은 긍정적인 측면도 있었습니다. 단기간에 많은 주택을 비교적 저렴하게 공급할 수 있었으니까요. 실제로 용인 개발 초기에는 지금은 상상도 할 수 없을 만큼 저렴한 금액에 부동산을 매입할 수 있었습니다. 이 당시 부동산을 매입하신 분들은 앞으로 용인 부동산이 오르든 내리든 걱정이 없는 분들입니다.

불과 30년 전만 하더라도 논밭이 전부였던 용인. 민속촌과 자연농원에 갈 때면, 그나마 개발되었다는 경부고속도로와 영동고속도로 인근도 허허벌판이었던 곳이 이제는 빽빽하게 들어선 아파트와 화려한 상업시설로 변모했습니다.

- 용인 난개발은 2002년, '국토의 계획 및 이용에 관한 법률'이 탄생하게 된 결정적인 배경이 되었습니다. 이 법 때문에 2차 과목이었던 공법 문제가 매우 어려워져 공인중개사 합격률이 많이 낮아졌다고 하죠.

용인을 명당으로 활용한 사례들

앞서 왜 용인이 난개발의 오명을 쓰게 되었는지 길게 설명 드린 이유는, 그만큼 용인이 정말 좋은 땅이기 때문입니다. 용인은 삼성가에서 아주 많은 땅을 가지고 있습니다. 창업자인 이병철 회장의 묘도 이곳에 있고요. 김대중 전 대통령이 이 지역으로 부모님 묘를 이장한 이후, 당시 이회창 후보에게 기울었던 판세를 뒤집어 대통령에 당선되었다는 이야기는 아주 유명합니다. 그만큼 용인은 풍수로 정평이 나 있는 곳입니다.

또한 우리나라 사극 반 이상이 촬영되는 한국민속촌과 최대 규모의 테마파크인 에버랜드도 있습니다. 물 좋기로 유명한 캐리비안베이도 있고요. 이 3개 시설의 연간 이용객이 1,000만 명이 넘으니, 전 국민 5명 중 1명은 어떤 형태로든지 연간 1회 이상은 용인을 방문하는 것입니다.

한국민속촌 전경

각기 다른 방향을 향하는 용인 3구

2000년대에 들어서며 용인시의 인구가 폭발적으로 증가하자 2005년에는 수지구, 기흥구, 처인구로 분할을 하게 됩니다. 이 3개 구는 각기 다른 방향으로 발전했고 앞으로도 그럴 것으로 예상됩니다.

먼저, 삼국시대부터 역사책에 기록된 용인은 현재의 처인구 지역입니다. 그러나 역사적으로 가장 오래된 지역임에도 가장 개발이 되지 않은 상태입니다. 기흥구는 가장 먼저 현대식으로 개발되었지만 난개발이라는 오명을 남겼습니다. 이 기흥구의 전례를 타산지석 삼아 개발 중인 지역이 수지구입니다. 수지구는 용인에서 가장 비싸고 대표적인 미분양 단지들이 모여 있던 곳이기도 합니다.

이렇게 처인구는 상대적으로 개발이 안 된 지역으로, 기흥구는 난개발의 대명사로, 수지는 미분양으로 대표된 적이 있었지만, 이런 부정적인 이미지를 어떻게 극복하고 변화해 왔는지 살피는 것이 용인을 바라보는 포인트입니다.

동네 이야기 1.	**자연이 잘 보존된 처인구**

용인은 용구현과 처인현이 병합되면서 생긴 지명입니다. 처인구는 용인의 가장 형님뻘 지역으로, 수지구나 기흥구와는 다르게 대부분이 미개발지로 남아있어 자연이 매우 잘 보전되어 있습니다. 난개발이니, 미분양이니 하는 것들과는 별로 상관없는 지역이지요.

토지이용계획을 보아도 기흥구와 수지구는 전 지역이 성장관리지역으로 지정되어 있는 반면, 처인구는 남사면, 원삼면 등 몇 개 지역을 제외한 나머지는 모두 자연보전권역으로 지정되어 있습

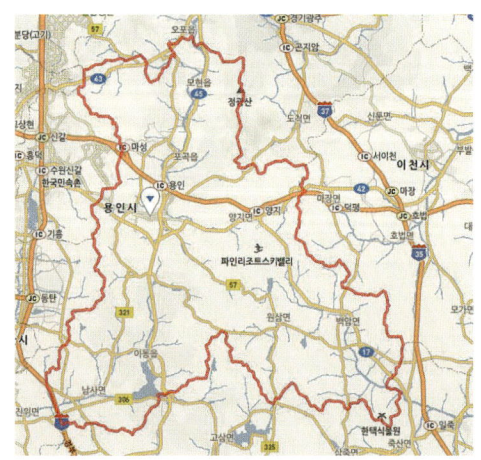

용인시 처인구

운행 중인 경전철 모습

에버라인 노선

니다. 특히 포곡읍 등은 개발을 원천 제한하는 상수원 특별대책지역으로 지정되어 있습니다.

그러나 이곳에도 대규모 개발 바람이 불고 있습니다. 경기도 광주시에서 가까운 북쪽의 모현읍, 동탄신도시에서 가까운 남쪽의 남사면, 경전철 개통으로 주목받는 역북동, 삼가동에 대규모 개발이 추진 중이며, 이외에도 처인구 곳곳에서도 개발이 진행될 것입니다. 기흥구나 수지구 대비 자유롭게 개발할 수 있는 부지가 많고, 토지 매입비도 상대적으로 매우 저렴하기 때문이죠.

처인구에는 대규모 산업단지가 아닌 작은 기업체들이 곳곳에 퍼져 있습니다. 저렴한 부지 덕분에 단독으로 입지한 공장들이 많으며, 대부분의 근로자들이 공장 인근에 거주하여 소형주택 임대수요가 풍부합니다. 아직 수요 대비 공급이 부족하여 임대수익률만 고려하면 임대사업자들에게 꽤 괜찮은 지역입니다.

스포츠 파크

라이브러리 파크

한편 그동안 가장 중요한 기반시설인 전철 교통망이 없어 주거시설과 업무시설이 크게 들어설 수가 없었으나, 2013년 4월 경전철 에버라인의 개통으로 변화가 서서히 시작되었습니다. 처음에는 개통 초기 이용객이 하루에 8,000여 명에 그쳤지만 환승 할인 시스템 도입 후 1일 이용객 3만 명, 연간 이용객 1,100만 명에 이르고 있습니다. 분당선 기흥역 환승이 가능해 강남역까지 빠르게 이동할 수 있지요.

용인한숲시티 조감도

처인구의 개발 계획은 에버라인 인근에 집중되어 있기 때문에, 아직은 특별히 눈에 띄는 지역이 아니라 할지라도 경전철 주변은 그 발전 가능성 측면에서 항상 예의주시할 필요가 있다 하겠습니다.

특히 대규모 택지개발 중인 역북동, 행정타운이 있는 삼가동, 처인구에서 가장 활성화된 김량장동은 늘 관심목록에 담아 두시기 바랍니다. 향후에도 처인구의 중심지가 될 것이기 때문입니다.

처인구 남사면에 분양했던 이편한세상용인한숲시티가 2018년 6월부터 입주를 시작했습니다. 7,200세대 대규모 단지였지만 주변 지역 미개발로 인해 기반시설이 부족하고 교통이 불편하여 평당 800만 원이라는 낮은 분양가임에도 불구하고 우려를 낳기도 했었습니다.

하지만 최근 처인구 원삼면에 SK하이닉스가 들어오기로 확정됨에 따라 이전과는 다른 분위기를 연출하고 있지요. 용인이라는 지역의 운명은 예나 지금이나 새옹지마라는 말을 떠오르게 합니다.

동네 이야기 2. | 저렴한 시세로 부동산 활성화를 기다리는 기흥구

기흥구는 부동산 경기만 활성화되면 가장 많은 사람들의 관심이 집중될 지역입니다.

이제 용인에서는 구심이 되어버린 신갈, 구갈이 있고요. 그 외에도 보정동, 영덕동, 마북동, 동백동, 보라동 등이 유명합니다.

용인 뉴스의 중심에는 늘 수지구가 있지만, 수지구는 이미 그 관심이 시세에 반영되어 있어 부담스러운 지역이고 그에 비해 기흥구는 상대적으로 접근이 수월한 곳입니다. 보정동은 수지구 죽전과 연결된 지역으로, 용인에서 가장 번화한 지역 중 한 곳입니다. 구갈동은 기흥역세권 지역으로 용인 구심의 핵심입니다. 가장 시세가 높은

용인시 기흥구

한성 1,2차 단지와 기흥역센트럴푸르지오, 기흥역롯데캐슬레이시티, 기흥역더샵 등이 해당 지역의 시세를 이끌고 있습니다.

기흥구 아파트 단지

보정동 아파트 단지

이마트 죽전점

마북동의 상가시설

동백호수공원 음악 분수대

　상권이 확장하고 있고, 아주 큰 규모는 아니지만 업무시설도 조금씩 증가하고 있다는 것이 고무적입니다. 신갈동은 경부고속도로와 영동고속도로 JC에 위치해 도로 교통이 편리합니다. 영덕동은 수원 영통지구와 맞닿아 있고, 광교신도시와 인접한 흥덕지구가 있습니다.

　한편 마북동, 동백동, 보라동 이 3개 지역은 마치 섬 같은 곳입니다. 주변 지역과 연계성이 뛰어난 다른 지역들과 달리, 동마다 생활환경이 따로 개발되었기 때문인데요. 마치 입구 쪽으로 모이는 항아리처럼 해당 지역의 탄탄한 수요가 뒷받침되어 주거시설이든, 상업시설이든 독점적인 공급이 가능하다는 장점이 있습니다.

　반면 확장성이 없기 때문에 배후세대 수요 이상을 창출해 내기에는 한계가 있습니다. 이런 곳의 부동산 시세는 다른 지역과 무관하게 움직이는 경우가 많으므로 반드시 철저한 사전 조사가 필요합니다. GTX 역사가 생길 분당선 구성역 주변이 관심 대상 지역입니다.

| 동네 이야기 3. | # 용인 부동산의 핵심 수지구

그래도 용인시 부동산의 주인공은 수지구입니다. 3구 중 면적은 가장 작지만, 가장 많은 주택과 사람들이 있는 곳이죠. 단적인 예로 기흥구와 처인구에 있는 모든 아파트를 합쳐야 수지구에 있는 아파트 수와 비슷해집니다. 그만큼 공동주택이 집중되어 있으며, 특히 브랜드 아파트가 많아 용인에서 가장 비싼 부동산들이 포진해 있습니다. 학군과 학원가도 잘 형성되어 주거입지로는 괜찮은 곳이죠. 상업시설 입지로서도 매력적이고요.

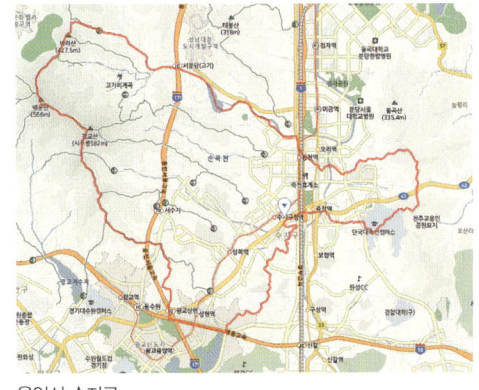
용인시 수지구

수지고등학교

대표적인 미분양 단지였던 성동마을수지자이

풍덕천동 상가

한빛 래미안이스트팰리스

고기동의 전원주택

분당의 끝자락 구미동과 바로 연결된 죽전동에는 분당인지 용인인지 헷갈릴 정도로 큰 중심상업지역이 있습니다. 그 구미동에서 경부고속도로를 끼고 서쪽으로 가면 신봉동, 상현동, 성복동이 있는데요. 이곳이 바로 용인에서 가장 비싼 아파트들의 분양과 입주가 진행되는 곳입니다.

수지구에서 가장 낙후된 곳이었던 풍덕천동과 동천동은 현재 수지구의 대표 지역이 되었습니다. 우선 동천동은 2010년 한빛래미안이스트팰리스 입주 이후 가장 주목받게 되었습니다. 특히 이곳 4단지는 주변 경관과 더불어 마치 대규모 콘도에 온 것 같은 느낌을 주며, 2016년에 신분당선의 동천역이 개통되면서 더욱 관심을 받고 있습니다.

풍덕천동은 현재 수지구에서 집중적으로 개발 중인 지역으로, 각종 물류창고와 중소기업들이 많아 일반인들에게는 소외되었던 곳입니다. 하지만 창고시설과 기업체들이 이용하던 지역에 브랜드 아파트들이 입주를 하였으며 이후 대규모 상업시설 등 추가 개발이 기대되는 곳입니다. 풍덕천동의 이편한세상수지의 경우 용인이 평당 2,000만 원을 넘을 수 있음을 보여준 사례입니다.

이 모든 변화의 시작은 신분당선 수지구청역 개통과 함께 진행된 것입니다. 금융위기 이후 미분양의 천국이었던 신봉동, 성복동, 상현동 역시 신분당선 개통 이후 지역 활성화가 되었습니다. 이제 수지구에서는 미분양을 논하는 사람은 없습니다.

한편 고기동은 개발제한구역이 많아 다른 곳들과 다르게 아파트는 거의 없습니다. 최근에는 근사한 전원주택들이 속속 들어서고 있어서 단독주택을 좋아하는 분들에게 각광 받는 지역 중 하나로, 분위기 좋은 맛집도 많은 동네입니다.

초고속 성장과 삼성, 그리고 SK하이닉스의 도시

용인이 보여준 지난 15여 년 간의 성장은 정말 놀라운 것이었습니다. 분당처럼 아예 지역 전체를 국가정책을 통해 작정하고 개발한 것이 아님에도 초대형 규모로, 초고속 발전을 이루었으니 말입니다. 부동산 호황기였던 2000년대 중반에는 분당을 위협할 정도로 잘 나갔지만, 금융위기 이후로 고전을 면치 못하다가 신분당선 개통 이후 새로운 전성시대로 접어들게 된 것이지요.

한때 버블세븐 지역 중에서도 가장 하락 폭이 크다고 평가받았지만, 미래 성장 가능성의 씨앗이 뿌려진 곳이었기에 분위기만 전환되면 가장 빠른 회복을 보여줄 것이라 예상했었지요. 실제 그렇게 되었습니다.

용인은 삼성의 도시라고도 불릴 만큼 삼성의 영향력이 막대한 도시입니다. 보통 이런 대기업이 들어서면 관련 협력·하청업체들도 속속 입주하면서 일자리가 창출되고 동시에 통근인구와 상주인구가 늘어나, 주변 상업시설과 주거시설도 큰 활기를 띠게 됩니다. 따라서 어떤 지역이든 간에 대기업의 움직임을 유심히 살피시길 바랍니다. 특히 그중에서도 가장 영향력이 큰 삼성의 향방은 늘 지켜보시고요.

아울러 SK하이닉스가 경기 이천시, 충북 청주시, 경북 구미시의 애타는 구애를 뿌리치고 용인시를 선택하였습니다. 이제 삼성과 SK하이닉스가 용인시의 향후 먹거리를 제공해 줄 것입니다. SK하이닉스의 영향권 지역을 정리해 보는 것도 좋은 부동산 답사가 되겠지요.

용인 제대로 바라보기

기본적으로 부동산 입지의 가치 평가는 사람들의 움직임의 규모로 판단하는데, 이 움직임이 매우 활발하다는 것은 그 자체로 부동산의 장점이 됩니다. 용인은 104만의 인구가 있는, 전국에서도 손에 꼽히는 대도시입니다. 그러니 아무리 버블이니 폭락이니 해도, 이곳에 있는 사람들이 집단으로 이탈하지 않는 이상 관심지역으로 두고 지켜보셔도 좋을 곳입니다. 그러나 늘 그렇듯이 용인 내 모든 지역이 함께 움직이는 것은 아니므로 용인을 살펴보실 때는 다음의 사항들을 꼭 고려하시길 바랍니다.

캐리비안베이

에버랜드

우선 교통 환경과 관련된 개발 호재를 보셔야 합니다. 특히 새롭게 생겨나는 도로와 지하철 교통망을 말입니다. 도로는 제2경부고속도로가 현재 건설 중이라는 사실을 꼭 고려하시고, 지하철은 분당선과 신분당선이 GTX와 어떻게 연결되는지 확인하시기 바랍니다. 경전철 에버라인이 기흥역과 연결되는 지역도 관심을 가질 필요가 있습니다.

두 번째로 대규모 개발지역이 어디에, 얼마나 큰 규모로 들어올 것인지 확인해 보셔야 합니다. 앞서 여러 개발 계획을 알려드렸지만 관심 지역에 어떻게 접근할 것인가 등 세부적인 접근 방법은 독자분 스스로의 숙제입니다. SK하이닉스 직원들이 어디에서 출퇴근할 수 있을지 예상해 보는 것부터 시작해 보시지요.

세 번째로 주변 경쟁지역과 꼭 비교하셔야 합니다. 용인은 면적이 매우 넓은 지역으로 많은 지자체와 맞닿아 있고, 그들의 기반시설을 함께 이용하고 있습니다. 따라서 용인 인근의 분당·판교, 수원, 화성·동탄, 광주와의 관계에 대해 생각해 보면 용인만이 답이 아닐 수도 있습니다.

마지막으로 삼성 등 대기업의 움직임을 꼭 함께 보시기 바랍니다. 용인은 주거든, 업무든, 상업시설이든 삼성의 영향력을 계속 받을 수밖에 없는 지역이니까요.

개인적으로는 용인을 부동산으로만 보지 마시고, 즐기는 차원으로도 접근해 보셨으면 합니다. 에버랜드, 캐리비안베이, 한국민속촌, 스키장, 골프장, 박물관과 미술관, 쾌적한 콘도시설들이 참 많이 있어 관광지로도 꽤 괜찮은 도시니까요.

지역분석 레시피

📍 **저가 매수도 중요하지만, 실거주자라면 그냥 매입하셔도 괜찮습니다!**

초기 용인에 진출하셨던 분들은 부동산 시세가 빠져도 크게 걱정이 없다는 말씀을 드렸습니다. 그만큼 투자 시에는 저가 매수가 중요합니다. 하지만 실거주자는 좀 다른 관점에서 접근하시는 것이 좋겠습니다.

부동산 시세가 더 떨어질 것이 걱정되어 집을 매수하지 않는 것은, 기회를 놓치는 결정일 수 있습니다. 꼭 거주하고 싶은 집은 매수하시는 것이 좋습니다. 물론 상투를 잡았다고 걱정하시는 분들도 있지만, 무리한 대출이 없다면 그냥 사셔도 됩니다. 언젠가는 그 상투가 신발 끈이 될 수도 있으니까요.

📍 **버블세븐이라는 것은 그 지역에 관심을 가지라는 의미입니다!**

강남 3구, 목동, 분당, 평촌, 용인을 버블세븐 지역이라 일컫습니다. 이 버블세븐에 대한 기사는 늘 부정적이죠. 그래야 기사가 되니까요. 이 지역에 계시다면 그냥 그만큼 주목 받는 좋은 동네에 살고 있다고 가볍게 생각하시면 됩니다. 오히려 버블세븐 지역에 관심이 많음에도 부정적인 기사들 때문에 망설이는 분들에게는, 더 관심을 가지시라고 권해드리고 싶습니다.

부동산은 마치 주식처럼 폭락하기도 하고 폭등하기도 하지만, 주식처럼 반 토막 나거나 상장폐지가 되지는 않습니다. 게다가 인플레이션으로 인해 결국 어느 시점에는 전 고점이 깨지게 되어 있습니다. 오히려 폭락 시기를 주목해야 하는 이유가 바로 여기에 있는 것입니다.

	2005년	2007년	2009년	2011년	2013년	2015년	2017년	2018년
강남구	2,610	3,523	3,421	3,192	2,850	3,244	4,160	4,877
서초구	2,183	2,774	2,874	2,890	2,601	2,939	3,794	4,616
송파구	1,964	2,533	2,507	2,332	2,133	2,275	2,986	3,612
양천구 목동	1,749	2,424	2,418	2,259	2,005	2,183	2,703	3,171
성남시 분당구	1,605	1,968	1,767	1,702	1,552	1,687	1,963	2,339
안양시 평촌동	983	1,417	1,288	1,233	1,150	1,283	1,463	1,647
용인시 수지구	1,041	1,291	1,121	1,116	1,027	1,139	1,149	1,295

버블세븐 지역 아파트 평당 가격(단위: 만 원)

📍 대학교가 있는 곳은 이미 부동산 전문가들의 관심지역!

용인시에는 대학교가 무려 13개나 있습니다. 단일 지자체에 이렇게 많은 대학교가 있는 것은 드뭅니다. 대학교는 대학교에 발생하는 수요가 있기 때문에 주거와 상업시설 모두에게 호재로 작용합니다. 학생, 교직원, 그리고 이들을 대상으로 활동하는 다양한 사람들이 있다는 것이니까요. 이런 호재가 많은 대학교의 천국이 바로 용인이라는 겁니다.

📍 골프장은 선호시설!

과거 골프장 관련 기사들은 늘 부정적인 면을 강조했습니다. 그러다 보니 한동안 골프장이 혐오시설에 포함되기도 했었죠. 그러나 근래에는 그 인식이 바뀌었습니다. 특히 주거시설이 갖추어야 할 조건 중 조망이 점점 중요한 요소가 되어가면서, 푸르른 녹지가 펼쳐진 골프장이 주목받기 시작했습니다. 이제는 골프장 조망이 가능한 입지의 경우, 이를 집중적으로 홍보하여 분양률을 높이기도 합니다. 용인시에는 이런 골프장이 26개나 있습니다.

용인CC 전경

MEMO

| 여덟 번째 이야기.

서울이라 불러다오 광명시 이야기

GWANGMYEONG-SI

광명시 지역번호가 02인 이유

우리나라 국보 1호는 숭례문, 국보 2호는 원각사지십층석탑, 국보 70호는 훈민정음입니다. 훈민정음이 원각사지십층석탑보다 문화적, 역사적 가치가 낮아 국보 순위가 낮은 것일까요? 정말 숭례문이 우리 역사상 현존하는 가장 위대한 문화유산이라서 국보 1호가 되었을까요?

정답을 말씀드리자면, 국보의 순위에는 특별한 의미가 없습니다. 단지 일제강점기 시절 조선총독부가 관리를 위해 임의로 주요 문화재에 번호를 붙여 놓았는데, 이를 해방 후에도 그대로 쓴 것뿐이거든요.

세상엔 뭔가 특별한 의미가 있어 보이지만 실은 별 뜻 없이 쓰이는 숫자가 꽤 있다는 것을 알려드리고 싶었습니다. 그래서 서두를 뜬금없이 국보 순위 이야기로 시작했습니다.

광명의 시역선화번호 02도 마찬가지입니다. 경기도인데 서울 지역번호를 쓰고 있지요. 이를 두고 광명과 서울을 통합하려는 의도를 가진 광명 유지들이 미리 수를 써둔 것이라고 해석하기도 합니다. 광명은 서울 택시도 영업이 가능한 권역이고 서울 경계에서도 매우 가깝고 하니, 어찌 보면 그럴싸한 논리입니다. 그러나 이 지역번호 역시 특별한 의미가 없습니다.

신도시들은 빈 땅이던 택지를 개발하여 새롭게 주거지가 형성된 지역이기 때문에, 기존에 그 지역을 관리하던 전화국이 없는 경우가 대부분입니다. 광명도 마찬가지였습니다. 결국 행정 편의상 당시 가장 가까운 전화국이었던 구로전화국에서 최초 관리를 하게 되었고, 이것이 광명 지역번호가 02인 이유입니다.

같은 맥락으로 부천이 지역번호 032를 쓰는 것도 인천 전화국에서 더 가깝기 때문이었습니다. 과천도, 분당의 일부 동들도, 심지어 새로 입주한 고양시 삼송신도시도 지역번호로 02를 씁니다.

혹시 광명이 서울에 통합되지 않을까 기대하신 분들에게는 허탈감을 드렸을지도 모르겠네요. 하지만 광명은 서울과 매우 관련성이 높아 서울의 한 지역이라 여겨도 무방한 곳입니다. 그러니 너무 실망하지는 마시고요. 서울스러운(?) 광명의 모습을 좀 더 자세하게 살펴보도록 하겠습니다.

늘 밝은 지역, 광명의 역할

광명은 이름을 참 잘 지었습니다. 빛 광(光)자에 밝은 명(明), 늘 밝은 지역이라는 의미죠.

실제 광명을 생각해 보면 언제든 늘 적당한 빛이 나는 존재였던 것 같습니다. 면적도 작고 사람도 많지 않지만, 서울의 위성도시로서 그 역할을 단단히 수행해 왔으니까요. 한 시대를 풍미했던 화려한 화젯거리는 없지만 광명은 늘 光明이었던 것입니다.

광명하면 우선 안양천이 떠오르고, 그 안양천을 따라 쭉 들어선 아파트들이 연상됩니다. KTX광명역으로도 많이 알고 계시죠. 실제 광명은 서울 서남권의 베드타운이면서, 동시에 서울 서남부 지역의 광역 중추 교통망 역할을 하고 있습니다.

광명의 연혁

행정 입지상으로 광명은 북쪽으로 서울시 구로구, 서쪽으로 부천시, 남쪽으로 안양시와 시흥시, 동쪽으로 서울 금천구와 접하고 있습니다. 특히 서울 금천구와는 안양천을 경계로 완벽히 분리되어 있습니다. 그러나 행정적으로는 아직 분리되지 않은 '월경지'라는 곳도 있는데요. 이 이야기는 철산동 편에서 소개해 드리겠습니다.

광명시는 해방 이후로 계속 시흥군 소속이었습니다. 1970년 시흥군 서면 광명리와 철산리로 분리되었다가, 1974년에는 지금의 광명동, 철산동 위치에 광명출장소가 생겼고요. 1981년이 되며 서면 지역이 소하읍으로 승격되면서 비로소 광명시로 출발을 하게 됩니다. 이렇게 탄생한 광명시는 현재 인구 32만 명, 13만 세대의 중소도시입니다.

안양천 산책길

도덕산의 모습

산과 물이 있는 훌륭한 환경

광명시가 늘 밝을 수 있었던 데에는 서울 인접성과 자연환경의 영향이 매우 큽니다. 광명시 서쪽으로는 명당수 안양천이 흐르고 있고, 중앙에는 구름산이 중심을 잡아주고 있으며, 북쪽에는 도덕산이 지역에 쾌적함을 더해 주고 있습니다. 산과 물이 적절히 배치되어 있어 자연환경이 매우 훌륭한 지역이죠.

아파트 단지와 소형 부동산들이 빼곡히 들어섰음에도 불구하고 하늘이 보이고 답답하지 않은 이유는 바로 이러한 자연환경 덕분입니다. 삭막한 도심지임에도 서울보다 여유가 있어 보이는 것은 이런 이유가 아닐까 합니다.

동네 이야기 1. | 광명시의 시작이며 행정 중심지인 철산동

철산(鐵山)이라는 이름에서 알 수 있듯이 광명은 광산으로 꽤 유명했던 지역입니다. 서울 목동에서 안양천길(일명 뚝방길)을 따라 내려오다 구로동 고가를 넘으면 처음으로 아파트 단지들을 만나게 되는데 그곳이 광명시의 초입, 철산동입니다.

철산동은 광명시청을 중심으로 시의회, 법원, 경찰서, 시민회관, 세무서, 소방서 등의 공공시설이 몰려있는 행정 중심지입니다. 7호선 철산역을 중심으로 한 철산로데오거리에는 매우 활성화된 상권이 있고요. 이 상권 배후에는 주공아파트가 대규모로 포진되어 있습니다.

이 주공아파트들은 1980년대 초반부터 입주가 시작되었기 때문에, 현재 많은 단지들이 재건축 가능 연한(30년 이상)에 해당됩니다. 주공3단지가 철산래미안자이로 재건축되어 2009년에 입주, 주공2단지가 철산푸르지오하늘채로 재건축되어 2010년에 입주했습니다. 나머지 주공아파트들도 재건축을 추진하고 있어 광명시의 호재가 될 것입니다.

이 지역은 오래된 아파트들의 재건축 사업이 진행 중이고, 앞으로도 지속해서 실시될 것입니다. 현충근린공원, 철산공원 등 공원들

광명시 철산동

도 군데군데 있으며, 안양천 고수부지를 도보로 접근할 수 있어 꽤 괜찮은 자연환경을 갖추고 있고요. 광명에서 가장 인기 좋은 광명북고등학교와 철산중학교가 있습니다. 철산역 주변에는 학원가도 잘 형성되어 있습니다.

안양천길

광명시청

재건축된 아파트 단지의 모습

2001아울렛 철산점

철산동은 이러한 자연환경과 학군, 그리고 서울 접근성을 바탕으로 주변 지역에서도 선호하는 주거지이며 그 수요는 한동안 지속될 것입니다.

한편 철산동에서 안양천을 건너 서울 구로구 구로동과 금천구 가산동 사이에도 행정상으로 철산동에 포함된 지역이 있습니다. 안양천을 사이에 두고 동서로 서울과 광명시가 나뉘어 있는데 무슨 말도 안 되는 소리인가 싶으실 거예요.

송파구 잠실동과 신천동이 원래 강북지역에 있다가 강남에 편입된 것과 같은 이유입니다. 앞서 송파구편을 꼼꼼히 보신 분이라면 이 정도에서 눈치채셨을 겁니다.

1972년, 그 이전까지 심한 곡선 모양이던 안양천의 흐름을 원활히 하고자 하천 직선화 공사가 실시되었습니다. 이 과정에서 철산동에 붙어 있었던 일부 부지가 떨어져 나가면서, 문제적(?) 지역이 된 것이죠.

이렇게 다른 지자체에 포함된 타 지역의 행정지를 '월경지'라 하는데, 현재 이 월경지에는 롯데광명물류센터가 있습니다. 안양천을 사이에 두고 분리되었으니, 이제 그냥 서울 금천구에 줄만도 한데요. 광명은 이 부지를 꼭 움켜쥐고 놓지 않고 있습니다.

이유는 간단합니다. 롯데광명물류센터가 광명에서 네 번째로 세금을 많이 내고 있거든요. 그러니 다른 지역으로부터 행정이기주의라고 욕을 먹으면서도 포기를 못 하는 것입니다. 광명시의 입장도 이해 가시죠?

롯데광명물류센터의 모습

| 동네 이야기 2. | # 광명시 상권의 중심 광명동 |

광명동은 서울과 가장 가까이 있으며, 특히 목감천을 경계로 마주 보고 있는 개봉동과 유사한 분위기를 형성하고 있습니다.

7호선 광명역을 중심으로 대형 상가들과 광명시장이 어우러진 광명시 최대상권이 형성되어 있고, 그 상권 배후에는 주거시설들이 촘촘하게 들어서 있어 광명에서 가장 많은 사람들이 거주하고 있습니다.

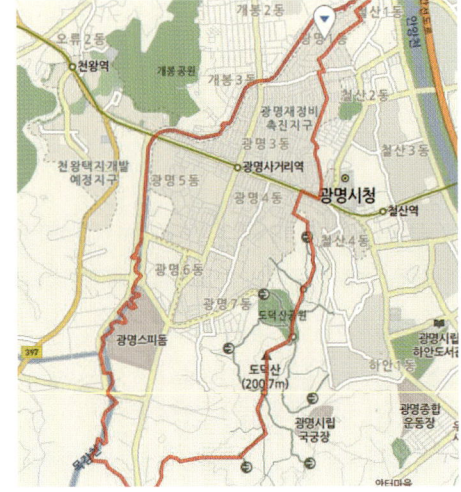
광명시 광명동

광명시 초기 단계에 형성된 곳이다 보니 아파트보다 다세대 등의 소형주택들이 많습니다. 광명시 승격 이후 가장 먼저 형성된 시가지였기에, 30년이 흐른 지금은 낙후되어 있는 모습입니다.

그래서 대부분이 광명뉴타운(재정비촉진지구)에 속해있는데요. 교통도 편리하고 상권도 잘 형성되어 있고, 무엇보다 서울 접근성이 좋아 많은 대기업 시공사들이 관심을 갖고 사업성을 검토하고 있습니다. 현재 16구역만 에코자이위브로 분양되어 2020년 11월 입주를 기다리고 있으며 나머지 지역들은 재개발 분양을 준비하고 있습니다.

목감천을 사이에 두고 마주하고 있는 개봉동과 광명동

광명동 상권

광명시장 입구

광명동 재개발지구

광명스피돔

이 재개발 계획들은 꽤 오래전부터 진행된 호재이기에 이미 시세에 어느 정도 반영이 되어 있어, 동네는 오래되었지만 시세는 생각만큼 저렴하지 않습니다.

그리고 과천의 경마공원과 비교되는 경륜 경기장인 광명스피돔이 있습니다. 지역경제에 아주 큰 기여를 하는 시설로, 외부 인구를 끌어들이는 관광지 역할을 톡톡히 합니다. 이 시설에서 발생하는 수입도 상당하고요. 광명스피돔을 통해 유입되는 사람들로 여러 부가가치가 파생되고 있으며, 주변 상권의 활성화에 많은 도움을 주고 있습니다.

또한 광명동에는 광명시의 주산인 도덕산과 도덕산공원이 있습니다. 외지 분들은 잘 모르시지만, 광명에 사시는 분들이 가장 좋아하는 녹지공간입니다. 빽빽한 주택들로 자칫 삭막해질 수 있는 지역에 청정 기운을 공급해 주는 허파 같은 장소인 것이죠. 따라서 향후 활발하게 진행될 주거환경정비지역 중에서도 이 도덕산과 연계된 지역이 가장 인기가 많을 확률이 높습니다.

동네 이야기 3. | 명산과 명당수가 있는 하안동

하안동은 이름이 참 예쁘죠. 무슨 뜻일까 확인해 보니, 과거 하평리와 안현리에서 한 글자씩을 가져왔다 합니다. 광명의 지역번호처럼 우연의 결과였을 뿐입니다.

인근의 철산동과 광명동은 주거시설도 많지만 공공시설, 상업시설, 업무시설 등 비주거시설도 어느 정도 있는 반면, 하안동은 재건축 연한이 되지 않은 아파트 위주의 주거시설만 집중적으로 배치된 지역입니다.

게다가 철산동과 마찬가지로 안양천을 동쪽으로 끼고 단지들이 길게 배치되어 있어, 안양천을 도보로 이용할 수 있는 쾌적한 주거환경을 자랑합니다.

북쪽으로는 도덕산을, 남서쪽으로는 구름산을 두고 있어 광명시 내 두 개의 명산과 하나의 명당수 사이에 있는 명당지이기도 하고요.

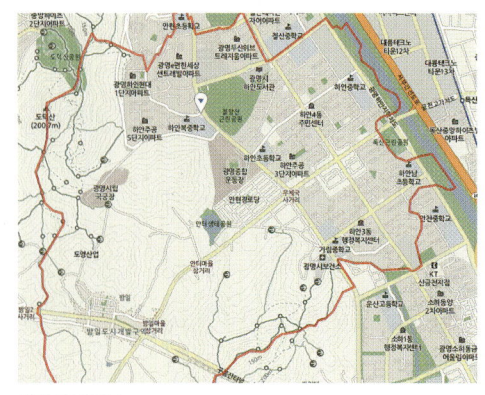

광명시 하안동

강남구편에서도 말씀드렸듯이 이러한 명당 주거지에는 좋은 학교들이 꼭 함께 있습니다. 광명에서 가장 유명한 학교를 물으면, 열이면 아홉은 진성고등학교를 추천합니다. 진성고는 비평준화 시절에 전국에서도 손가락 안에 꼽는 명문 고등학교였습니다. 물론 지금도 광명에서 1,2위를 다투고 있습니다.

최근 고교평준화가 된 이후로는 중학교나 초등학교 입지를 더 중요시한다고 했습니다. 광명에서는 진성고 인근의 하안중학교가 가장 인기 있는 중학교 중 한 곳입니다.

광명은 분당이나 일산 같은 신도시와 마찬가지로 서울의 웬만한 지역보다 교육열이 높은 도시로, 하안사거리 인근과 철산동 두 곳에 학원가가 형성되어 있습니다. 광명의 학원가에 만족하지 못하는 분들은 아예 인근의 목동 학원가로도 원정을 간다고도 하네요. 이렇듯 이곳은 쾌적한 주거환경과 학군을 바탕으로 광명에서 가장 선호되는 주거지입니다.

동네 이야기 4. | 논밭에서 경제 중심지가 된 소하동

1981년 광명이 시로 승격될 당시의 중심지는 소하읍이었습니다. 지금의 소하동 지역이지요. 반면 현재 광명의 중심지는 광명동, 철산동, 하안동이라고 할 수 있는데, 이들은 광명시 승격 당시에는 그저 평범한 논밭이었을 뿐이었습니다.

그러다 서울의 확장으로 인해 주거시설이 부족하게 되자 지금의 구로구, 금천구, 영등포구를 보완하는 베드타운으로 본격적인 개발이 시작되었고, 이로 인해 중심지가 바뀌게 된 것입니다. 그래서 소하동의 본격적인 개발이 시작되기 전까지는 그저 안양이나 시흥에 포함된 녹지지역이 아닌가 생각하신 분들도 많았을 것입니다.

그렇게 소외되었던 소하동이 최근 다시 광명시에서 가장 왕성한 발전을 보이며 부각되고 있습니다. 기존의 3개 동보다 인구도 적었는데, 대규모로 개발된 휴먼시아 단지들에 입주가 완료되면서 인구가 폭발적으로 증가하였습니다. 주로 논밭이던 곳이 명품 주거지로 탈바꿈하고 있는 것이죠.

광명시 소하동

특히 소하천 인근은 판교 신도시를 연상케 할 정도로 깔끔하고 멋진 모습을 보여줍니다. 광명시는 2025년까지 소하동 일대 5,000여 세대 규모의 주거단지를 '광명 구름산지구 도시개발사업' 실시계획으로 인가·고시했습니다. 구름산지구는 2001년부터 2015년까지 순차적으로 개발제한구역이 해제되고 2015년 도시개발사업구역으로 지정된 곳으로,

깔끔한 소하동 휴먼시아 단지들

기아자동차 소하리공장

아파트형 공장

석수역을 향하는 광명시 버스 노선

장기간 사업이 지연되었다 인가된 만큼 눈여겨볼 필요가 있습니다.

한편 소하동은 광명시가 가장 아끼는 동네이기도 합니다. 광명시에 가장 많은 지방세를 부담하고 있는 기아자동차가 있기 때문인데요. 광명스피돔은 경기도 시설이라 도에 납부하는 세금이 더 많지만, 기아자동차 소하리공장은 광명 내 기업이라 광명시에 지방세를 가장 많이 납부합니다.

게다가 인근의 금천구나 안양시에서 출근하는 사람들도 많아 부가적인 인구 유입의 효과도 큰, 말 그대로 알짜배기 시설입니다. 지역 내 대기업은 그 지역의 발전에 기여하는 바가 대단히 크다고 여러 번 말씀 드렸죠? 용인과 천안에 삼성이 있고 울산에 현대가 있으며 파주에 LG가 있듯, 광명에는 기아가 있습니다.

그 외에도 대형 아파트형 공장 두 개 단지가 있습니다. 광명SK테크노파크와 ACE광명타워가 그것인데요. 두 시설에 입점한 중소기업이 무려 800여 개나 됩니다. 이들이 지역경제 활성화에 매우 큰 도움이 될 것은 두말할 필요도 없죠.
또 세금을 많이 내는 이마트 소하점이 있습니다. 철산동의 세이브존이나 광명동의 대형쇼핑빌딩보다도 많은 세금을 내고 있으니, 광명시에서 차지하는 소하동의 중요도에 대해 충분히 공감이 되실 겁니다.

그러나 아직까지는 교통이 많이 불편합니다. 현재 전철 교통망이 없어, 인근 금천구청역이나 석수역까지 버스를 타고 이동해야 하는 번거로움이 있습니다. 그래서 이곳에 거주하는 분들은 금천구 편에서 설명 드렸던 신안산선 광명역이 하루빨리 개통되기를 오매불망 기다리고 있습니다. 이 전철망만 개통만 된다면 탄탄한 업무시설들과 주거시설들을

충현박물관

신안산선 노선도

바탕으로, 지금보다 훨씬 더 발전할 동네입니다.

마지막으로 소하동에는 광명시가 존경하는 인물인 조선 중기 문신, 오리 이원익의 충현박물관이 있습니다. 이들은 소하동이 광명에서 풍수적으로 가장 좋은 입지였다는 것을 알려주기도 합니다.

●
참고로 광명시를 남북으로 가로지르는 주도로 이름이 오리로입니다. 광명에서 이원익이 차지하는 위상을 알 수 있는 대목이죠.

| 동네 이야기 5. | 광명시의 일등 지역이 되어가는 일직동 |

일직동에는 KTX 광명역이 있습니다. 제2경인고속도로와 서해안고속도로가 만나는 일직JC로 더 유명한 동네입니다.

광역 교통의 요지로 KTX라는 막강한 철도망을 갖추고 있어, 교통 환경만으로 보면 광명 최고의 부지라 할 수 있죠. 그러나 현재는 이런 교통시설 말고는 개발된 시설이 거의 없는 곳이라고 보시면 됩니다.

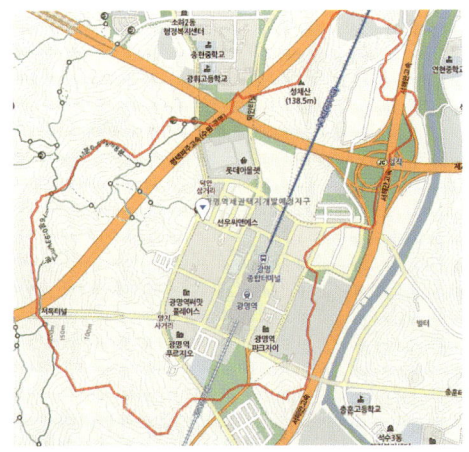

광명시 일직동

광명시에서도 접근성이 가장 떨어지는 데다 이곳까지 보조 교통망이 없다는 것이 지금까지는 가장 아쉬운 점입니다. 하지만 몇 가지 교통망이 보완됩니다. 여의도에서 안산까지 개통될 신안산선이 광명역에 정차할 예정이구요, 국책 사업으로 진행되는 월곶판교선 역시 광명역을 지날 예정입니다.

KTX 광명역

광명 이케아

광명 코스트코

광명역파크자이

광명역푸르지오

결국 동서남북을 관통하는 교통망이 광명역에 집결이 되는 것이지요. 향후 가장 많은 관심을 받는 광명 지역이 될 것입니다. 그래서 현재 광명에서 시세가 가장 많이 상승한 지역이기도 합니다.

이런 흐름을 반영하듯이, 최근 KTX 역사를 중심으로 상업시설들이 계속 개장하고 있습니다. 특히 광명 코스트코는 매출이 소하동 이마트를 추월했습니다. 그 건너편에는 롯데아울렛과 대한민국 최초의 이케아 매장이 운영 중입니다. 북유럽 인테리어를 통해 알려지기 시작한 스웨덴의 가구 브랜드 이케아는, 저렴한 가격과 독특한 디자인으로 특히 젊은 층에게서 사랑받고 있습니다. 창고형 판매 방식 때문에 대형마트보다 넓은 부지가 필요했었는데, 광명 일직동이 첫 번째 지역으로 선택되었죠.

아울러 석수스마트타운, 광명미디어아트밸리, 의료복합클러스터, 국제디자인클러스터 등 다양한 시설들이 들어설 예정입니다. 광명역파크자이, 광명역푸르지오 등이 입주한 상태이며 광명역U플래닛데시앙이 2020년 입주 계획입니다. 주거시설보다 상업시설과 업무시설이 먼저 활성화 된 거의 유일한 택지개발지가 아닌가 합니다. 따라서 현재는 조금은 한산한 느낌이지만 상주인구가 점점 더 많아질 곳입니다.

광명 교통 이야기

광명시의 역사를 통틀어 가장 중요한 사건은 KTX 광명 역사를 유치한 일입니다. 당시 용산, 영등포, 양재 등이 역사 후보지 물망에 올랐는데, 배후 인구나 이용 편리성에서는 당연히 광명이 이길 수 없는 쟁쟁한 경쟁지들이었습니다. 거의 기적에 가까운 확률로 유치에 성공한 데에는 분명 정치적인 노력이 있었을 것입니다.

KTX 역사 유치로 인해 광명시는 서울역, 용산역과 더불어 수도권 광역 교통망의 주요 거점지가 되었습니다. 처음에는 광명역사로 통하는 보조 교통망이 많지 않아 이용률이 낮았지만, 점차 이용객이 늘어나고 있습니다. 앞으로 신안산선도 통과할 예정이며 인천 지하철 2호선 연결도 사업성을 검토하는 중이니 어떤 형태로든지 이곳을 이용하는 승객 수는 점차 늘어날 것으로 예상됩니다.

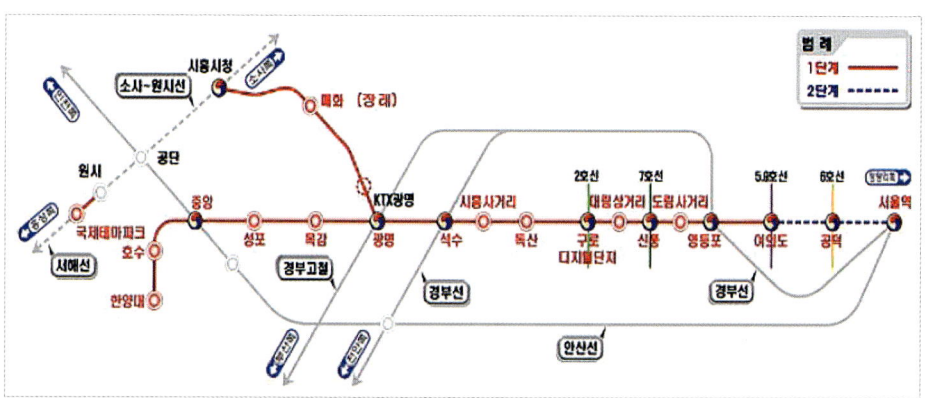

신안산선 복선전철 노선도

월곶~판교 노선도

다음은 광명의 도로교통망입니다. 광명시를 남북으로 횡단하는 주도로인 오리로는 구로구에서 시작하여 광명동, 철산동, 하안동, 소하동, 일직동을 가로지르고 있습니다.

이 도로를 중심으로 동쪽 평지에 아파트, 상업시설 등 주요 부동산개발이 집중되어 있고, 서쪽은 낮은 산지로 동쪽만큼은 개발이 되어있지 않습니다. 자연 상태 그대로라고 보시면 됩니다.

광명시 동쪽은 안양천을 사이에 두고, 안양천길과 서부간선도로를 잇는 다리들이 많습니다. 북쪽부터 안양교, 광명대교, 철산대교, 금천교, 안양천교, 시흥대교, 기아대교, 화창교까지 차량으로 이동 가능한 다리가 8개나 있죠. 이 다리들은 서울로의 진출 및 서해안고속도로, 제2경인고속도로와의 연계에도 이용되는 매우 중요한 시설이기에, 이들의 동선과 연계지역을 잘 알고 있어야 합니다.

결국 광명의 교통망은 광명 내부에서의 움직임을 원활하게 하는 역할도 있지만, 그보다는 광역으로 진출하기 위해 거쳐 가는 연계지역으로의 역할이 더 큽니다. 이곳의 교통 흐름이 원활해야 주변 지역 경제가 더 활성화될 수 있는 것이죠. 그래서 광명 입지와 교통망이 중요한 것입니다.

광명역 복합환승시설 조감도

풍수 이야기

광명동굴 내 공연 장면

광명시 가학동에는 광명동굴이 있습니다. 가학산 광산은 1912년부터 1972년까지 60년간 금, 은, 동, 아연을 채굴하던 광명시 최대의 광산이었지만 채굴되는 양이 급감하며 폐광되었고, 그 상태로 2011년까지 방치가 되고 있었습니다. 광명시는 이 폐광산을 광명동굴로 이름지어 관광자원으로 개발했고, 대중매체에 소개되면서 광명스피돔과 더불어 광명의 관광명소로 손꼽히고 있습니다.

우리나라는 땅덩어리가 좁아 명당이라 할 부지가 그리 많지 않습니다. 쓸모 있는 땅으로 만들려면 인공적인 힘을 활용하여 보완해야 하는 것이죠. 이 역시 풍수적 비보책이라 할 수 있으며, 가학산 폐광의 활용도 해당합니다. 아무도 찾지 않던 흉당(폐허)을 현대적인 마케팅을 활용해 사람들이 찾아오는 명당(인기 관광지)으로 만들었으니 말입니다.

광명시는 이곳에 사람들이 즐겁게 찾아올 수 있도록 시설을 보완하고, 여러 가지 테마와 스토리를 입혔습니다. 각종 홍보와 행사도 꾸준히 진행해 오고 있고요. 특히 아주 재미있는 마케팅 전략까지 활용하고 있는데요. 동굴 안에 소래포구 젓갈 보관소와 영동군 와인 보관소를 두었습니다. 각각 인천 남동구와는 젓갈을, 경상북도 영동군과는 와인 관련 협약을 맺어 이른바 '크로스 마케팅'을 펼친 것입니다. 소래포구를 방문한 분들, 영동의 포도와 와인을 맛본 분들은 아무래도 이 동굴에 올 확률이 너 높지 않을까요? 반대의 경우도 마찬가지일 것입니다.

광명시는 이 광명동굴을 수도권 유일의 동굴 관광지로 대대적으로 홍보하고 있으며 이미 대한민국 100대 관광지로 선정되기도 했습니다. 이와 관련된 테마파크도 추가로 개발하려 시도하는데, 성공한다면 광명시에는 또 좋은 수익원이 생기는 것이죠. 광명동굴은 부동산의 바람직한 활용법이라는 차원에서도 좋은 벤치마킹 사례가 될 것입니다.

지역분석 레시피

◉ **과거 중심지는 언제고 다시 돌아옵니다!**

현재 소하동에 개발이 집중된 것은 단지 개발이 되지 않은 부지이기 때문이 아니라, 그 입지적 매력이 이제야 다시 드러나기 시작했기 때문이라 할 수 있습니다.

과거부터 소하동은 산과 천으로 둘러싸인 대규모 평지지형을 바탕으로 한 시흥과 안양 그리고 부천과 서울로의 연결이 용이한 교통의 요지였습니다. 이런 입지적 우월성 덕분에 과거 광명의 중심지 역할을 한 것이었죠. 과거 중심지는 언제고 다시 제 몫을 하는 날이 옵니다. 시간과 그것을 가능하게 할 사람의 의지가 문제일 뿐이죠.

◉ **혁신학교 프리미엄**

고양시 행신2지구에 서정마을이란 택지개발지구가 있습니다. 이 마을에는 혁신초등학교(현재는 취소된)가 있었는데요. 당시 이 학교 배정 여부로 같은 평형의 아파트가 최대 5,000만 원이나 차이가 났습니다. 혁신학교가 있는 다른 지역들도 유사한 현상이 나타납니다. 그만큼 혁신학교는 분명 프리미엄이 있는 것이죠.

광명시는 시 자체가 경기도교육청이 지정한 혁신교육지구입니다. 특히 소하의 6개 학교는 지자체의 적극적인 지원도 받고 있고요. 이렇게 교육환경이 좋은 지역은 꺼지지 않는 프리미엄이 있으니 참고하세요.

◉ **세금 많이 내는 시설을 찾아보세요!**

세금을 많이 내는 시설은 그 지자체에서 각별한 애정을 쏟을 것입니다. 세수 확보 차원에서도 어떻게든 붙잡고 있어야 하는 곳이라, 특혜 시비가 붙을 정도로 각종 지원도 많이 될 것입니다. 그래서 이런 기업들은 다른 지역으로 이전하지 않고 장기간 머무는 특성을 보입니다. 부동산의 관점에서 보면 이 시설 주변으로 주거와 상업시설의 수요가 계속될 테니, 안전한 투자처가 되겠지요?

📍 재개발 예정지 인근은 향후를 준비하세요!

광명시 기존 아파트의 전세가가 많이 올랐다는 기사가 나온 적이 있습니다. 광명시에서 진행되고 있는 다양한 재개발, 재건축 사업 때문에 발생한 이주 세대들이 임시로 거주할 집들을 구하는 수요가 증가하여 많이 오르게 된 것이었죠.

광명시뿐 아니라 서울 및 인근 지역에 대규모 재개발, 재건축이 계획되어 있습니다. 만약 개발이 한 번에 진행된다면 그 이주 수요는 임대수요의 급증을 불러올 것입니다. 임대주택을 보유하신 분들에게는 호재가 되겠죠. 하지만 재건축, 재개발이 완료된 이후의 대책도 염두에 두셔야 합니다.

누구든지 낡은 집보다는 새 집을 선호합니다. 즉, 몇 년 후에는 새 주택과 경쟁해야 한다는 것이죠. 경쟁력을 갖추어야 임대가 수월할 테고요. 그러려면 노후 설비를 보강하고, 효율적으로 리모델링을 하고, 새 집에 비해 저렴하게 임대료를 책정하는 등 임대 전략을 미리 강구하셔야겠습니다.

주목해야 할 재개발·재건축 레시피

광명은 항상 과천과 비교가 됩니다. 서울과 같은 지역번호를 쓰고, 서울의 절대적인 영향력을 받는 위성도시 역할을 하는 등 유사한 점이 많아서죠. 하지만 두 지역은 큰 차이점이 있습니다.

먼저 과천은 행정중심도시로, 업무시설이 추가로 확장될 확률이 낮습니다. 반면 광명은 현재까지는 주거시설 위주이지만 과천보다 여러 확장 가능성이 훨씬 큽니다. 실제로 지속해서 많은 기업과 기관들이 들어서고 있는데요. 광명역사 인근에 여러 시설이 활발하게 개발되고 있는 것이 대표적인 사례라 할 수 있습니다.
이렇게 다양한 일거리의 증가는 광명시 인구의 증가를 불러올 것이며, 인구의 증가는 주거와 상업시설에 긍정적인 영향을 끼치는 선순환 구조를 불러올 것입니다. 광명은 이런 과정을 통해 광명의 방식으로 발전해가면 됩니다.

한 지역의 지속적인 발전을 위해서는 지역 특성을 활용할 업무시설의 유치가 전제되어야만 합니다. 업무시설보다 주거시설이 먼저 개발되게 되면, 굳이 그 지역에 찾아갈 이유가 없으므로 지역 활성화가 쉽지 않아집니다. 이런 연유로 광명은 먼저 활성화가 될 가능성이 높습니다. 물론 개발 계획이라는 것이 여러 복합적인 문제들을 고려해야 해서 항상 우리가 원하는 방향으로만 움직이지는 않지만 말이죠.

광명시는 현재 모든 지역이 업그레이드 중입니다. 북부 광명동은 재개발, 중부 철산동은 재건축으로, 남부 일직동은 택지개발 사업으로 새 아파트가 꾸준히 입주하고 있습니다. 재건축 이슈 때문에 지분 가격으로 거래되는 철산동주공아파트를 제외하면 철산래미안자이의 시세가 가장 높아 평당 3,000만 원까지 시세가 형성되어 있습니다. 향후 재건축, 신규 아파트의 적정 가격 추정 시 철산래미안자이와 비교하면 됩니다.

광명시의 거의 모든 지역은 서울의 역할을 분담할 준비가 완벽하게 되어있으므로, 서울에 업무 기반을 둔 수요층들이 광명시를 베드타운으로 활용할 가능성이 점점 더 커지고 있습니다. 광명시 아파트의 상한선은 서울 양천구 목동 아파트로 목동 아파트가 상승하면 따라가는 패턴을 보여 목동의 시세도 염두에 둘 필요가 있습니다.

동	구역	대지면적 (m²)	예정 세대수	사업유형구분	시공사	현재 단계 (19년 6월 기준)
광명동	광명14R구역	55,956	1,187	주택재개발	(주)대우건설 (주)한화건설	관리처분
광명동	광명21C구역	5,819		도시환경정비사업		구역지정
광명동	광명1R구역	163,169	3,585	주택재개발	(주)포스코건설 (주)한화건설 GS건설(주)	사업시행인가
광명동	광명2R구역	162,696	3,344	주택재개발	(주)대우건설 롯데건설(주) 현대엔지니어링(주)	사업시행인가
광명동	광명4R구역	90,741	1,957	주택재개발	HDC현대 산업개발(주)	사업시행인가
광명동	광명10R구역	47,898	1,044	주택재개발	(주)호반건설	사업시행인가
광명동	광명15R구역	57,881	1,335	주택재개발	(주)대우건설	이주/철거
광명동	광명11R구역	177,609	4,340	주택재개발	현대건설(주) HDC현대 산업개발(주)	조합설립인가
광명동	광명9R구역	70,780	1,505	주택재개발	롯데건설(주)	조합설립인가
소하동	신촌마을	112,197		주거환경개선지구		기본계획
철산동	광명5R구역	117,572	2,936	주택재개발	현대건설(주) GS건설(주) SK건설(주)	사업시행인가
철산동	광명12R구역	98,523	1,912	주택재개발	GS건설(주)	조합설립인가

동	재건축단지명	준공연월	총세대수	건립예정세대수	시공사	사업단계
철산동	주공10단지	1985.01	580	1,490	GS건설(주)	조합설립인가
철산동	주공11단지	1985.01	500	1,490	GS건설(주)	조합설립인가
철산동	주공7단지	1985.01	599	1,310	롯데건설(주) SK건설(주)	이주/철거
철산동	주공8단지	1985.11	1,484	3,828	GS건설(주)	사업시행인가
철산동	주공9단지	1985.11	580	3,828	GS건설(주)	사업시행인가

〈광명시 재개발·재건축 진행 상황〉

에필로그
실거주 수요에 주목해 장기 투자할 때입니다

2017년 5월 문재인 대통령이 취임하고 부동산 시장은 큰 변화가 있었습니다. 2017년 6·19대책부터 시작된 부동산 안정화 정책들은 2017년 8·2대책을 거쳐 2018년 9·13대책으로 시스템화되었습니다.

문재인 정부의 부동산 정책을 한 줄로 정리하면 실거주 위주의 부동산 시장입니다. 실거주 목적 수요는 지원하고 투기 수요는 억제한다는 것입니다.
결국, 향후 부동산 시장을 바라보는 관점도 변화를 주셔야 합니다.

가장 먼저 하실 일은
투기 수요가 많은 입지와 실거주 수요가 많은 입지를 판별하는 것입니다.
이번 책에서 소개해 드린 18개 입지는 대부분 실거주 수요가 많은 지역입니다.
실거주 수요가 많은 입지의 특징과 대응 전략을 실생활로 풀어드렸습니다.

투자하시는 분들도 단기투자보다는 장기투자를 하셨으면 합니다.
장기투자를 하게 되면 실거주 수요가 많은 지역과 투기 수요가 많은 지역을 굳이 구분할 필요가 없기 때문입니다.

이렇게 되면 부동산 시장과 정부 정책의 변화 때문에 스트레스를 받을 필요도 없고 임대인, 임차인 모두에게 긍정적인 결과를 줄 수 있게 됩니다.

우리가 부동산 라이프에 관심을 두는 이유는 행복하게 살고자 해서입니다.
너무 조급해하지 않았으면 합니다. 서울이란 지역이 단기간에 만들어진 도시가 아니듯이 여러분들의 부동산 라이프도 단기간에는 모습을 갖추기 어렵습니다. 조금씩 우상향하는 방향으로만 꾸준히 만들어 가셨으면 합니다. 그래야 대한민국 부동산, 특히 수도권 부동산의 미래가 여러분의 편이 될 테니 말입니다.

이 책에서 못다 한 이야기들은 빠숑의 세상 답사기 블로그, 팟캐스트, 유튜브에서 보완하겠습니다. 고맙습니다.

진심으로 감사드립니다

부동산이란 분야에 처음으로 몸담게 된 것은 2002년도부터였습니다. 국내 최고의 조사 기관인 한국갤럽조사연구소 부동산 조사 본부에서 일하게 된 것이, 제 인생의 가장 큰 터닝 포인트가 아니었나 싶습니다.

개인적으로 최대 규모의 부동산 커뮤니티인 Daum 카페 행복재테크에 지속적으로 칼럼을 기고하게 되면서 지역 부동산에 대해 체계적으로 정리할 수 있는 시간을 갖게 되었는데요. 이곳에서 많은 칼럼니스트분들의 주옥같은 글과 회원분들의 다양한 경험담을 통해 많은 것을 공유할 수 있었습니다. 제가 좋아하는 칼럼리스트분들과 행크의 모든 회원님들에게도 이 자리를 빌려 감사의 말씀을 전하고 싶습니다.

제가 처음으로 책을 집필하게 된 결정적인 계기는 송희창 대표님의 출판 제안 덕분이었습니다. 4년간의 인터넷 칼럼을 책이라는 또 다른 매체를 통해 재탄생하게 해 주신 송희창 대표님께는 특별한 감사를 드리고 싶습니다.

그리고 철없는 한 사내의 온갖 투정을 다 받아 주면서 늘 곁에서 힘이 되어주는, 내가 제일 사랑하고 존경하는 나의 아내 송윤실 여사와 주말 입지 답사를 갈 때마다 나보다 더 신이 나서, 늘 기분 좋게 임장을 할 수 있게 해주는 미래의 베스트셀러 작가 나의 아들 수현이와 세상에서 제일 행복한 나의 딸 수민이에게 이 책을 바치고 싶습니다. 가족들의 응원이 아니었다면 이 책은 절대 나올 수 없었을 테니까요.

그 외에도 감사드릴 분들이 정말 많습니다. 지면에 다 못 실을 정도로요. 그분들께는 개별적으로 만날 때마다 일일이 행복한 감사의 말씀을 드리겠습니다.

마지막으로 이 책을 읽고 계신 독자분들께는 큰 절과 함께 감사의 인사를 드립니다. 이 책의 세 번째 업그레이드 버전이 나온다면 그건 순전히 여러분 덕분이니까요. ^^

도서출판

'도서출판 지혜로'는 경제·경영 전문 출판사이며, 지혜로는 독자들을 '지혜의 길로 안내한다'는 의미입니다. 지혜로는 특히 부동산 분야에서 독보적인 위상을 자랑하고 있으며, 지금까지 출간되었던 모든 책들이 베스트셀러 그리고 스테디셀러가 되었습니다.

지혜로는 '소장가치 있는 책만 만든다'는 출판에 관한 신념으로, 사업적인 이윤이 아닌 오로지 '독자를 위한 책'에 초점이 맞춰져 있고, 앞으로도 계속해서 아래의 원칙을 지켜나갈 것입니다.

첫째, 객관적으로 '실전에서 실력이 충분히 검증된 저자'의 책만 선별하여 제작합니다. 실력 없이 책만 내는 사람들도 많은 실정인데, 그런 책은 읽더라도 절대 유용한 정보를 얻을 수 없습니다. 독서란 시간을 투자하여 지식을 채우는 과정이기에, 책은 독자들의 소중한 시간과 맞바꿀 수 있는 정보를 제공해야 한다고 생각합니다. 그러므로 지혜로는 원고뿐 아니라 저자의 실력 또한 엄격하게 검증을 하고 출간합니다.

둘째, 불필요한 지식이나 어려운 내용은 편집하여 최대한 '독자들의 눈높이'에 맞춥니다. 책의 최우선적인 목표는 저자가 알고 있는 지식을 자랑하는 것이 아닌 독자에게 필요한 지식을 채우는 것입니다. 독자층의 눈높이에 맞지 않는 정보는 지식이 될 수 없다는 생각으로 독자들에게 최대한의 정보를 제공할 수 있도록 편집할 것입니다.

마지막으로 독자들이 '지혜로의 책은 믿고 본다'는 생각을 가지고 구매할 수 있도록 초심을 잃지 않고, 철저한 검증과 편집 과정을 거쳐 좋은 책만 만드는 도서출판 지혜로가 되겠습니다.

뉴스 〉 부동산

도서출판 지혜로, "돌풍의 비결은 저자의 실력 검증"
송희창 대표, 항상 독자들의 입장에서 생각하고, 독자들에게 꼭 필요한 책만 제작

'도서출판 지혜로'의 주요 인기 서적들

경제·경영 분야의 독자들 사이에서 '믿고 보는 출판사'라고 통하는 출판사가 있다. 3권의 베스트셀러 작가이자 부동산 분야의 실력파 실전 투자자로 알려진 송희창씨가 설립한 '도서출판 지혜로'가 그곳.

출판시장이 불황임에도 불구하고 이곳 도서출판 지혜로는 지금껏 출간된 모든 책이 경제·경영 분야의 베스트셀러로 자리매김하는 쾌거를 이룩했다.

지혜로가 강력 추천하는 베스트 & 스테디 셀러

신현강 지음 | 280쪽 | 16,000원

부동산 투자 이렇게 쉬웠어?

부동산 투자의 성공적인 시작을 위한 최고의 입문서

- 기초 다지기부터 실전 투자까지의 모든 과정을 4단계로 알기 쉽게 구성! 시장의 흐름을 이해하고 활용하면 부동산 투자는 쉬워질 수밖에 없다.
- 상승장뿐만 아니라 하락장에서도 수익 내는 방법, 일반 매물을 급매물 가격으로 사는 방법과 같은 투자법 찾기의 정석을 보여준다.
- 20년 투자 경력을 가진 저자가 꾸준하게 수익을 내온 투자 비법을 체계적으로 정리!

송희창 지음 | 312쪽 | 16,000원

송사무장의 부동산 경매의 기술

수많은 경매투자자들이 선정한 최고의 책!

- 출간 직후부터 10년 동안 연속 베스트셀러를 기록한 경매의 바이블이 개정판으로 돌아왔다!
  경매 초보도 따라할 수 있는 송사무장만의 명쾌한 처리 해법 공개!
- 지금의 수많은 부자들을 탄생시킨 실전 투자자의 노하우를 한 권의 책에 모두 풀어냈다.
- 큰 수익을 내고 싶다면 고수의 생각과 행동을 따라하라!

홍성일 · 서선정 지음
384쪽 | 18,000원

상가투자 비밀노트

상가 고수들의 진짜 돈 버는 노하우

- 출간 3일 만에 경제/경영 분야 베스트셀러로 등극!
- 이론과 다양한 실무 경험을 모두 갖춘 상가 분야 최고의 전문가가 비밀노트를 공개한다!
- 상가투자는 매월 현금이 들어오는 구조를 만들고 경제적 자유를 실현할 수 있도록 하는 훌륭한 재테크 수단이다!
- 한 달에 직장인 연봉만큼 수익을 거두는 상가투자의 핵심 사례와 이론을 담아 초보에서 고수에 이르기까지 바이블로 삼아야 할 책!

싱글맘 부동산 경매로 홀로서기
(개정판)

**채널A 〈서민갑부〉 출연!
경매 고수 이선미가 들려주는 실전 경매 노하우**

- 경매 용어 풀이부터 현장조사, 명도 빨리하는 법까지, 경매 초보들을 위한 가이드북!
- 〈서민갑부〉에서 많은 시청자들을 감탄하게 한 그녀의 투자 노하우를 모두 공개한다!
- 경매는 돈 많은 사람만 할 수 있다는 편견을 버려라! 마이너스 통장으로 경매를 시작한 그녀는, 지금 80채 부동산의 주인이 되었다.

이선미 지음 | 308쪽 | 16,000원

경매 권리분석 이렇게 쉬웠어?

**대한민국에서 가장 쉽고, 체계적인 권리분석 책!
권리분석만 제대로 해도 충분한 수익을 얻을 수 있다.**

- 초보도 쉽게 정복할 수 있는 권리분석 책이 탄생했다!
- 경매 권리분석은 절대 어려운 것이 아니다. 이제 쉽게 분석하고, 쉽게 수익내자!
- 이 책을 읽고 따라하기만 하면 경매로 수익내기가 가능하다. 부동산 투자의 매력에 푹 빠져보자!

박희철 지음 | 328쪽 | 18,000원

서른 살 청년백수
부동산 경매로 50억 벌다

청년백수가 3년 뒤 경매 고수로 거듭났다!

- 검증된 실전 고수의 사례를 스토리식으로 구성하여 초보 독자들의 실전 적용 ok!
- 대형 아파트, 단독주택, 상가, 아파트형 공장 그리고 NPL(부실채권)까지 다양한 낙찰 사례를 통해 고수의 비법을 명쾌하게 배운다!
- 2년 연속 예스24, 인터파크 등 모든 서점에서 베스트셀러로 선정, 이미 많은 대중들에게 검증된 책!

차원희 지음 | 316쪽 | 15,000원

송사무장의 부동산 공매의 기술

드디어 부동산 공매의 바이블이 나왔다!

- 이론가가 아닌 실전 투자자의 값진 경험과 노하우를 담은 유일무이한 공매 책!
- 공매 투자에 필요한 모든 서식과 실전 사례가 담긴 이 책 한 권이면 당신도 공매의 모든 것을 이해할 수 있다!
- 저자가 공매에 입문하던 시절 간절하게 원했던 전문가의 조언을 되짚어 그대로 풀어냈다!
- 경쟁이 덜한 곳에 기회가 있다! 그 기회를 놓치지 마라!

송희창 지음 | 456쪽 | 18,000원

송사무장의 실전경매
(송사무장의 부동산 경매의 기술 2)

경·공매 유치권 완전 정복하기!

- 수많은 투자 고수들이 최고의 스승이자 멘토로 인정하는 송사무장의 '완벽한 유치권 해법서'
- 저자가 직접 처리한 다양한 사례들을 통해 독자들이 생생한 간접 경험을 할 수 있도록 하고, 실전에서 바로 응용 가능한 서식과 판례까지 모두 수록!
- 이 책 한 권이면 유치권에 관한 실전과 이론의 완벽 마스터가 가능하다!

송희창 지음 | 376쪽 | 18,000원

1년 안에 되파는 토지투자의 기술

**초보자도 쉽게 적용할 수 있는
토지투자에 관한 기막힌 해법 공개!**

- 토지투자는 돈과 시간이 여유로운 부자들만 할 수 있다는 편견을 시원하게 날려주는 책!
- 적은 비용과 1년이라는 짧은 기간으로도 충분히 토지투자를 통해 수익을 올릴 수 있다!
- 토지의 가치를 올려 높은 수익을 얻을 수 있게 하는 '토지 개발' 비법을 배운다!

김용남 지음 | 272쪽 | 16,000원

투에이스의 부동산 절세의 기술
(전면개정판)

**양도세, 종합소득세, 법인투자, 임대사업자까지
한 권으로 끝내는 세금 필독서**

- 4년 연속 세금분야 독보적 베스트셀러가 완벽하게 업그레이드되어 돌아왔다!
- 각종 정부 규제에 관한 해법과 법인을 활용한 '절세의 기술'까지 모두 수록!
- 실전 투자자인 저자의 오랜 투자 경험을 바탕으로 구성된 소중한 노하우를 그대로 전수받을 수 있는 최고의 부동산 세법 책!

김동우 지음 | 460쪽 | 19,000원

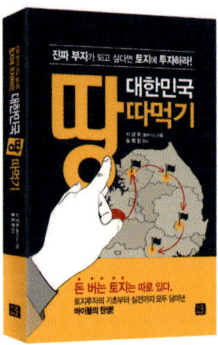

대한민국 땅따먹기

**진짜 부자는 토지로 만들어진다!
최고의 토지 전문가가 공개하는 토지투자의 모든 것!**

- 토지투자는 어렵다는 편견을 버려라! 실전에 꼭 필요한 몇 가지 지식만 알면 누구나 쉽게 도전할 수 있다.
- 경매 초보들뿐만 아니라 더 큰 수익을 원하는 투자자들의 수요까지 모두 충족시키는 토지투자의 바이블 탄생!
- 실전에서 꾸준히 수익을 내고 있는 저자의 특급 노하우를 한 권에 모두 수록!

서상하 지음 | 356쪽 | 18,000원

한 권으로 끝내는 셀프 소송의 기술
(개정판)

**부동산을 가지려면 이 책을 소장하라!
경매 특수물건 해결법 모두 공개!**

- 내용 증명부터 점유이전금지가처분, 명도소장 등 경·공매 투자에 필요한 모든 서식 수록!
- 송사무장이 특수물건을 해결하며 실전에서 사용했던 서식을 엄선하여 담고, 변호사의 법적 지식을 더한 완벽한 책!
- 누구나 쉽게 도전할 수 있는 셀프 소송의 시대를 연 바로 그 책! 이 책 한 권은 진정 수백만 원 그 이상의 가치가 있다!

송희창·이시훈 지음
740쪽 | 55,000원

MEMO

수도권 알짜 부동산 답사기

개정판	1쇄 발행	2019년 07월 25일
	19쇄 발행	2023년 05월 30일

지은이 빠숑(김학렬)
기획·총괄 배희원
책임편집 이성숙, 이승민
편집진행 최상진
펴낸곳 도서출판 지혜로
디자인 김진디자인
지도제공 NAVER

출판등록 2012년 3월 21일 제 387-2012-000023호
주소 경기도 부천시 원미구 길주로 137, 6층 602호(상동, 상록그린힐빌딩)
전화 032)327-5032
팩스 032)327-5035
이메일 jihyero2014@naver.com
(독자 여러분의 소중한 의견과 원고를 기다립니다.)

ISBN 979-11-87799-10-8(13320)
값 18,000원

- 잘못된 책은 구입처에서 교환해드립니다.
- 이 책은 저작권법에 의하여 보호를 받는 저작물이므로 무단 전재 및 복제를 금합니다.

도서출판 지혜로는 경제·경영 서적 전문 출판사이며, '독자들을 위한 책'을 만들기 위해 객관적으로 실력이 검증된 저자들의 책만 엄선하여 제작합니다.